Rolff/Thünken
Digital gestütztes Lernen

Eine Veröffentlichung der
Deutschen Akademie für Pädagogische Führungskräfte (DAPF)

Hans-Günter Rolff/Ulrich Thünken

Digital gestütztes Lernen

Praxisbeispiele für eine zeitgemäße Schulentwicklung

Prof. Dr. *Hans-Günter Rolff* ist emeritierter Professor am Institut für Schulentwicklungsforschung (IFS) der Technischen Universität Dortmund, das er gegründet und 32 Jahre geleitet hat, Gründer der Deutschen Akademie für Pädagogische Führungskräfte (DAPF) und wissenschaftlicher Leiter des Fernstudiengangs Schulmanagement der Technischen Universität Kaiserslautern. Er gilt als Pionier für Schulentwicklung im deutschsprachigen Raum.

Ulrich Thünken, Ministerialrat a. D. im Schulministerium NRW, zuständig für Gesamtschulen, Studienkollegs, Versuchsschulen, den Übergang von der Schule in den Beruf. Er begleitete verschiedene Schulversuche. In seinem Werdegang vom Lehrer über Fachleiter in der Lehrerausbildung, Mitglied einer Schulleitung und Schulaufsicht auf Bezirks- und Landesebene sind Innovationen in Schule und Unterricht sein Schwerpunkt.

Dieses Buch ist erhältlich als:
ISBN 978-3-407-63187-9 Print
ISBN 978-3-407-63211-1 E-Book (PDF)

© 2020 Beltz
in der Verlagsgruppe Beltz · Weinheim Basel
Werderstraße 10, 69469 Weinheim
Alle Rechte vorbehalten

Lektorat: Dr. Erik Zyber
Layout/Reihenkonzept: glas ag, Seeheim-Jugenheim
Umschlaggestaltung: Michael Matl
Umschlagabbildung: getty images © Maskot

Satz und Herstellung: Michael Matl
Druck und Bindung: Beltz Grafische Betriebe, Bad Langensalza
Printed in Germany

Weitere Informationen zu unseren Autoren und Titeln finden Sie unter: www.beltz.de

Inhalt

Vorbemerkung

Warum untersuchen Gesamtschulexperten wie wir innovative Schulentwicklung an Gymnasien? Das werden sich vermutlich etliche Gesamtschulanhänger fragen. Es waren keine bildungspolitischen Motive, die unser Interesse auf Gymnasien lenkten, sondern eher persönliche und pragmatische. Die ausgewählten und diesem Buche zugrunde liegenden Schulen waren uns seit Jahrzehnten gut bekannt, vor allem deren Schulleitungen. Das Theodor-Heuss-Gymnasium (fortan auch THG genannt) haben wir schon Ende der 1990er Jahre im Rahmen des Niedersächsischen Projekts zur Qualitätsentwicklung begleitet und später mit dessen ganzem Kollegium ein Leitbild entwickelt. Der aktuelle Schulleiter des Evangelisch Stiftischen Gymnasiums (fortan auch ESG) in Gütersloh war schon 2007, also vor seiner sechsjährigen Leitung der Deutschen Schule im Silicon Valley, Dozent an der Deutschen Akademie für Pädagogische Führungskräfte (DAPF) und leitet dort heute die Abteilung »Digital Learning Leadership«. Das ESG wurde zudem schon in den 1990er Jahren in einigen Projekten vom Dortmunder Institut für Schulentwicklungsforschung wissenschaftlich begleitet. Es gab also eine nachhaltige Vertrauensbasis mit diesen beiden Schulen, die es erlaubte, einen offenen und unkomplizierten Umgang zu pflegen und komplizierte Genehmigungsverfahren zu vermeiden.

Für die Auswahl dieser beiden Schulen sprach auch, dass sie bereits über eine gute technische Infrastruktur mit schnellem WLAN und digitalen Endgeräten in der Hand der Schülerinnen und Schüler sowie Lehrkräfte verfügen. Dies ist zurzeit in deutschen Schulen eher selten.

Wir danken den Schulen für ihre konstruktive Mitarbeit und der DAPF für die Finanzierung der Reisen und die Ergänzung des Buchbestandes. Wir bedanken uns auch bei Tammo Hinrichs, einem ehemaligen Berufsschulleiter in Bremen, und bei Christoph Wulf, Vizepräsident der Deutschen UNESCO-Kommission, für etliche Anregungen.

Hans-Günter Rolff, Dortmund   *Ulrich Thünken, Duisburg*

1. Digital gestütztes Lernen durch Schulentwicklung?

Digitalisierung ist aktuell wie erst recht in Zukunft eines der großen Themen von Schulreform und Schulentwicklung, wenn nicht sogar das am meisten herausfordernde Thema. Digitalisierung ist im rasanten Anmarsch: Immer mehr Schulen in der aufkommenden Wissensgesellschaft begeben sich auf den Weg in die Digitalisierung. Dabei geht es nicht nur – wie bisher – um medienpädagogisches Lernen über neue Medien, sondern um innovatives Lernen mit neuen, nämlich digitalen Medien. Wir nennen es »Digital gestütztes Lernen« oder kurz DgL.

Um es von Anfang an klarzustellen: Die Fragestellung dieses Buches ist nicht, ob DgL überhaupt eingeführt werden sollte, sondern – wenn man sich dafür entschlossen hat – wie es konkret erfolgen kann:

- Es geht darum zu zeigen, wie man Digitalisierung im Schulbereich konzeptionell fassen und praktisch umsetzen bzw. implementieren kann.
- Dafür sollen nachvollziehbare Hinweise gegeben werden und nicht einfache Rezepte, die einem derart komplexen Gegenstand nicht angemessen wären.
- Weiter geht es darum, anhand zweier Fallstudien von zwei bemerkenswerten Schulen zu zeigen, was machbar ist und wie es zu machen ist.
- Schließlich soll versucht werden, die Theorie der Schulentwicklung auf die Prozesse der Digitalisierung anzuwenden und sie dadurch zu erweitern. Wir folgen hiermit John Dewey, dem die Worte zugeschrieben werden: »Nichts ist so praktisch wie eine gute Theorie«.

1.1 Ausgangslage

Die Ausgangslage hat sich in den letzten Jahren fast sprunghaft geändert. Gab es davor digitale Medien nur im Computerraum, so sind sie jetzt in der ganzen Schule verbreitet: Die allermeisten Schülerinnen und Schüler besitzen Smartphones und sehr viele Tablets oder Laptops. Für die Lehrkräfte gilt fast dasselbe. Vor nicht allzu langer Zeit war die Bedienung von Computern aufwendig und kompliziert, heute ist sie im Wortsinn fast kinderleicht geworden.

Heute schon haben Laptops Eingang in den Unterricht gefunden und vor allem Tablets, die eine Art Universalwerkzeug sind. Die Schülerinnen und Schüler lernen immer häufiger mit Apps und Erklärvideos, sie produzieren gelegentlich auch Erklärvideos selbst, sie geben sich gegenseitig digitales Feedback und ebenso dem Unterricht und den Lehrpersonen, und sie werden unterstützt auf dem Weg zu Personalisiertem Lernen. Über YouTube werden täglich immer mehr Lernvideos zugänglich. Einige Schulen drehen sogar den Klassenraum um: Die Schülerinnen und

Schüler lernen außerhalb der Schule und tauschen sich in der Schule hauptsächlich über das Gelernte aus.

Das sind Chancen. Aber es gibt auch Probleme. Beispielsweise wird befürchtet, dass Lesekompetenzen vermindert werden. Nicht unwahrscheinlich ist, dass die Ungleichheit der Bildungschancen wächst. Es könnte auch geschehen und es wird gelegentlich sogar gefordert, dass die Zukunft dem Lernen ohne Schulklassen, Klassenlehrer und Klassenraum gehört, ohne dass abzusehen ist, welche Folgen das hat. Abzusehen ist schon heute, dass es sich dabei um eine Transformation des schulischen Lernens handelt, wie wir sie seit der Einführung der Schrift und der Pflichtschule bisher kaum erlebt haben, nämlich eine disruptive Transformation.

Eine disruptive Transformation zu gestalten, ist kein Pappenstiel. Sie steht zwar fast überall auf der Tagesordnung, aber es wird kaum gesagt oder geschrieben, wie sie zu bewältigen ist. Zwar gibt es Beschreibungen von Schulen, die bereits DgL praktizieren, aber konkrete Hinweise dazu, wie Schulen dahin kommen, sind selten und dann noch unvollständig. Die Leitthese dieses Buches ist, dass der Weg zu Schulen mit DgL weniger über zentral administrierte Schulreformen gelingt, sondern besser über konkrete Maßnahmen der Schulentwicklung zum Ziel kommt. Das wollen wir am Beispiel zweier deutscher Schulen zeigen. Doch zuvor muss geklärt werden:

1.2   Welches Modell der Schulentwicklung ist adäquat?

Reformen, die bis in die Tiefe von Verhaltensänderungen und in die Breite von Nachhaltigkeit realisiert werden sollen, bedürfen der Schulentwicklung. Schulentwicklung geht auf den Ansatz der Organisationsentwicklung zurück, den Kurt Lewin in den 1940er Jahren in den USA entworfen und erprobt hat – und zwar von Anfang an im pädagogischen und nicht nur, wie vielfach vermutet wird, im wirtschaftlichen Bereich. In Deutschland wurde Organisationsentwicklung Ende der 1970er Jahre zum Thema.

Organisationsentwicklung kann bündig definiert werden als die Entwicklung einer Organisation von innen heraus, also durch ihre Mitglieder und häufig mit der Hilfe von Begleitern oder Beratern.

Schulentwicklung ist mehr als Organisationsentwicklung. Schulentwicklung ist die Kombination dreier Wege, die als zusammenhängende Prozesse verstanden werden: Organisationsentwicklung (OE), Personalentwicklung (PE) und Unterrichtsentwicklung (UE).

Eine Reihenfolge der Prozesse ist nicht vorgegeben, sie ist ebenso wie der Startpunkt situationsabhängig. Die Erläuterung beginnt nur deshalb bei Organisationsentwicklung, weil diese historisch der Ausgangspunkt von Schulentwicklung ist.

(i) Organisationsentwicklung: Man kann die Schule nicht alleine weiterentwickeln
Organisationsentwicklung ist ein offenes, zielorientiertes, planmäßiges Vorgehen im Umgang mit Veränderungsanforderungen und Veränderungsabsichten in sozialen

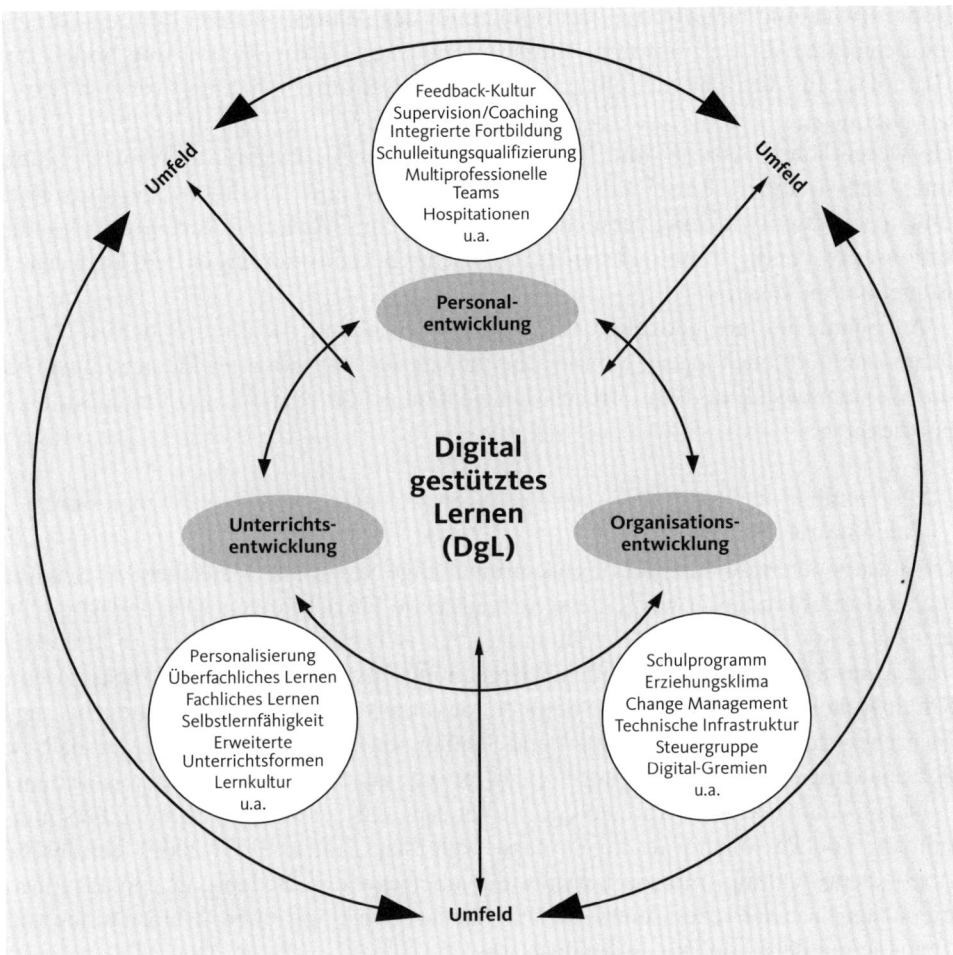

Abbildung 1: Drei-Wege-Modell der Schulentwicklung (Rolff, ursprünglich 1998, S. 305)

Systemen. Organisationen bestehen aus Mitgliedern; das ist nicht banal, sondern basal. Organisationsentwicklung ist nicht Technik oder Methodik. In einem OE-Prozess werden wohl viele Techniken und Methoden angewandt, wobei aber die dabei sichtbar werdende Einstellung zum Menschen den Ausschlag gibt und die Glaubwürdigkeit der Motive, Werte und Haltungen begründet.

Organisationsentwicklung will die technischen und menschlichen Aspekte eines sozialen Systems integrieren, respektiert aber gleichzeitig deren je eigene Gesetzmäßigkeiten. Sie betrachtet die Bedürfnisse der Organisation und deren Mitglieder als gleichberechtigt.

Organisationsentwicklung ist ein pädagogischer Ansatz. Er schafft gezielt Lernsituationen im Alltag für Personen, Gruppen und das gesamte System. Organisationsentwicklung beginnt bei den Problemen des Alltags oder bei den Stärken aller Beteiligten. Die gemeinsame Situationsanalyse und die Zielklärung bilden die Grundlage für den Entwicklungsprozess. Organisationsentwicklung versucht Konsens herauszufinden und zu vergrößern. Der bewusste Umgang mit Konflikten wird als wesentlicher Aspekt von Lernprozessen gesehen. Organisationsentwicklung integriert Analyse-, Entscheidungs-, psychosoziale und inhaltliche Lernprozesse. Organisationsentwicklung versucht eine Einheit von Inhalt und Verfahren. Organisationsentwicklung orientiert sich am Menschenbild des mündigen und am Lernen interessierten Wesens.

Auf Schule bezogen bedeutet Organisationsentwicklung nicht nur *in* der Schule arbeiten, sondern auch *an* der Schule arbeiten, an der Festigung des Erreichten wie an der Weiterentwicklung. Ressourcen-Management gehört ebenfalls zur Organisationsentwicklung.

(ii) Personalentwicklung: Wenn man die Schule entwickeln will, muss man sich auch selbst entwickeln

Organisationen sind Interaktionszusammenhänge konkreter Menschen, und Schulen sind in besonderem Maße personengetragene Einrichtungen. Der pädagogische Prozess ist im Kern ein zwischenmenschlicher, er beruht mehr als andere Interaktionszusammenhänge auf persönlicher Begegnung. Insofern ist es keine Phrase, wenn Schulpsychologen immer wieder betonen, dass im Mittelpunkt der Schule lebendige Menschen stehen, die Schülerinnen und Schüler sowie die Lehrpersonen. Deshalb ist Personalentwicklung als einer der drei Hauptwege zur Schulentwicklung anzusehen.

Personalentwicklung meint ein Gesamtkonzept, das Personalfortbildung, Personalführung und Personalförderung umfasst (vgl. dazu Buhren/Rolff 2009). Schulische Personalentwicklung impliziert wegen der überragenden Bedeutung von Personen im pädagogischen Prozess auch Persönlichkeitsentwicklung, aber nicht im Sinne von Therapie, sondern von Professionalisierung.

Doch die Personenorientierung hat Grenzen. In einem Kollegium mit 30 bis über 100 Mitgliedern kann man schwerlich den von Schulpsychologen geforderten Zugang zur Subjektivität suchen, wie sie familiengeschichtlich und biografisch in Auseinandersetzung mit den zeitgeschichtlichen Anforderungen entstanden ist. In Einzelfällen mag das erwünscht, notwendig und auch realisierbar sein – in Form von Coaching oder Supervision, wobei die Verbindung zur Supervision ohnehin zum Konzept der Schulentwicklung gehört (vgl. Dalin/Rolff 1990, S. 224 ff.). Eine Zusammenarbeit mit Schulpsychologen ist gerade in diesem Bereich nötig, möglich und auch erwünscht.

Fraglos sollten Schulentwicklungsprojekte die Beteiligten als Subjekte verstehen und ihnen wirkliche Lernchancen geben, die sich nicht nur auf die fachliche, sondern ebenso auf die personale Kompetenz beziehen. Aber es gibt auch Situationen, in denen personales Lernen am besten über die Sachebene, z. B. über Projekte erreicht wird, weil Ängste und Scham meist zu Lernblockaden führen.

(iii) Unterrichtsentwicklung:
Auch guter Unterricht muss weiterentwickelt werden

Die Brennpunkte der Unterrichtsentwicklung sind in Bewegung: Digital gestütztes Lernen ist ein großes Thema, weil es die unterschiedlichsten Formen von Unterricht betrifft, auch außerschulisches Lernen. Die Schülerschaft wird immer heterogener. Eine konsequente Realisierung von Inklusion betrifft den Unterricht insgesamt, auch die Werte und Haltungen der Unterrichtenden, zu deren Rolle zunehmend Lernbegleitung gehört. Durch die Digitalisierung ist Unterrichtsentwicklung insgesamt in Bewegung, weshalb sie den Schwerpunkt dieses Buches bildet.

Einige Autoren, z. B. der sonst so überzeugende Johannes Zylka (2019, S. 44), erweitern das Drei-Wege-Modell um weitere Wege. Sie sind offenbar der Meinung, sie müssten einen vierten (Digitalisierung) und sogar fünften Weg (Teamarbeit bzw. Kooperation) hinzufügen, also addieren. Wir sind indes der Meinung, dass wir beim Drei-Wege-Modell bleiben sollten und das Neue, das mit der Digitalisierung daherkommt, in die drei Wege integrieren: Teamarbeit bzw. Kooperation ist ohnehin das Herzstück von Organisationsentwicklung; technische Infrastruktur u. a. kämen hinzu, wie noch später zu zeigen ist. Digital gestütztes Lernen passt unmittelbar zu Unterrichts- und auch zu Personalentwicklung. Digital Learning Leadership und Medienscouts, die ebenfalls später behandelt werden, gehören zum Weg der Personalentwicklung. Digitalisierung verstehen wir nicht als aparten vierten Prozess, sondern als universellen Prozess oder als Prinzip. Es geht bei DgL nicht um eine quantitative Erweiterung, sondern um eine qualitative, wie es Abbildung 1 zeigt, nicht um ein Additionsmodell, sondern um ein Integrationsmodell. Die beiden Fallstudien-Schulen sehen das ebenso.

2. Zwei Fallstudien mit Beispielschulen

Um den auf DgL fokussierten Schulentwicklungsprozess möglichst konkret und realitätsnah darstellen zu können, haben wir uns für die Durchführung von zwei Fallstudien mit zwei einschlägigen, schon in den Vorbemerkungen genannten Schulen entschlossen: das THG in Göttingen und das ESG in Gütersloh. Das THG hat einen bemerkenswerten Start hinter sich, der für etliche weitere Schulen von Interesse sein dürfte. Wir nennen diese Schule »Starter-Schule«. Das ESG ist schon seit Jahrzehnten als »Medienschule« in NRW bekannt und hat das DgL in reifer Form schulweit realisiert. Wir nennen diese Schule »Fortgeschrittenen-Schule«.

Unser Interesse an diesen beiden Schulen gilt dem digital gestützten Lernen: wie es sich darstellt, wie verbreitet es ist, wie es den Unterricht und die Rollen verändert und auch wie und auf welche Weise es eingeführt wurde. Wie konzentrieren, aber beschränken uns nicht darauf. Denn wir wissen aus der Schulforschung und aus eigenen Erfahrungen, dass Innovationen nur Wirkung haben und nachhaltig sind, wenn sie in einem Gesamtzusammenhang stehen. Wirkung entsteht aus Zusammenwirken (vgl. dazu Rolff 2015, S. 22 ff.). Deshalb stellen wir die beiden Schulen in großer Breite von Schwerpunkten, Profilen und Projekten dar.

Bei den Beschreibungen des aktuellen Standes greifen wir weitgehend auf Dokumente der Schulen zurück, die allesamt im Internet nachzulesen sind und dort laufend upgedated werden. Diese Selbstbeschreibungen werden durch quantitative Umfragen im Kollegium und durch qualitative Interviews mit Schulleitungsmitgliedern, Lehrpersonen, Schülerinnen und Schülern sowie Eltern ergänzt und gegengecheckt.

2.1 Schule mit verheißungsvollem Start: das Theodor-Heuss-Gymnasium Göttingen

2.1.1 Steckbrief

Im Schuljahr 2018/19 hatte das Theodor-Heuss-Gymnasium Göttingen (THG) 894 Schülerinnen und Schüler sowie 81 Lehrpersonen. Hinzu kommen zwölf pädagogische Fachkräfte für Arbeitsgemeinschaften und Ganztagsangebote. Schulträger ist die Stadt Göttingen, Schulleiterin Dr. Ulrike Koller (mail@thg-goettingen.de, www.thg-goettingen.de).

Die Schule wurde 1957 als erstes koedukatives Gymnasium der Stadt gegründet. Sie beschreibt sich selbst wie folgt:

Die Schule hat seit der Gründung ihr Unterrichtsangebot in allen Bereichen ausgebaut und so das Schulprofil deutlich geschärft und weiterentwickelt. Sie hat im Rahmen dieses Prozesses in den vergangenen Jahren zahlreiche Prädikate erworben:

- Seit 1997 ist das THG »Europaschule«,
- seit 2004 offene Ganztagsschule mit einem freiwilligen Ganztagsangebot,
- seit 2012 MINT-EC-Schule und
- seit 2016 »Umweltschule in Europa«.

Die THG-Ganztagsklasse richtet sich an Schülerinnen und Schüler und deren Eltern, die sich im Jahrgang 5 und 6 ein verlässliches Schulangebot auch am Nachmittag wünschen (seit 2016/17). Seit Herbst 2015 wird bedarfsorientiert das Fach Deutsch als Zweitsprache angeboten. (...)

Unsere Schülerschaft spiegelt die ganze Breite der Gesellschaft in unserer Stadt. Etliche der knapp tausend Schülerinnen und Schüler wohnen in der näheren Umgebung. Etwa 5 Prozent kommen aus anderen europäischen und auch aus außereuropäischen Ländern.

Die Schulgebäude sind großzügig und einladend im Campus-Stil der sechziger Jahre angelegt. Sie verfügen über helle Klassenräume, modern ausgestattete Fachräume sowie eine sehr gute Bibliothek mit belletristischer Literatur, Fachbüchern, Zeitschriften und Computerarbeitsplätzen. Alle Klassen sind mit WLAN, Apple TV und Beamern ausgestattet. Zwei Turnhallen, eine Kletterwand und ein Sport-Spielplatz bieten unseren Schülerinnen und Schülern ausgezeichnete Möglichkeiten zu sportlicher Betätigung. Für festliche und kulturelle Veranstaltungen (Konzerte, das THG-FORUM, Theateraufführungen u. a.) nutzen wir unsere repräsentative Aula (550 Plätze).

Seit 2007 verfügt das THG über einen lichten Neubau mit freundlichen Klassenräumen und einer Mensa. Er befindet sich an der Peripherie des Schulgeländes in unmittelbarer

Nachbarschaft zur Hölty-Grundschule, die das Sockelgeschoss des Erweiterungsbaus nutzt. Die gute räumliche Ausstattung sowie eine angemessen große Mensa ermöglichen es, das zunehmend gefragte Ganztagsangebot weiter auszubauen. Des Weiteren können die Schülerinnen und Schüler bei einem deutlich umfangreicheren Lehrplan, der Nachmittagsunterricht vom 7. Jahrgang an vorsieht, ein warmes Mittagessen einnehmen sowie Aufenthalts- und Stillarbeitsbereiche nutzen. Seit Schuljahresbeginn 2012/13 nehmen auch die Hölty-Schüler am Mensaessen teil.

Das THG ist in der Sekundarstufe I vierzügig mit differenzierten Unterrichtsangeboten. Wahlmöglichkeiten für die Schülerinnen und Schüler sind:
- Latein, Französisch oder Spanisch als zweite Fremdsprache (ab Jg. 6),
- Mathematisch-naturwissenschaftlicher Zweig (ab Jg. 7),
- Sprachenklasse mit bilingualem Unterricht (ab Jg. 7) und Wahl einer dritten Fremdsprache (Chinesisch, Latein oder Spanisch),
- Europa-Profil (ab Jg. 7),
- Profil »Leben in einer digitalisierten Welt«,
- ML-Klassen (Multimediales Lernen) eins zu eins mit iPads ausgestattet (2017/18: neun ML-Klassen; 2018/19: elf ML-Klassen).

Die musisch-künstlerischen Fächer haben einen hohen Stellenwert an dieser Schule. In der Sekundarstufe II können alle in Niedersachsen vorgesehenen Profile gewählt werden. Dazu trägt auch die enge Kooperation mit den vier Nachbargymnasien und den Oberstufen der anderen allgemein- und berufsbildenden Schulen am Ort bei.

In der Selbstbeschreibung des THG heißt es weiter nicht ohne Stolz:

Seit der Entlassung des ersten Abiturjahrgangs im Jahr 1964 konnten regelmäßig überdurchschnittlich gute Abiturzeugnisse – gemessen an den niedersächsischen Durchschnittsnoten – vergeben werden. Im 2006 vom Niedersächsischen Kultusministerium einmalig veröffentlichten »Abitur-Ranking« belegte das THG landesweit den zweiten Platz. Insgesamt hat das THG sehr gute Schulerfolge zu verzeichnen. Das THG-Abitur eröffnet den Zugang zur Welt. Ehemalige THGler studieren erfolgreich an internationalen renommierten Hochschulen. Als Ergebnis einer ersten internen Evaluation der schulischen Arbeit wurden 2002 die »Pädagogischen Vereinbarungen« von der Gesamtkonferenz verabschiedet. Alle neuen Schülerinnen und Schüler des THG unterschreiben sie bei ihrer Aufnahme.

Wichtige Meilensteine der Qualitätsentwicklung sind die Teilnahme am Projekt »Erweiterte Eigenverantwortung in Schulen« seit 2005 (im Netzwerk der fünf Göttinger Gymnasien), die Etablierung der Steuergruppe 2005, die Erarbeitung eines Leitbildes sowie die Arbeit an der »Systematischen Unterrichtsentwicklung«. Darüber hinaus hat das THG die Qualität seiner Arbeit im Rahmen von vier SEIS-Befragungen (2005, 2007, 2010 und 2015) extern evaluiert. Bei der niedersächsischen Schulinspektion hat das THG im Frühjahr 2010 insgesamt sehr gut abgeschnitten, insbesondere im Bereich der Unterrichtsqualität.

Die Ergebnisse der SEIS-Befragungen sind bei der inhaltlichen Ausrichtung des Schulprogramms zugrunde gelegt worden. Sie spielen darüber hinaus eine besondere Rolle bei der Formulierung und Ausgestaltung künftiger Entwicklungsziele der Schule. Das Kollegium, die Eltern und die Schülerschaft beteiligen sich an diesem Prozess. Die Gesamtverantwortung für die Qualitätsentwicklung und -sicherung liegt bei der Schulleitung.

Bereits seit 2001 verfügt die Schule – zunächst im Rahmen des Modellversuchs Personalkosten-Budgetierung – über ein Schulbudget (Landesmittel). Die sich daraus ergebenden finanziellen Möglichkeiten schaffen gestalterische Freiräume und ermöglichen die befristete Einstellung von Mitarbeiterinnen und Mitarbeitern im Ganztagsbereich und von Vertretungslehrkräften. Sie sind wichtige Voraussetzungen für ein gelingendes Lernen und Arbeiten. Die Stadt Göttingen als Schulträger sorgt für eine funktionale Infrastruktur; Gebäudeausstattung und personelle Ausstattung sind angemessen und gut.

2.1.2 Schulprogramm

Das Schulprogramm wird alle zwei Jahre überarbeitet und von der Gesamtkonferenz beschlossen. Es orientiert sich an einem Leitbild, das seit 2005 unverändert ist. Darin heißt es wörtlich:

Das Leitbild

- *Leitsatz 1: Wir schaffen für alle Mitglieder der Schulgemeinschaft eine motivierende Lern- und Arbeitsatmosphäre.*
  Wir verstehen unsere Schule als einen Lern- und Lebensraum. Deshalb bemühen wir uns gemeinschaftliche Aktivitäten zu initiieren und das Schulgebäude ansprechend zu gestalten, damit man sich gern dort aufhält.
- *Leitsatz 2: Wir zeigen Verantwortung, indem wir Mitgestaltungsmöglichkeiten wahrnehmen und gemeinsam getroffene Entscheidungen tragen.*
  Die Mitglieder der Schulgemeinschaft informieren einander, damit sich jeder in Entscheidungsprozesse einbringen kann. Wir erwarten, dass sich die Schüler-, Lehrer- und Elternschaft zum Wohle der Schule engagieren.
- *Leitsatz 3: Wir fördern unsere Schülerinnen und Schüler ihrer Persönlichkeit entsprechend.*
  Wir gehen auf die individuellen Fähigkeiten und Interessen der Schülerinnen und Schüler ein und unterbreiten Angebote, die helfen, ihre vielfältigen Talente zu fördern.
- *Leitsatz 4: Erfolgreiches Arbeiten im Unterricht steht für alle Mitglieder der Schulgemeinschaft im Mittelpunkt.*
  Wir fördern eigenverantwortliches Lernen und schaffen gemeinsam die Rahmenbedingungen für produktiven Unterricht.
- *Leitsatz 5: Wir vermitteln unseren Schülerinnen und Schülern fachliche, methodische und soziale Kompetenzen, die es ihnen ermöglichen, in späteren Lebenszusammenhängen zu bestehen.*
  Neben der Vermittlung von fachlichen Grundlagen streben wir eine Erziehung zu sozialer und ökologischer Verantwortung an. Wir arbeiten fächerübergreifend, um problemlösendes und vernetztes Denken sowie Medienkompetenz zu fördern. Dafür nutzen wir auch außerschulische Lernangebote.
- *Leitsatz 6: Wir Lehrerinnen und Lehrer verpflichten uns zu kontinuierlicher kollegialer und außerschulischer Weiterbildung.*
  Wir ermöglichen an der Schule regelmäßig für das gesamte Kollegium Fortbildungen und fördern die Bildung von Fortbildungsgemeinschaften. Darüber hinaus etablieren wir Formen der kollegialen Beratung.

- *Leitsatz 7: Wir pflegen den internationalen, insbesondere europäischen Austausch und die Zusammenarbeit mit Partnerschulen.*
  Diese Zusammenarbeit besteht in der Durchführung von Projekten und Austauschprogrammen mit ausländischen Schulen und anderen Institutionen und Einrichtungen.

Das Schulprogramm dient auch als Raster für eine fortlaufende Bestandsaufnahme nach der Leitlinie: »Das haben wir erreicht – das planen wir.« Im Schulprogramm ist zudem ein Arbeitsprogramm enthalten, das aktuelle Maßnahmen und laufende Projekte systematisch den Leitsätzen zuordnet und auflistet:

Leitsatz	Projekt	Projektgruppe
1	Gestaltung des Schulhofes (Fortsetzung)	Arbeitsgruppe »Schulhofgestaltung«
1	Weiterentwicklung des Essensangebots (Mensa)	Arbeitsgruppe »Mensa« (xxx)
1	Einrichtung eines Schulsanitätsdienstraumes	Schulsanitätsdienst (xxx), xxx
1	Arbeit im Klassenkollegium	Steuergruppe
3	Stärkung der Schülerinnen und Schüler	Steuergruppe
5	Weiterentwicklung und Ausbau der Zusammenarbeit mit vorbereitenden und weiterführenden Bildungseinrichtungen (z. B. Kitas, Grundschulen, Universität und Fachhochschulen)	Schulleitung und Fachgruppen
5	MINTeinander-NW-Projekt	Kitas, Hölty-GS und THG
5	Betreuung von MINT-Wettbewerben	NW-Fachgruppen (Koordination: xxx, xxx)
5	Weiterentwicklung der Lernwerkstätten; Mathewerkstatt; Science-Lab-AG	MN-Fachgruppen
5	»Soziales Lernen« (Klassenprojekt ab Jg. 7)	xxx
5	Weiterentwicklung der Internetpräsenz der Schule	Schulleitung (xxx) und Kollegium (xxx)
5	Ausbau des Ganztagsangebotes	Schulleitung (xxx) und Fachgruppen
5	Rezertifizierung als MINT-EC-Schule	NW-Fachgruppen (Koordination: xxx)
5	Rezertifizierung als Europaschule	Schulleitung (xxx) und B-Fachgruppen
6	Kollegiale Zusammenarbeit: IServ als Möglichkeit der gemeinsamen Unterrichtsentwicklung	Fachkonferenzleiter / Kollegium (xxx)

3 und 5	»Multimeldiales Lernen«, Tablet-Klassen	Projektgruppe (xxx, Klassenkollegien)
3 und 5	Entwicklung eines neuen Profils (»Leben in einer digitalisierten Welt«)	Arbeitsgruppe
3 und 5	Organisation und Durchführung schulinterner Lehrerfortbildungen: Schulentwicklung in Göttingen / Multimediales Lernen mit Tablet-Computern	Projektgruppen

In dieser Auflistung taucht das Projekt »Multimediales Lernen« auf. Es dominiert nicht, steht jedoch in einem Gesamtzusammenhang der Schule mit mehreren aufeinander abgestimmten Maßnahmen und Projekten. Schließlich werden im Schulprogramm die in den letzten Jahren abgeschlossenen Projekte aufgeführt, wozu auch die Weiterentwicklung des Medienkonzepts durch die einschlägige Projektgruppe gehört:

Leitsatz	Projekt	Projektgruppe
1	Schulgelände: Multifunktions-/Basketballplatz	Arbeitsgruppe »Schulhofgestaltung«, Förderverein
3	Sprachlernklasse	Schulleitung, DaZ-Fachgruppe
4	Weiterentwicklung des Wettbewerbskonzepts	Projektgruppe (xxx, xxx, xxx, xxx)
5	Etablierung der Teilnahme am Wettbewerb »Jugend debattiert«	Fachgruppe Philosophie-Rhetorik (xxx, xxx), Fachgruppe Politik-Wirtschaft (EU-Profil)
5	Weiterentwicklung des Medienkonzepts	Projektgruppe

2.1.3 Medienkonzept

Das THG hatte bereits 2012 eine Projektgruppe eingesetzt, die bis 2014 ein Medienkonzept entwickelte, das die Gesamtkonferenz am 9. Januar 2014 verabschiedete. Zu Beginn des Schuljahres 2018/19 wurde es nach einer intensiven Evaluation mit den Fachgruppen überarbeitet. Dabei wurde ein Konzept entwickelt, das fast alle Fächer integriert und die zu erarbeitenden Teilkompetenzen den Fächern und Jahrgängen verbindlich zuordnet. Diese Zuordnung zu den Fächern wird laufend überprüft und aktualisiert, was eine eigens dafür ins Leben gerufene Fachgruppe »Medienkompetenz« übernimmt, die darüber hinaus für Evaluierung und Investitionsberatung in diesem Bereich zuständig ist. Diese Fachgruppe umfasst Vertreter aus allen Fächern.

Aus dieser Gruppe ist auch die Einsicht erwachsen, dass eine Digitalisierung im Unterricht (Ziellinie 2020 des Ministeriums) gut vorbereitet werden muss, weshalb 2017 eine weitere Projektgruppe ins Leben gerufen wurde, die das Lernen mit Mobilgeräten erprobt (»Multimediales Lernen«). Auch das Profil »Leben in einer digitalisierten

Welt« ist als Angebot für die Schülerinnen und Schüler zu verstehen, medial-gebildet den Herausforderungen der Digitalisierung entgegentreten zu können.

»Multimediales Lernen: Lernen – Arbeiten – Unterrichten mit Tablets am THG« ist die Broschüre überschrieben, in der Hauke Pölert und Stefan Melzer das Medienkonzept des THG beschreiben. Darin heißt es wörtlich:

Angesichts des rasanten technischen Fortschrittes im Bereich mobilen Arbeitens und Kommunizierens werden auch die Schulen vor die Frage gestellt, inwiefern und wieweit sich der Unterricht mit zeitgemäßer Technik weiterentwickeln muss. Eine weitverbreitete Grundannahme ist, dass neue Technologien den Unterricht positiv verändern können, wenn sie denn sinnvoll eingesetzt werden und Lehrerinnen und Lehrer Zeit und Engagement darauf verwenden, sich sowohl darauf einzulassen als auch sich entsprechend fortzubilden. Der Unterricht mit Tablets kann neue Impulse geben, kann anschaulicher, kreativer, differenzierter und teilweise auch selbstverantwortlicher gestaltet werden und neue Möglichkeiten in der schülerorientierten Planung und Durchführung von Unterricht bieten. Zugleich kann die Schule konsequent die Medienkompetenz der Schülerinnen und Schüler weiterentwickeln, zu bewussterem Umgang mit den neuen Medien anregen und diese als Arbeitsmedium in der Schule einer sachorientierten Nutzung zuführen. Andererseits ergeben sich durch die Nutzung von Tablets auch neue Schwierigkeiten. Mit dem Tablet sollen daher ganz bewusst die didaktischen Möglichkeiten, ohne auf die bewährten Mittel zu verzichten, ergänzt werden. »Klassischer« Unterricht kann in diesem Sinne angereichert werden (z. B. mehrkanalig, kurzphasiger, neue Formen der Ergebnissicherung etc.), wobei nach ersten Annahmen der ML-Projektgruppe der Tableteinsatz (fächervariabel) etwa 20 Prozent der Unterrichtszeit einnehmen könnte.

In diesem Kontext bietet der Einsatz neuer Technologien den genannten Vorteil, die Medienkompetenz der Schülerinnen und Schüler umfassend zu schulen. Dieser Leitfaden zur Einführung von Eins-zu-eins-Tablets im Unterricht ist daher als Ergänzung und Fortführung des THG-Medienkonzepts zu verstehen, das im Zuge des hier vorgestellten Konzeptes auch an die neuen Anforderungen angepasst werden soll. Im Fokus stehen sollen im Einzelnen
- das Wissen über digitale Medien und deren sichere Anwendung und Nutzung,
- die Fähigkeit, digitale Medien zielführend für den eigenen Lernerfolg zu nutzen und dabei nahtlos und selbstverständlich einzusetzen,
- die Fähigkeit, Informationen sachlich einzuschätzen und einzuordnen,
- die kreative und innovative Gestaltung von Medienprodukten,
- die Medienkritik, die einen verantwortungsvollen Umgang mit den digitalen Medien anleitet.

Mit diesem Projekt möchte das THG seiner Verantwortung gerecht werden, Schülerinnen und Schüler durch zeitgemäße digitale Bildung auf die sich rasant entwickelnde Gesellschaft vorzubereiten.

Die internationale Bildungsstudie ICILS aus dem Jahr 2013 hat ergeben, dass viele Teenager ein Smartphone besitzen, deshalb aber nicht automatisch kompetent sind, richtig damit umzugehen (Beispiele: Datenschutz oder zielführendes Arbeiten im Bildungskontext). Die weitverbreitete Annahme, dass Jugendliche durch das Aufwachsen in einer hoch technologisierten Welt automatisch digital kompetent sind, ist falsch. Hier ist es auch Aufgabe der Schule, am Puls der Zeit zu arbeiten, als Gymnasium beispielsweise wissenschaftspropädeutisch Grundlagen zu legen oder auch im Sinne der Chancengleichheit Schülerinnen und Schülern aus bildungsferneren Haushalten Zugang zu moderner Technik zu bieten sowie darüber aufzuklären und zu sensibilisieren – zugleich aber auch den Einsatz neuer Medien kritisch zu begleiten und nicht dem derzeit noch sehr diffusen Konzept der »Digitalisierung« unkritisch und vorauseilend das Wort zu reden.

Der konsequente Einsatz digitaler Lern- und Arbeitsformen kann und darf nicht bedeuten, dass die Schülerinnen und Schüler nicht mehr handschriftlich schreiben oder nicht mehr in echten Büchern lesen: Im Gegenteil müssen insbesondere die Förderung und Entwicklung der Schreib- und Lesekompetenz in einer tabletunterstützten Lerngruppe im Fokus stehen, wofür zusätzlich Erfahrungen anderer Schulen genutzt werden können.

Auch bedeutet dieses Konzept nicht, dass die Kolleginnen und Kollegen gegen das bestehende pädagogische THG-Konzept arbeiten. Nach wie vor sollen und werden Partner-, Gruppen- und UG/KG-Arbeitsphasen im sozialen Miteinander erfolgen. Gerade diese Sozialformen können durch das gemeinsame Arbeiten an Texten, Mindmaps, Filmen etc. durch vielfältigere Quellenauswahl bereichert werden. Ein zusammenfassender und bewusst positiv formulierter Blick auf die Chancen tabletunterstützten Unterrichts soll daher kurz die Motivation begründen, mit der das THG das ML-Projekt beginnen wird.

Dieses Konzept lässt Kolleginnen und Kollegen sowie Eltern nicht allein mit der Aufgabe der Medienbildung, es weist auch eine erhebliche Anzahl von Unterstützungsangeboten auf in Form von Unterrichtsmaterialien, Fortbildungen und Elternabenden.

Jährlich aktualisiert wird im Medienkonzept der Ist-Zustand der Ausstattung, um daraus und aus den Rückmeldungen der Fachgruppen einen Investitionsplan zu erstellen. Letzterer umfasst Empfehlungen zur Raumausstattung, zu WLAN und zur Netzinfrastruktur, zum Internetzugang, zu Endgeräten sowie zur Organisation des technischen Supports.

Dass die Vermittlung von Medienkompetenz nicht von einem einzigen Fach geleistet werden kann, hat sich am THG schon seit Längerem gezeigt.

Im Medienkonzept heißt es weiter etwas euphorisch:

Daher wird schon lange der Umgang mit neuen Medien sowohl bei Schülerinnen und Schülern als auch bei den Kollegen und Kolleginnen als selbstverständlich in allen Fächern praktiziert. Der praktischen Umsetzung der Vermittlung von Medienkompetenz liegt zugleich ein medienintegrativer wie fächerintegrativer Ansatz zugrunde. Medienintegration bedeutet, dass keine künstliche Trennung zwischen sogenannten »alten« und den nicht mehr ganz so »neuen« Medien konstruiert wird, sondern diese in ihrer Gesamtheit und gegenseitigen Bedingtheit wahrgenommen und behandelt werden. Fächerintegration bedeutet, die Schnittstellen zwischen fachdidaktischen Zielsetzungen und den Anforderungen der Medienbildung aufzufinden und zum Ausgangspunkt unterrichtlichen Handelns zu machen.

Im Medienkonzept heißt es weiter, »dass es sich als Nachteil der früheren Organisationsstruktur am THG erwiesen hat, dass die Medienkompetenzen zum einen nicht vollständig abgebildet und zum anderen nicht koordiniert eingeführt wurden. Daher war es die Aufgabe der Fachkonferenz ›Medienkompetenz‹, für das THG die zu erlangenden Kompetenzen festzustellen, diese den Fächern verbindlich zuzuordnen, unterstützende Medien bereitzustellen sowie eine langfristige Bedarfsplanung zu entwickeln. Die erste Projektgruppe traf sich in den Jahren 2012 bis 2014 regelmäßig und hat nach umfangreicher Auswertung der Kerncurricula nahezu aller Fächer sowie verschiedener Kompetenzmodelle ein Medienkonzept für die Sekundarstufe I entworfen. Die spätere Änderung der Schulzeit in Niedersachsen von zwölf auf 13 Jahre hat zu Verschiebungen geführt, die im Medienkonzept schon eingearbeitet sind«.

Ständige Aktualisierung des Projekts »Multimediales Lernen

Das aktuelle Medienkonzept wurde im Oktober 2018 verabschiedet. Seit dem Schuljahr 2017/18 erprobt das THG den Unterricht mit Tablets in sogenannten ML-Klassen (Multimediales Lernen) und fördert gleichermaßen deren Einsatz im Kollegium. Das THG argumentiert, dass die Vorteile für sich sprechen, etwa

die Vereinfachung der Unterrichtsplanung und -durchführung sowie die Zusammenführung des im Unterricht üblichen Medienmix in einem kompakten Gerät. Es bleiben aber große Herausforderungen, die – abgesehen vom Methodischen – besonders im Bereich der Investitionen und der Fortbildung liegen. Hinsichtlich der externen Förderung sind die Schulen bisher, so die Erfahrungen in der Praxis, in ihren Bemühungen weitgehend auf sich gestellt. In der Schule selbst ist die Bereitschaft zur Investition in Ausstattung im Rahmen des zur Verfügung stehenden Budgets durchaus spürbar.

Ferner ist die Medienbildungsplanung des Schulträgers zu unterstützen. Hierzu arbeiten die Vertreter des ML-Projektes bei der Erstellung eines Medienentwicklungsplans bei der Stadt Göttingen mit. Vorgesehen sind mehrere Treffen, da Fördergelder vom Land nur an Schulträger fließen, die ein Konzept vorweisen können. Diese dürfen das Geld nur an Schulen weiterleiten, die ein Konzept vorweisen können.

Das Projekt »Multimediales Lernen« hatte zunächst zum Ziel, über zwei Jahre in den Jahrgängen 9, 10 und 11 jeweils in einer Klasse mit Eins-zu-eins-Ausstattung mit Tablets Erfahrungen zu sammeln. Mit Beginn des Schuljahres 2019/20 wurde das Projekt auf den gesamten Jahrgang 11 ausgeweitet. Ab 2020 wird die gesamte Sekundarstufe II aufwachsend einbezogen.

Die vom ML-Projekt betroffenen Eltern hatten sich bereiterklärt, iPads anzuschaffen. Dabei wurden Erfahrungen gesammelt und Methoden erprobt, die es ermöglichten, eine begründete Meinung zur »Ziellinie 2020« der Landesregierung in Niedersachsen zu bilden, welche die Ausstattung eines jeden Kindes mit einem (elternfinanzierten) Mobilgerät für den Unterricht vorsieht. Darüber hinaus konnten die damit verbundenen infrastrukturellen, methodisch-didaktischen und organisatorischen Herausforderungen so zunächst in einem kleineren Rahmen ausgelotet werden. Die Akzeptanz wie auch das Interesse des Kollegiums haben offensichtlich mit der Entscheidung, Apple-Infrastruktur anzuschaffen, stark zugenommen. (...) Zudem bietet die Projektgruppe Fortbildungen an, die von den Kollegen gerne genutzt werden.

Die erfolgreiche Umsetzung des Konzepts in der 9ML [9. Klasse Multimediales Lernen], die Rückmeldungen seitens des Kollegiums, der Elternschaft und der Schülerinnen und Schüler ermöglichten mit Beschluss des Schulvorstands die Ausweitung des Projekts auf eine künftige 11. Klasse zur Erprobung und – nach einer Befragung aller Eltern des zukünftigen 10. Jahrgangs mit 95 Prozent Zustimmung – die Ausweitung auf alle 11. Klassen ab 2019.

Ein neues Wahlpflichtangebot

Außerdem hat das THG das neue Wahlpflichtangebot »Leben in einer digitalisierten Welt« eingerichtet. Das neue Profil »Digitalisierte Welt« soll für die Jahrgänge 7 bis 10 ein attraktives Angebot sein, das nicht nur Schülerinnen und Schülern, die sich für Informatik und Informationstechnologie interessieren, sondern auch eher geistes- oder gesellschaftswissenschaftlich orientierten Lernenden eine echte Alternative zu den etablierten Wahlpflichtangeboten bietet. Insofern soll das Phänomen der Digitalisierung aus den unterschiedlichsten Perspektiven betrachtet werden. Genauer:

Ausgehend von Alltagserfahrungen mit digitalen Medien soll ihre Funktionsweise und Handhabung ebenso vermittelt bzw. geschult werden wie Wissen über die konkrete Anwendung in allen Lebensbereichen und ihre Bedeutung in der Wirtschaft. So hat die Informatik im weiteren Sinne zentrale Bedeutung für das Wahlpflichtangebot. Die historische Genese moderner Kommunikationstechnologie spielt dabei ebenso eine Rolle wie eine Sensibilisierung für die möglichen Gefahren der Digitalisierung.

Schließlich soll auch die ästhetische Dimension des Phänomens in den Blick genommen werden: Künstlerische und literarische Zukunftsvisionen bilden einen wichtigen Inhalt des Lehrgangs und helfen, die Kreativität der Teilnehmerinnen und Teilnehmer zu aktivieren.

Wichtige Fächer für das Wahlpflichtangebot sind neben der Informatik die Fachgruppen Englisch, Kunst, Physik, Geschichte und Politik/Wirtschaft. Insofern ist das Profil ein Hybrid aus allen drei Aufgabenbereichen der Sekundarstufe I: Sprachen/Musisches, Gesellschaftswissenschaften und Naturwissenschaften.

Zum Lernmanagement: Das THG benutzt kein Lernmanagementsystem, sondern arbeitet mit einer Fülle von Apps, die man von einer Plattform abrufen bzw. sich auf dem iPad oder Laptop installieren kann.

2.1.4 Entwicklungspfad

Die Schulentwicklung des THG wurde bei unserem ersten Schulbesuch rekonstruiert, um einen systematischen Ausgangspunkt für unsere Arbeit und die künftige Entwicklung der Schule zu bekommen. Als Methode diente das sogenannte Rating Assessment, das im zweiten Beitrag des Anhangs beschrieben wird. Es wurde mit einer Gruppe durchgeführt, bestehend aus der Schulleiterin, dem Stellvertreter, dem Sprecher der Fokusgruppe, dem Personalrat, der Elternvertretung und selbstverständlich Schülerinnen und Schülern. Dabei wurde zunächst als Mittellinie die Achse der konkreten Maßnahmen und Ereignisse der letzten Jahre erstellt, indem jede Teilnehmerin und jeder Teilnehmer Karten schrieb. Diese wurden gemeinsam an einer langen Wand aufgehängt und zeitlich geordnet. In der zweiten Runde ging es um die Bewertung. Gelungene Maßnahmen und Ereignisse erhielten grüne Karten und als problematisch eingeschätzte rote. Die grünen sind in Abbildung 2 hell wiedergegeben (sie hängen oberhalb der Mittellinie) und die roten dunkel (sie hängen

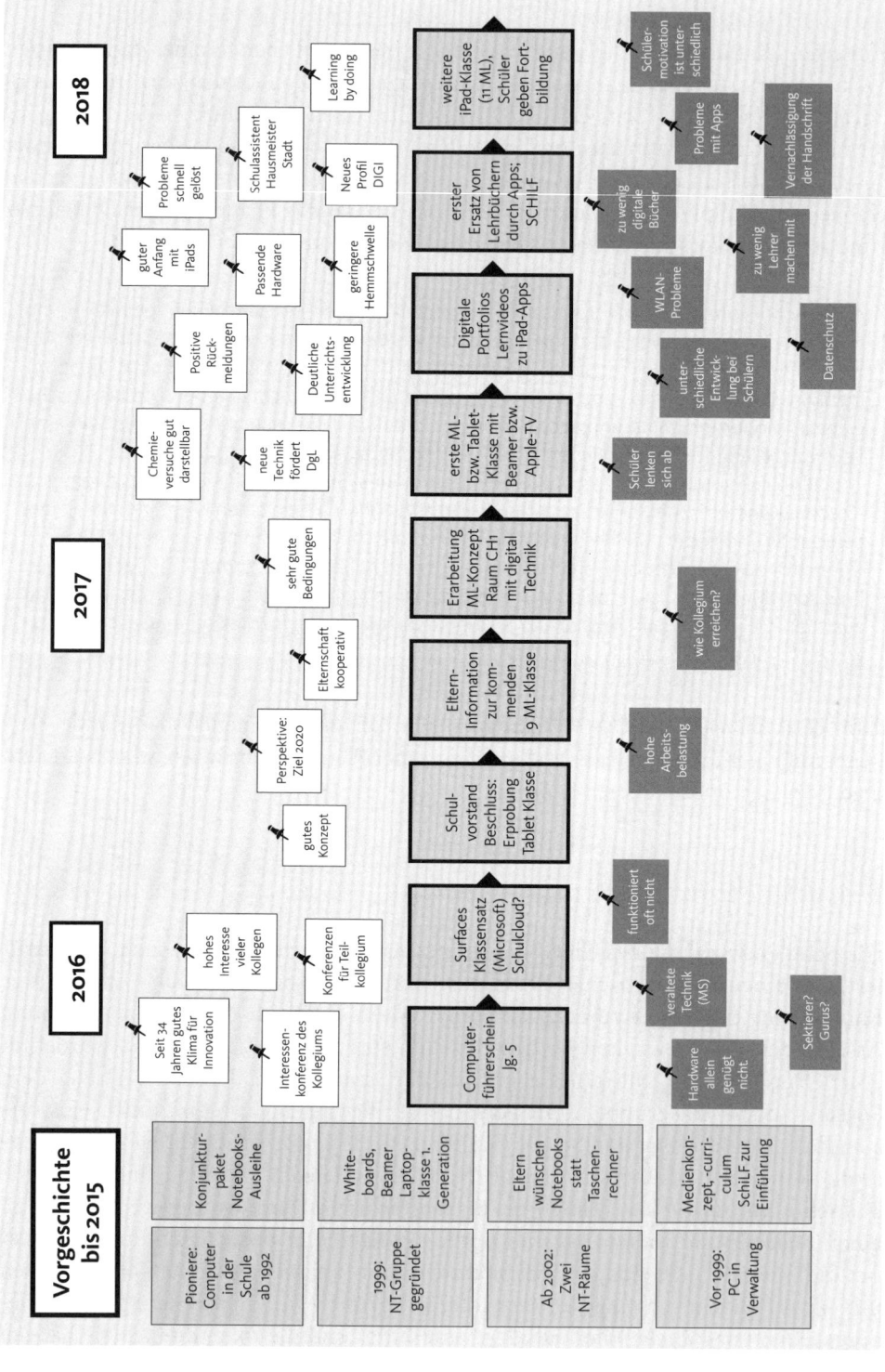

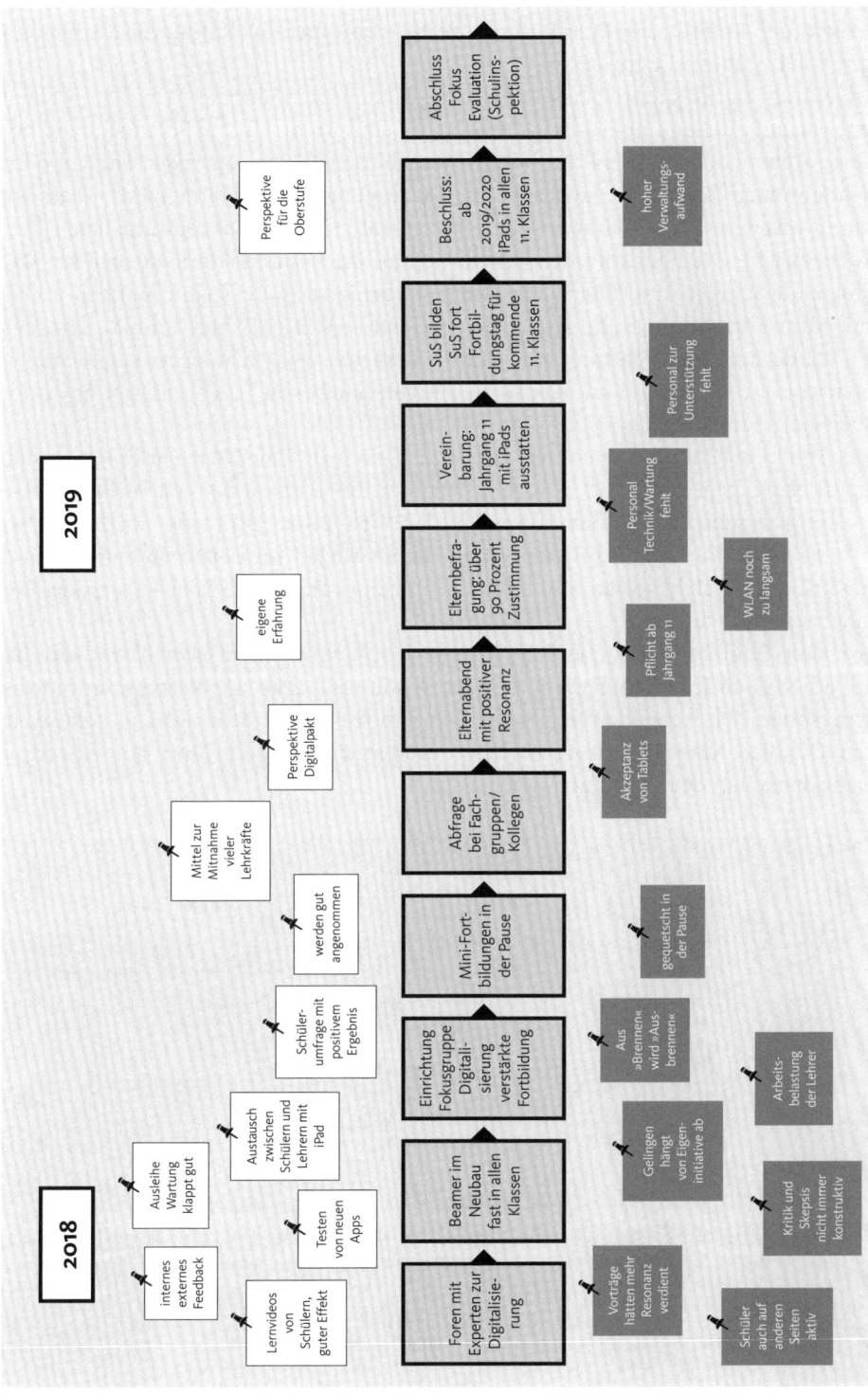

Abbildung 2: Entwicklungspfad des THG

unterhalb der Mittellinie). Durch die Bewertungen führt das Rating Assessment zu einer gemeinsamen Diagnose.

Insgesamt zeigt das Rating Assessment das Bild eines moderaten Wandels in Form einer kontinuierlichen Entwicklung. Multimediales Lernen wird im Schulvorstand beschlossen, aber vorsichtig als Erprobungsklasse für den 9. Jahrgang vorgesehen und im selben Jahr auch für den 11. Jahrgang. Die Erprobungsklassen werden »ML-Klassen« genannt, was dem Medienkonzept mit dem zentralen Begriff des multimedialen Lernens entspricht. Die Eltern werden ausführlich informiert und stimmen auch zu. Darauffolgende Schüler- und Elternbefragungen erbringen große Zustimmungen. Zahlreiche Mini-Fortbildungen finden in den Pausen statt. Kritik verstummt allerdings nicht, sondern äußert sich in etlichen Problemkarten wie »Schüler lenken sich ab«, »Datenschutz«, »Probleme mit Apps«, »Gelingen hängt von Eigeninitiative ab« oder »Arbeitsbelastung der Lehrer«.

Aus Abbildung 2 ist auch zu ersehen, dass die Schule im Jahr 2018 eine Fokusgruppe Digitalisierung gegründet hat, was wohl nach der Einrichtung der ersten iPad-Klasse die wichtigste zentrale Maßnahme war, in der Wissenschaftssprache »kritisches Ereignis« genannt. Die Bewertungskarten an diesen Stellen im Zeitstrahl sind rar und wenig kritisch. Es sieht so aus, als ob die Einführung von DgL am THG als moderater Wandel gestaltet wurde.

Von den Teilnehmern dieses Rating-Assessment-Workshops hörten wir, dass in den iPad-Klassen jede Schülerin und jeder Schüler ein iPad zur Verfügung und die Lehrpersonen sich freiwillig für diese Klasse gemeldet hatten und auf DgL fokussiert waren. Die iPad-Klasse wurde als 10. Klasse weitergeführt und befand sich wiederum ein Jahr danach in der Oberstufe.

2.1.5 Binnenarchitektur

In diesem Abschnitt geht es um die analytische Darstellung der inneren Organisation des THG. Die Analyse erfolgt über eine grafische Rekonstruktion der Entscheidungs- und Leitungsstrukturen, der Gremien sowie der Arbeitsbeziehungen untereinander. Das Ergebnis wird in einem Organigramm, aber auch in schriftlichen Erläuterungen dargestellt (siehe Abb. 3). Die gebräuchlichen Bezeichnungen für das Gesamt der inneren Organisation sind Innen- oder Binnenarchitektur. Wir ziehen Binnenarchitektur vor, weil der Begriff Innenarchitektur mit Inneneinrichtung oder »Interior Design« von Wohnräumen assoziiert ist. In Zeiten der Digitalisierung gehört die analytische Darstellung der digitalen Binnenarchitektur dazu.

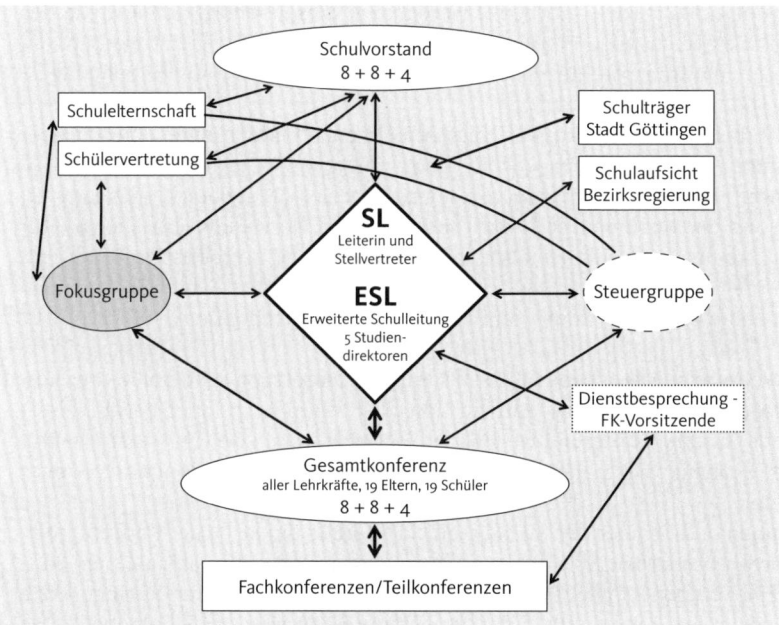

Abbildung 3: Organigramm des THG

Im Organigramm sind wie üblich die Schulleitung, die Erweiterte Schulleitung, die Gesamtkonferenz und der in Niedersachsen eingeführte große Schulvorstand dargestellt. Die Steuergruppe spielt für das Digitalisierungsprojekt keine Rolle. Mitglieder der Steuergruppe sind: ein Mitglied der Erweiterten Schulleitung, vier Lehrkräfte, zwei Elternvertreter und zwei Schülerinnen- und Schülervertreter. Dies ist im Vergleich zu den üblichen Steuergruppen und der Literatur eine ungewöhnliche Zusammensetzung. Idealerweise ist die Steuergruppe ein Gremium für die in der Schule professionell Tätigen. Schülerinnen und Schüler sowie Eltern werden nur zu besonderen Anlässen als Gäste hinzugeladen, und die Steuergruppen haben im Unterschied zum THG ein Mandat, das zeitlich begrenzt ist.

Neu im Organigramm des THG und von großer Bedeutung ist die Fokusgruppe Digitalisierung. Die Fokusgruppe spielt offenbar die entscheidende Rolle bei der Realisierung des Digitalisierungsprojekts. Das wird weiter unten im Interview mit dem stellvertretenden Schulleiter bestätigt und deutete sich schon im Antrag zur Einrichtung einer Fokusgruppe Digitalisierung an:

Einrichtung einer »Fokusgruppe Digitalisierung«

Im Verlauf des ML-Projekts sammelt das THG bereits wichtige Erfahrungen im Bereich der Digitalisierung und damit der Schul- und Unterrichtsentwicklung mit dem Ziel zeitgemäßen Lernens. Mit der Entwicklung hin zu einem Fokusthema der weiteren Schulentwicklung – bestätigt durch die Ergebnisse der Fokusevaluation (der Niedersächsischen Schulinspektion) 2018 – muss für die zukünftige Umsetzung des ML-Profils ein Konzept im Sinne der Schulentwicklungsziele erarbeitet werden. Für diese Planung soll anstelle des bisherigen ML-Projektteams eine »Fokusgruppe Digitalisierung« eingesetzt werden, um die kontinuierliche und transparente Fortentwicklung des ML-Profils unter Beteiligung aller Interessengruppen zu unterstützen.

Die künftige Arbeit der »Fokusgruppe« trägt den folgenden Erfahrungen und Anforderungen Rechnung:

- Mit der Ausweitung des ML-Profils (u. a. Einbezug der Sek. II) steigen der Organisationsaufwand und der Abstimmungsbedarf und damit die Notwendigkeit einer breiter aufgestellten Arbeitsgruppe (im Hinblick auf das aktuelle und mittelfristige Fokus-Entwicklungsziel des THG: »Schüler und Schülerinnen / Lehrer und Lehrerinnen nutzen digitale Medien im Unterricht kompetent und gehen kritisch mit ihnen um«).

Es soll bei der Weiterentwicklung des ML-Profils und der Umsetzung schulpolitischer Vorgaben größtmögliche Transparenz und Partizipation aller Interessengruppen gewährleistet werden. Folgende Zusammensetzung wird daher vorgeschlagen: zwei Vertreter ML-Projektleitung, drei Kollegiumsvertreter (A-/B-/C-Aufgabenfeld), ein Schulleitungsvertreter, ein Elternvertreter.

Die Schülerinnen und Schüler der ML-Klassen sind bereits direkt an der Konzeptarbeit beteiligt. Nach wie vor werden ML-Forum-Veranstaltungen und -Elternabende dem Austausch dienen. Eine von der Schulleitung nach Zustimmung des Schulvorstands eingesetzte »Fokusgruppe« bildet den Rahmen für Initiativen und die Diskussion von Schulentwicklung mit dem Ziel konkreter Beschlussvorschläge.

Aus den genannten Erfahrungen und Anforderungen ergeben sich folgende Aufträge:

- Konzeptionelle Entwicklung von Erweiterungen des digitalen Lernangebots und deren Umsetzung.
- Sicherung und Weiterentwicklung einer funktionalen digitalen Lernumgebung am THG.
- Die »Fokusgruppe« erarbeitet mit dem Ziel kontinuierlicher Schulentwicklung im Bereich Digitalisierung ggf. Beschlussvorschläge für den Schulvorstand und die Gesamtkonferenz.
- Die »Fokusgruppe Digitalisierung« kann die Schulleitung, das Kollegium und die Elternschaft bei der Umsetzung der Schulentwicklungsziele (laufendes Projekt nach Mehrheitsvotum des THG-Kollegiums: Fokusevaluation »Leben in einer digitalisierten Welt«; Beschlüsse zum ML-Profil) unterstützen.

Der Schulvorstand möge daher die Einrichtung einer »Fokusgruppe Digitalisierung« beschließen.

Das hat der Vorstand dann auch Anfang 2019 getan. Die ebenfalls im Organigramm enthaltene »Dienstbesprechung der Fachkonferenzvorsitzenden« ist eher rudimentär vorhanden. Sie wird in Zukunft allerdings wichtiger werden, weil die Schule das multimediale Lernen fachübergreifend denkt und praktiziert.

Zur Binnenarchitektur einer Schule gehört in Zeiten der Digitalisierung auch die digitale Infrastruktur und damit die Ausstattung mit digitalen Geräten. Seit etwa 20 Jahren verfügt das THG über fest installierte Computerarbeitsplätze (in Klassenstärke) in zwei Computerräumen, die von Lerngruppen bei Bedarf genutzt werden, sowie über einzelne Computerarbeitsplätze in den naturwissenschaftlichen Unterrichts- und weiteren Fachräumen, in der Bibliothek und im Lehrerzimmer. Die Geräte werden kontinuierlich gewartet und bei Bedarf durch neue Geräte ersetzt. Die Räume waren von Anfang an mit einem WLAN-Zugang ausgestattet, die Unterrichtsräume verfügen zusätzlich über (insgesamt drei) Wanddisplays und fünf interaktive Whiteboards.

Vor einigen Jahren hat sich das THG entschieden, dem Einsatz mobiler digitaler Endgeräte gegenüber dem weiteren Ausbau stationärer Computerarbeitsplätze Vorrang zu geben. Seitdem verfolgt die Schule kontinuierlich die Anschaffung von Laptops und Tablets in Klassensatzstärke, die einzelnen Lerngruppen zur Nutzung im Unterricht zur Verfügung stehen. Parallel dazu wurde ein schnelles Glasfasernetz weiter ausgebaut, sodass überall im Gebäude schnelles WLAN vorhanden ist. Alle 28 Klassenräume sowie die Fachräume sind darüber hinaus mit fest installierten Beamern ausgestattet worden, die kabellos über fest installierte Apple TV-Geräte angesteuert werden. Die Anschaffung dieser Geräte sowie der Ausbau der technischen Infrastruktur wurden mit vom Schulträger zur Verfügung gestellten Haushaltsmitteln finanziert.

Mit Beginn des ML-Projekts 2017 wurde mit der Devise BYOD (»Bring Your Own Device«) eine neue Strategie der Gerätefinanzierung eingeführt: Die iPads werden von den Schülerinnen und Schülern bzw. von deren Eltern privat finanziert. Im Schuljahr 2019/20 verfügen die ML-Klassen mit Eins-zu-eins-Ausstattung über iPads, die in der Regel im Besitz der Schülerinnen und Schüler sind. Auch das Zubehör – digitaler Stift, Tasche etc. – finanzieren die Eltern. Es ist sichergestellt, dass die Schule bei finanziellen Engpässen die Anschaffung unterstützt (monatliche Ratenzahlung, Mietkauf etc.).

Für die Ausstattung der iPads gibt die Schule Mindestanforderungen vor. Die Geräte werden über die Schule oder, falls gewünscht, von den Eltern eigenständig gekauft. Dabei kann auch eine leistungsstärkere Version angeschafft werden. Für die Anforderungen im Schulunterricht reicht aktuell die einfachste Konfiguration der iPads aus. Lizenzen für Apps, die im Unterricht genutzt werden, schafft das THG zentral an. Die Schule stellt in den Klassenräumen verschließbare Schränke auf, in denen die iPads in den Pausen, während des Sportunterrichts etc. aufbewahrt und aufgeladen werden können.

Mit der angestrebten Eins-zu-eins-Ausstattung der gesamten Oberstufe wird sich der Bestand an iPads in den nächsten zwei Jahren entsprechend verdreifachen. Das THG verfügte Anfang des Schuljahres 2019/20 über

- 26 PCs / Laptops sowie
- 23 iPads (zur Ausleihe; als Ersatz für ein ausgefallenes oder vergessenes Schülergerät)

- zwei stationäre Computerräume
- drei Wanddisplays
- fünf Interaktive Whiteboards
- eine Ausstattung aller Klassenräume mit Beamer, Apple TV sowie Dokumentenkameras.

In den ML-Klassen kommen ca. 110 iPads (Eigentum der Schülerinnen und Schüler) zum Einsatz. In Lerngruppen, die nicht eins zu eins ausgestattet sind, können die Lehrpersonen neben den Endgeräten, die bei den Lernenden vorhanden sind, aktuell auf 26 schuleigene Geräte zurückgreifen.

2.1.6 Kurzumfrage im Kollegium

Im August 2019 wurde ein Kurzfragebogen an alle Lehrpersonen gemailt, um die Akzeptanz und Nutzung des DgL zu ermitteln. Das Ergebnis wird in Abbildung 4 wiedergegeben.

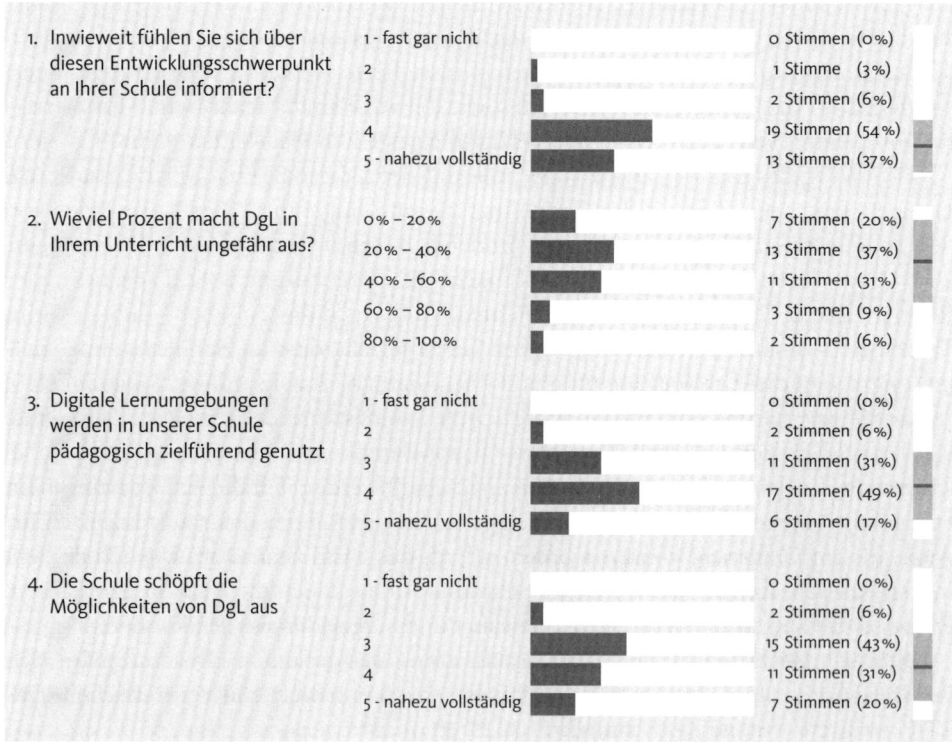

Abbildung 4: Befragung des Kollegiums zum Digital gestützten Lernen und Arbeiten am THG (August 2019, 35 Teilnehmer)

Das Ergebnis zeigt eine große Akzeptanz des Kollegiums hinsichtlich DgL. Es fühlt sich zum Großteil über den Entwicklungsschwerpunkt DgL gut informiert. Zudem gaben fast zwei Drittel an, dass digitale Lernumgebungen zielführend genutzt werden, und noch mehr meinten, dass die Schule die Möglichkeiten des DgL gut ausnutzt, obwohl das Ausmaß der Nutzung relativ gering ist, wie aus den Angaben bei Punkt 2 zu ersehen ist. Das ist wiederum zu erwarten bei einer Schule, die sich im Stadium des Starts befindet.

2.1.7   Wie hat es die Schule geschafft, das Kollegium einzubeziehen?

Wie ist es gelungen, das Kollegium für das Digital gestützte Lernen zu gewinnen? Dies fragten wir den stellvertretenden Schulleiter Mathias Behn in einem Interview:

Welche Widerstände, Konflikte oder Ablehnungen gab es am Anfang?
Widerstand speiste sich aus drei Wurzeln:
- Aufnahme von negativen Perzeptionsmustern aus dem öffentlichen Diskurs: Rechtschreibung werde vernachlässigt, digitale Medien seien defektanfällig, Kinder lernten keine Schreibschrift, digitale Medien seien so langlebig wie Sprachlabore etc.
- Persönliche Animositäten gegenüber den zügig und zielstrebig arbeitenden Protagonisten der Digitalisierung, die schon sehr bald Umsetzungsvorschläge zur Erprobung präsentierten.
- Angst davor, eine Entwicklung, eine Innovation übergestülpt zu bekommen oder etwa das Recht zu verlieren, in gewissen Jahrgängen zu unterrichten, da diese »digital definiert« würden.

Welche Rolle spielte die Schulleiterin beim Verbreitungs- bzw. Durchdringungsprozess von DgL ins Kollegium?
Die Schulleiterin hat den Prozess ostentativ unterstützt, etwa indem sie selbst in der Diskussion immer auf der Höhe war, SchiLF und andere Fortbildungen ermöglicht hat, aber auch indem sie selbst bestrebt war, an Fortbildungen teilzunehmen, die für iPad von der Fokusgruppe Digitalisierung angeboten wurden. Sie hat darüber hinaus in den schulischen Beschlussgremien für die Durchsetzung der Beschlüsse gesorgt, die nötig waren. Sie hat ferner darauf hingewirkt, dass die Fokus-Evaluation des »Niedersächsischen Landesinstituts für schulische Qualitätsentwicklung (NLQ)« den Schwerpunkt Digitalisierung hatte, und hat mit dazu beigetragen, die Budgetmittel entsprechend zu widmen. Sie hat die Protagonisten entlastet und vorhandene Verbindungen genutzt, um externe Expertise anzuzapfen und den Vorreitern zu ermöglichen, ihre Ideen in Zeitschriften zu publizieren und mit einer externen Fach-Community zu diskutieren.

Welche Rolle spielte die Steuergruppe?
Die Steuergruppe war an der Entwicklung des ML-Projekts nicht beteiligt.

Welche Rolle spielt die Fokusgruppe Digitalisierung?
Die Fokusgruppe besteht aktuell aus einem Elternvertreter, dem stellvertretenden Schul-

leiter, einem weiteren Schulleitungsmitglied und fünf Kollegiumsmitgliedern, unter ihnen zwei Fachgruppenleiter, davon ein Ausbilder am Studienseminar in Informatik. Sprachen, Natur- und Gesellschaftswissenschaften sind etwa gleichmäßig repräsentiert.

Diese Fokusgruppe ist der entscheidende Think-Tank der Schule für den ML-Bereich. Hier wurden etwa die Befragungen der Eltern- und Schülerschaft konzipiert und ausgewertet, hier werden technische, didaktische und methodische Probleme erörtert. Die Fokusgruppe hat die Informationen bei Elternabenden übernommen, hat erläutert, was Digitalisierung bedeutet, hat erklärt, warum BYOD ein gutes Prinzip ist. Auch die Organisation der Kooperation mit dem Anbieter der iPads liegt bei dieser Gruppe. Immer wieder wurde hier auch der technisch sehr versierte Schulassistent als Sachverständiger hinzugezogen; direkte Treffen mit der »Gesellschaft für digitale Bildung« wurden durchgeführt etc.

Die Planungsgruppe für das Profil »Leben in einer digitalisierten Welt« führt der stellvertretende Schulleiter, unterstützt von zwei weiteren Schulleitungsmitgliedern, vier bis fünf Kolleginnen und in etwa gleich vielen Eltern; Schüler sind punktuell beteiligt.

Beide Planungsgruppen tauschen ihre Ergebnisse aus und kommunizieren über das »Trelloboard« (trello.com). Diese technische Möglichkeit ist sehr wichtig, um die teilweise sehr häufig, in jedem Fall regelmäßig stattfindenden Sitzungen der Arbeitsgruppen zu ML-Projekt und Digitalklasse gut vorzubereiten.

Welche Rolle spielte der Stellvertretende Schulleiter?
Der stellvertretende Schulleiter spielte im Kollegium eine eher ausgleichende Rolle. Dabei hat er sich immer dafür eingesetzt, das mediengestützte Lernen voranzutreiben. Es war ihm stets wichtig, im Kollegium zu verankern, dass auch digitale Medien nur Medien und eben keine Inhalte sind, um die Sorgen von einer THG-Welt ohne menschliche Interaktion zu entkräften und einer befürchteten Maschinenstürmerbewegung die Spitze zu nehmen.

Außerdem hatte er wesentlich Anteil daran, die Rahmenbedingungen zu schaffen, und zwar in organisatorischer Hinsicht durch die Reform der Profile 7 bis 9, und in finanzieller Hinsicht, indem er aus dem Haushalt der Schule erhebliche Mittel für den Ankauf von Endgeräten, Präsentationstechnik etc. bereitstellte.

Im Rahmen des offenen Ganztages hat er studentische Hilfskräfte eingestellt, die AGs anbieten und damit auch bei Wartung und Pflege der Schulgeräte unterstützen.

Welche Rolle spielt der Koordinator für das Lernen mit digitalen Medien?
Das ist bei uns der Vorsitzende der insgesamt sehr engagierten Fokusgruppe ML. Seine Rolle ist absolut zentral. Der Vorsitzende entwickelt Konzepte, wirbt auswärtige Experten an, baut Netzwerke auf, führt den Austausch auch mit externen Experten, unter anderem indem er bei externen Fortbildungen eigene Ideen vorstellt usw. Dabei agiert er stets kollegial und integrativ und sorgt vor allem dafür, dass regelmäßige Treffen der Fokusgruppe stattfinden.

Wer oder was spielte sonst noch eine nennenswerte Rolle?
In der Fokusgruppe insbesondere der Fachgruppenleiter Mathematik, der auch in der Planungsgruppe »Leben in einer digitalisierten Welt« absolut prägend ist. Er hat etwas andere Schwerpunkte (Robotik und Mikroprozessoren etc.), was sich ideal ergänzt. Für Medienkonzept und Robotik zentral ist der Fachgruppenleiter Informatik, der dieses Fach auch am Studienseminar vertritt. Zentral ist der Schulassistent – er ist extrem interessiert an der Materie, umsichtig, sachkompetent und hoch qualifiziert für das, was er leistet.

2.2 Fortgeschrittene Schule: das Evangelisch Stiftische Gymnasium Gütersloh

2.2.1 Steckbrief

Das Evangelisch Stiftische Gymnasium (ESG) ist eines von zwei Gymnasien in Gütersloh. Es hat rund tausend Schülerinnen und Schüler sowie 88 Lehrpersonen. Schulleiter ist Martin Fugmann, Schulträger eine Stiftung öffentlichen Rechtes, die durch ein Kuratorium repräsentiert wird (kontakt@esg-guetersloh.de und http://esg-guetersloh.de).

Gegründet wurde die Schule 1851 als Privatschule durch eine Initiative pietistisch eingestellter Protestanten, der Evangelischen Gesellschaft für Deutschland. Bereits drei Jahre später erklärte das preußische Königshaus die »Höhere Privat-Lehr-Anstalt« zu einem öffentlichen Gymnasium mit den besonderen Rechten eines Kuratoriums. Dieses bis zum heutigen Tag gültige Privileg ermöglicht dem Kuratorium, Einfluss sowohl auf die inhaltliche Ausgestaltung der Schule als auch auf deren Personalauswahl zu nehmen.

Seit der Schulgründung gibt es eine enge Verbindung zum Bertelsmann-Konzern sowie zu Stiftungen und Privatpersonen, welche die Schul- und Unterrichtsentwicklung beeinflusst haben. Der Aufbau der Schulmediothek im Jahr 1986, das Projekt »Selbstständige

Schule«, die Einführung der ersten Laptopklasse im Jahr 1999 und des Internationalen Baccalaureate sind Innovationsschübe, die das Gymnasium bis heute stark prägen.

Unterricht mit Laptops begann im Jahr 1999 als Projekt in einer 7. Klasse und wurde durch eine Anschubfinanzierung der Bertelsmann Stiftung ermöglicht. In den Folgejahren wurde das Projekt auf die Klassen 7 bis 12 (demnächst 13) schrittweise ausgebaut, das Kollegium entwickelte ein am Medienpass NRW orientiertes Laptop-Curriculum, das für alle verbindlich war und 2014 überarbeitet und aktualisiert wurde.

2.2.2 Schulprogramm

Das ESG hat im Jahr 2017 ein neues Schulprogramm erarbeitet und in den Gremien verabschiedet. Bei der Untersuchung der Schule im Hinblick auf Digital gestütztes Lernen wurde der Entwicklungsstand mit dem Zehn-Komponenten-Modell (siehe Anlage) erfasst. Den Leitspruch der Schule »Aus Tradition modern« haben alle Beteiligten verinnerlicht. Der Durchdringungsgrad des Leitbildes der Schule wird bei Schulleitung und Lehrerkollegium mit 100 Prozent angenommen, bei Eltern, Schülerinnen und Schülern schwankt die Einschätzung zwischen 10 und 30 Prozent.

Das Schulprogramm des ESG beginnt mit folgendem Vorwort:

Im Zentrum aller Bemühungen des ESG steht, unsere Schülerinnen und Schüler dabei zu begleiten, sich zu verantwortungsbewussten, gebildeten und neugierigen Persönlichkeiten zu entwickeln, die auf dem Fundament des Wissens, des (Hinter)fragens und gegenseitigem Respekts unsere Gesellschaft gestalten wollen und können.

Wir haben gemeinsam mit unseren Schülerinnen und Schülern, unseren Eltern und unserem Kollegium vier Bereiche identifiziert, die uns allen besonders wichtig erscheinen [siehe übernächster Kasten]. Gleichzeitig haben wir uns auf konkrete, verbindliche Ziele und nachhaltige Prozessabläufe verständigt. Schulentwicklung ist ein lebendiger Prozess. Alle, die unsere Schule prägen und gestalten wollen, laden wir herzlich ein, in einen Dialog mit uns zu treten.

Im **Leitbild** heißt es mit den Worten des Schulleiters Martin Fugmann:

Kritisches und unkonventionelles Denken, prinzipiengeleitetes, reflektiertes Handeln und eine ausgewogene, sinnstiftende Lebensführung finden am ESG ihren Platz. Mit unserem Leitbild haben wir ein gemeinsames Grundverständnis der gesamten Schulgemeinschaft entwickelt, das an bewährte Traditionen des ESG anknüpft und gleichzeitig in die Zukunft gerichtet ist.

Weiter heißt es:

Unser Menschenbild: Wir haben ein humanistisch und christlich geprägtes Menschenbild.
Unser Blick auf die Welt: Wir sind weltoffen, vorurteilsfrei und neugierig.
Unsere Gemeinschaft: Wir ermöglichen und fördern Partizipation aller am Schulleben Beteiligten. Wir sind fürsorglich, engagiert, wertschätzend, unterstützen und stärken uns gegenseitig und lösen Konflikte konstruktiv.
(1) Unsere Erziehungsziele: Wir erziehen zu selbstbewussten Persönlichkeiten, die kritisch-kreativ denken und demokratisch handelnd Verantwortung für die Gesellschaft und die Umwelt übernehmen.
(2) Unser Förderansatz: Wir helfen allen unseren Schülerinnen und Schülern bei der Entfaltung ihrer je eigenen Potenziale und Begabungen, unterstützen bei Lernschwierigkeiten und schaffen so die Grundlage für die Freude am Lernen und für exzellente Leistungen.
(3) Unsere Kommunikation: Wir kommunizieren und handeln transparent und respektvoll...
(4) Öffnung des ESG: Internationalität, Bilingualität, IB

Ziel: Das ESG ermöglicht die Einbindung in eine internationale Welt, indem Sprachen sicher beherrscht und diese sowohl in alltäglichen als auch fachspezifischen Kommunikationszusammenhängen sinnvoll verwendet werden, internationale Kontakte angeregt und vertieft werden und Menschen aus anderen Herkunftsländern in das ESG eingebunden werden.

Bis zum Jahr 2022 hat sich das Evangelisch Stiftische Gymnasium in Hinblick auf Digital gestütztes Lernen folgendes **Schulprogramm** gegeben:

Digitale Medien: Pädagogischer Mehrwert und Medienkompetenz
Ziel: Das ESG ermöglicht durch digitales Lernen einen pädagogischen und fachlichen Mehrwert sowie die Entwicklung einer umfassenden Medienkompetenz, indem (...)
• Medien zur Individualisierung im Unterricht verwendet und von den am Unterricht Beteiligten technisch beherrscht und genutzt werden.
• Medien als Mittel der Produktion, Kooperation und Interaktion gehandhabt werden.
• Medien kritisch reflektiert werden, sodass vermittelte Normen und Werte als interessengeleitete Gefüge erkannt werden.

Des Weiteren heißt es im Schulprogramm:

Differenziertes Lernen: Fördern und Fordern
Ziel: Das ESG ermöglicht die Interessen und Potenziale der Schülerinnen und Schüler zu fördern und sie in ihrer Persönlichkeitsentwicklung zu unterstützen, indem
• individualisiertes Lernen im regulären Unterricht verstärkt wird,
• unterrichtsbegleitende und unterstützende Maßnahmen etabliert und gestärkt werden, die einen Beitrag sowohl für besonders Begabte leisten als auch kompensatorisch bei leistungsschwachen Schülerinnen und Schülern wirken, und
• Schülerinnen und Schüler befähigt werden, Lernprozesse selbstständig und selbstreflexiv zu organisieren.

Arbeitsplatz Schule: Gesundheit fördern
Ziel: Die Gesundheitsförderung soll am ESG als dauerhafte Aktivität etabliert und in allen Entwicklungsprozessen berücksichtigt werden. Das ESG ermöglicht ausgehend von dem Bemühen um das physische und psychische Wohl aller am Schulleben Beteiligten eine hohe Lernort- und Arbeitsplatzzufriedenheit, indem

- ein Schulklima angestrebt wird, das von Respekt, sozialem Miteinander und einem wertschätzenden Umgang mit anderen geprägt ist,
- gesundheitsfördernde Haltungen und Verhaltensweisen entwickelt werden,
- die Identifikation mit dem ESG gestärkt wird,
- eine ausgeprägte Feedbackkultur etabliert wird und
- effizientes Arbeiten ermöglicht und Belastungen reduziert werden.

Das Schulprogramm ist umfassend und ganzheitlich konzipiert, ist aktuell, hat die digitalen Medien und differenziertes Lernen im Fokus und bezieht sich zudem auf Schulklima und Gesundheitsförderung. Für die Umsetzung des Schulprogramms hat das Kollegium umfassende Maßnahmen entwickelt, auf deren Grundlage ein auf fünf Jahre angelegte Prozess gesteuert wird.

2.2.3 Medienkonzept

Die Erarbeitung eines neuen Medienkonzepts begann im Jahre 2016 mit dem Dienstantritt des neuen Schulleiters. Als ehemaliger Leiter der Deutschen Schule im Silicon Valley brachte Martin Fugmann neue Impulse zum digitalen Lernen in das ESG ein. Dabei wurde nicht mit der Optimierung der technischen Ausstattung begonnen, sondern mit der Verständigung über Normen und Werte, die das Handeln der Traditionsschule prägen. Der bereits genannte Leitspruch »Aus Tradition modern« bringt dies prägnant auf den Punkt. Im neuen Medienkonzept heißt es:

Die digitale Bildung ist als ein Schwerpunkt seit fast zwei Jahrzehnten fest im Schulprogramm verankert. Ein für alle Fächer verbindliches Laptopcurriculum regelt die systematische Einbindung der Laptops in den Fachunterricht. Dieses Curriculum orientiert sich an den Kernlehrplänen des Landes NRW, am Medienpass NRW und an den Empfehlungen der Kultusministerkonferenz zur Medienbildung. Eine praxisnahe Berufsorientierung ist durch die vielen Alumni und Partner gegeben.

Nach zwei Jahren hat es sich als wirksam erwiesen, den Change-Management-Prozess, der mit »Digitalisierung« einhergeht, an der Kultur der Schule anzudocken. Steuert man auf dem Fundament von Leitbildern, Schulentwicklungszielen und Schulprogrammen, kann man im »running system« Prozesse der Selbstvergewisserung auf der einen und Veränderungsprozesse auf der anderen Seite ermöglichen.

Einsatz digitaler Technologien und Medien

Das ESG nutzt seit 2016 das vom Schulleiter gemeinsam mit der Deutschen Auslandsschule im Silicon Valley und Sebastian Geus entwickelte Lernmanagementsystem NERDL (»Networked Educational Resources for Device-aided Learning). »Lernmanagementsystem« wird im Folgenden wie inzwischen üblich mit LMS abgekürzt. Im Medienkonzept heißt es dazu:

Beim Design der Plattform NERDL sind wir davon ausgegangen, dass Lehrer und Lehrerinnen die Lernumgebung auch digital gestalten und das Design der Lernarrangements selbst entwickeln. Damit unterscheidet sich NERDL von derzeit beliebten algorithmischen Steuerungsinstrumenten. Gleichzeitig sollte das System selbstbestimmtes und selbstreguliertes Lernen ermöglichen und fördern. Das LMS NERDL orientiert sich an den pädagogisch didaktischen Konzepten des deutschen Curriculums.

Das Design des Systems ist von folgenden Grundüberzeugungen geprägt:
- Die Lehrkräfte sind Autoren und Designer der Lernumgebungen.
- Anleitung, Unterstützung und Begleitung der Schülerinnen und Schüler werden nicht dem Algorithmus überlassen, sondern bleiben in Lehrerhand.

Die Plattform unterscheidet sich damit von den meisten gängigen LMS dadurch, dass es alle Inhalte an die Kompetenzen des Curriculums anbindet. Dadurch wird der Widerspruch zwischen kurs- und inhaltsbasierter Systematik aufgehoben und es werden jahrgangs- und fächerübergreifende Zugriffe auf alle Materialien ermöglicht. Lehrerinnen und Lehrer laden ihre Unterrichtsmaterialien in die Bibliothek, deren Systematik sich an den Kompetenzen der schuleigenen Curricula orientiert. Sie planen Ihre Unterrichtsstunden mithilfe eines Stundeneditors, der es ihnen erlaubt, Schülern auf Knopfdruck Aufgaben individuell zuzuweisen (differenziertes Arbeiten), Gruppen- und Expertenpuzzle anzulegen, Hausaufgaben zu stellen, Dateien hochzuladen, etc.

Ein Rating-Werkzeug fordert Schüler dazu auf, Feedback zu Beiträgen ihrer Mitschüler zu geben und zu kommentieren. Schüler kommunizieren untereinander und mit Lehrkräften auf einem Forum. Die Lernwelt gibt ihnen darüber Aufschluss, wo sie in ihrem Kompetenzerwerb stehen. Online-Videos und Lern-Apps können in das LMS eingebunden werden.

Kreative Unterrichtsmethoden und individuelles Lernen

Die Lernplattform NERDL schafft bzw. unterstützt eine Menge von Lernformen:

Kurz nach Einführung von NERDL ließ sich sowohl im Silicon Valley als auch am ESG beobachten, wie sich die Bibliothek zusätzlich zu traditionellen Materialien, wie Arbeitsblättern, Links, Bildern und Quellen, mit interaktiven Arbeitsblättern und Präsentationen, Lehrfilmen und Tutorials, die im Flipped Classroom und Blended-Learning-Szenarien zum Einsatz gebracht werden können, füllte. Lehrkräfte nutzen die Plattform für die gemeinsame Planung von Unterrichtsreihen und Projekten. Nicht nur Material wird geteilt, sondern ganze digital dokumentierte Lernarrangements inklusive der methodischen Anlagen der Unterrichtsreihen.

Dazu stellt die Schule im Medienkonzept fest:

> Wir beobachten, dass die Plattform auf diese Weise Teambildung und gemeinsame Un-
> terrichtsplanung in professionellen Lerngemeinschaften unterstützt, indem es Koopera-
> tion vereinfacht und Unterrichtsvorbereitung nachvollziehbar effizient gestaltet. Ein Pro-
> grammmodul »Spaces« bietet ein nicht hierarchisches Content Management System, das
> mit der Bibliothek verlinkt ist und synchrones Arbeiten an einem Dokument durch mehre-
> re Benutzer unterstützt. Ein Testeditor ermöglicht das Erstellen von Tests in verschiedens-
> ten Formaten (Zuordnung, Multiple Choice, Lückentexte, etc.).

Der Schulleiter berichtet:

> Sowohl an der German International School of Silicon Valley als auch am ESG haben sich
> die Qualität kollegialer Zusammenarbeit und damit die Kultur der Unterrichtsentwicklung
> im Team durch den Einsatz des LMS verbessert und wir beobachten in beiden Systemen,
> dass digital gestützter Unterricht immer mehr zu einem ganzheitliches Wirkungsgefüge
> von Methoden, Inhalts- und Medienentscheidungen wird.

Es ist aufgrund der Aussagen der Schulleitung und unserer eigenen Eindrücke zu ver-
muten, dass das Medienkonzept an fünf Wirkfaktoren beteiligt ist:
(1) Der Unterricht vermittelt Medienkompetenz und Kenntnisse im Umgang mit
    Computer und Software.
(2) Laptops bzw. Tablets ersetzen oder ergänzen Arbeitshefte.
(3) Die Potenziale des Computers zur Erarbeitung bestimmter Inhalte werden ge-
    nutzt und eröffnen neue Perspektiven (z. B. Modellierung, etc.).
(4) Lernen geschieht zunehmend personalisiert.
(5) Unterrichtsentwicklung wird gefördert.

Wie die positiven Bewertungen im Entwicklungspfad für das Jahr 2016 zeigen, wird
die Einführung von NERDL von der Schulgemeinde als der wichtigste Motor für den
Digital gestützten Unterricht an der Schule angesehen.

2.2.4 Entwicklungspfad

Das ESG blickt auf eine lange Geschichte der Nutzung digitaler Medien zurück. So
wurden bereits vor der Jahrtausendwende Laptops in Schülerhand genutzt und Konzepte für die Nutzung im Unterricht erarbeitet. Im Entwicklungspfad kommen die
vielfältigen Aktivitäten dieser Zeit unter der Überschrift »Vorgeschichte« zum Ausdruck. Die eigentliche Einführung des digital unterstützten Lernens datiert die Schule

auf 2015. Die Vorarbeiten an einem Curriculum für die Digitalisierung gingen mit innenschulischen Fortbildungsangeboten für das Kollegium einher. In allen Phasen wird deutlich, dass die neuen technischen Entwicklungen immer unter Aspekten der Pädagogik und der Verbesserung des Lernens aufgegriffen wurden. Die Entwicklungen, die zum heute erreichten Stand des digital gestützten Lernens im ESG führten, begannen im Jahre 2016.

Im Jahr 2016/17 wurde das Digitalisierungsprojekt durch einen Schulkonferenzbeschluss zum offiziellen Schulprogramm: Alle Schülerinnen und Schüler von Klasse 7 bis 12 arbeiten im Unterricht mit einem digitalen Endgerät. Flankierend erhielt die Schule ein Glasfasernetz, das WLAN konnte dadurch geöffnet und der Server auch von außerhalb der Schule angesteuert werden. Wie aus den Bewertungen mit vielen positiven Karten (in der Grafik Mehrfachnennungen) zum Glasfasernetz hervorgeht, war dies ein wichtiger Schritt auf dem Weg zum flächendeckenden DgL. In den negativen Bewertungen dieser Zeit kommt die Sorge zum Ausdruck, ein offenes WLAN Netz könne zu Missbrauch führen.

Einen besonderen Schub bekam die Entwicklung im Jahre 2016 mit der Amtsübernahme des neuen Schulleiters, der Erfahrungen aus dem Auslandsschuldienst im Silicon Valley einbringen konnte. Die Lernplattform NERDL und ihre breite Nutzung in der Schule sind der sichtbare Ausdruck dafür, dass die Digitalisierung den Unterricht im Alltag erreicht hat. Das war bei einer nicht unbeträchtlichen Anzahl von Lehrpersonen bereits weit vorher der Fall (siehe Vorgeschichte im Entwicklungspfad). Ihre Einführung wurde, wie an den Mehrfachnennungen im Entwicklungspfad zu erkennen, von der Schulgemeinde als besonders wichtiger und gelungener Schritt angesehen. An den negativen Karten in dieser Zeit wird aber auch deutlich, dass ein derart großen Entwicklungsschritt Befürchtungen hervorruft. Diese Phase in der Entwicklung deutet auf einen disruptiven Wandel hin. Das ist in Abbildung 5, dem Entwicklungspfad der letzten Jahre, auch gut zu erkennen: Bei der Einführung von NERDL häufen sich sowohl die Zustimmungskarten (oben) als auch – weniger ausgeprägt – die Problemkarten (unten).

Heute bewegen sich an einem normalen Unterrichtstag ca. 700 Schülerinnen und Schüler im Netz und arbeiten größtenteils auf browser- und webbasierten Anwendungen. Alle Lehrpersonen sowie Schülerinnen und Schüler besitzen eine schulische Mailadresse. Als Kommunikationsinstrument dient eine webbasierte Anwendung, die alle Funktionalitäten eines Exchange Servers bzw. einer Austauschplattform übernimmt. Ab dem Schuljahr 2019 sind Vertretungs- und Stundenpläne über das Programm Web Untis auch über Smartphone Apps einsehbar.

Mit Beginn des Schuljahrs 2020/21 ist eine Einführung digitaler Endgeräte, hier iPads, für die 5. und 6. Klassen geplant. Der Schulträger stellt dafür hundert Geräte zur Verfügung. Die technische Ausstattung, die Regeln für die Nutzung und das entsprechende Curriculum wurden im Schuljahr 2019/20 von einer Arbeitsgruppe erarbeitet.

Wie aus dem Entwicklungspfad zu ersehen ist, startete das ESG im Schuljahr 2019/20 das Projekt 5 (P5): »Projektorientiertes Lernen« ab Klasse 5. Damit hat sich

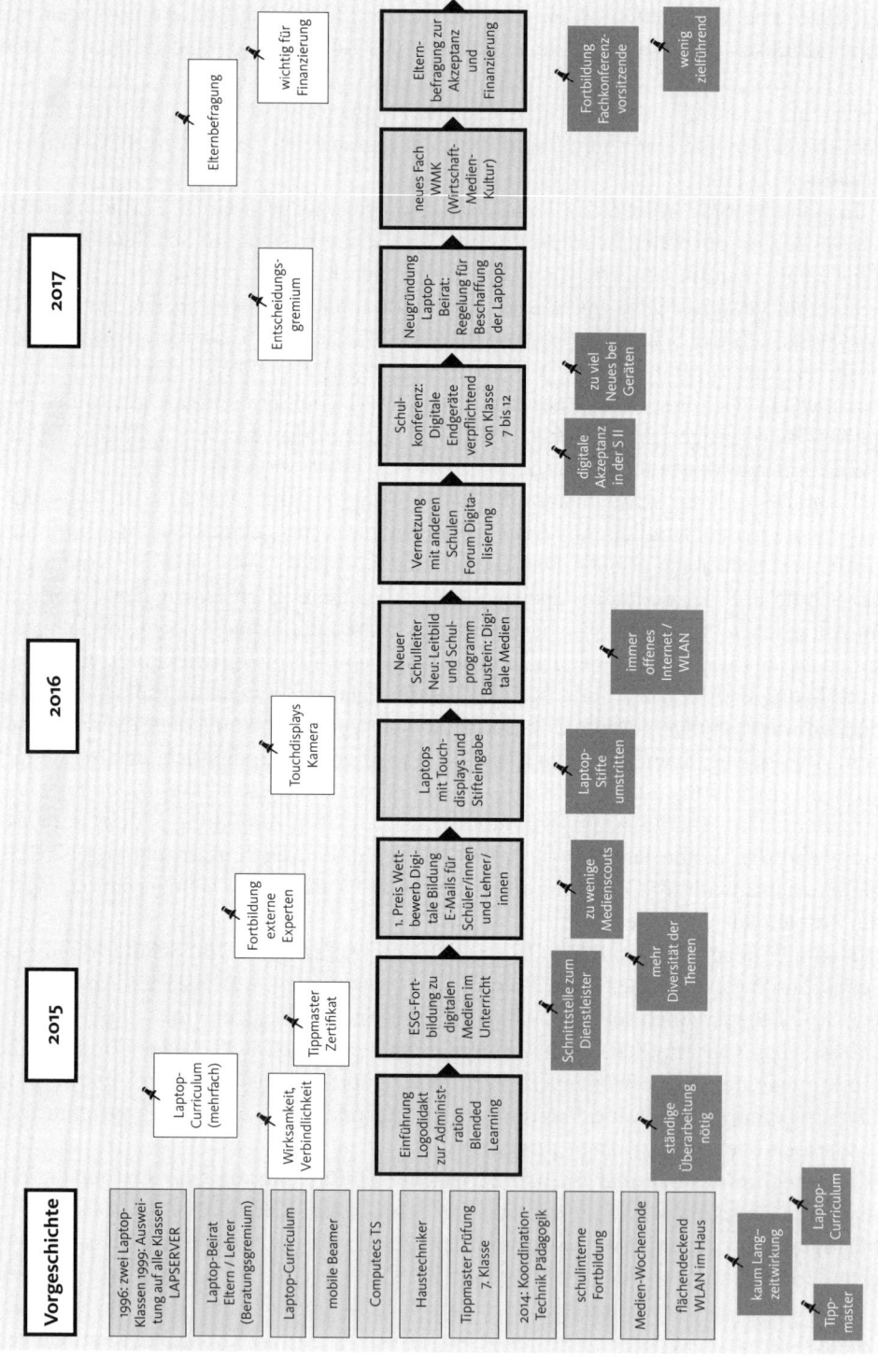

Vorgeschichte   **2015**   **2016**   **2017**

1996: zwei Laptop-Klassen 1999: Ausweitung auf alle Klassen LAPSERVER

Laptop-Beirat Eltern / Lehrer (Beratungsgremium)

Laptop-Curriculum

mobile Beamer

Computecs TS

Haustechniker

Tippmaster Prüfung 7. Klasse

2014: Koordination-Technik Pädagogik

schulinterne Fortbildung

Medien-Wochenende

flächendeckend WLAN im Haus

kaum Lang-zeitwirkung

Laptop-Curriculum

Tippmaster

Laptop-Curriculum (mehrfach)

Wirksamkeit, Verbindlichkeit

Tippmaster Zertifikat

Fortbildung externe Experten

Touchdisplays Kamera

Entscheidungs-gremium

Elternbefragung

wichtig für Finanzierung

Einführung Logodidakt zur Administ-ration Blended Learning

ESG-Fort-bildung zu digitalen Medien im Unterricht

1. Preis Wett-bewerb Digi-tale Bildung E-Mails für Schüler/innen und Lehrer/innen

Laptops mit Touch-displays und Stifteingabe

Neuer Schulleiter Neu: Leitbild und Schul-programm Baustein: Digi-tale Medien

Vernetzung mit anderen Schulen Forum Digita-lisierung

Schul-konferenz: Digitale Endgeräte verpflichtend von Klasse 7 bis 12

Neugründung Laptop-Beirat: Regelung für Beschaffung der Laptops

neues Fach WMK (Wirtschaft-Medien-Kultur)

Eltern-befragung zur Akzeptanz und Finanzierung

ständige Überarbeitung nötig

Schnittstelle zum Dienstleister

mehr Diversität der Themen

zu wenige Medienscouts

Laptop-Stifte umstritten

immer offenes Internet / WLAN

digitale Akzeptanz in der S II

zu viel Neues bei Geräten

Fortbildung Fachkonferenz-vorsitzende

wenig zielführend

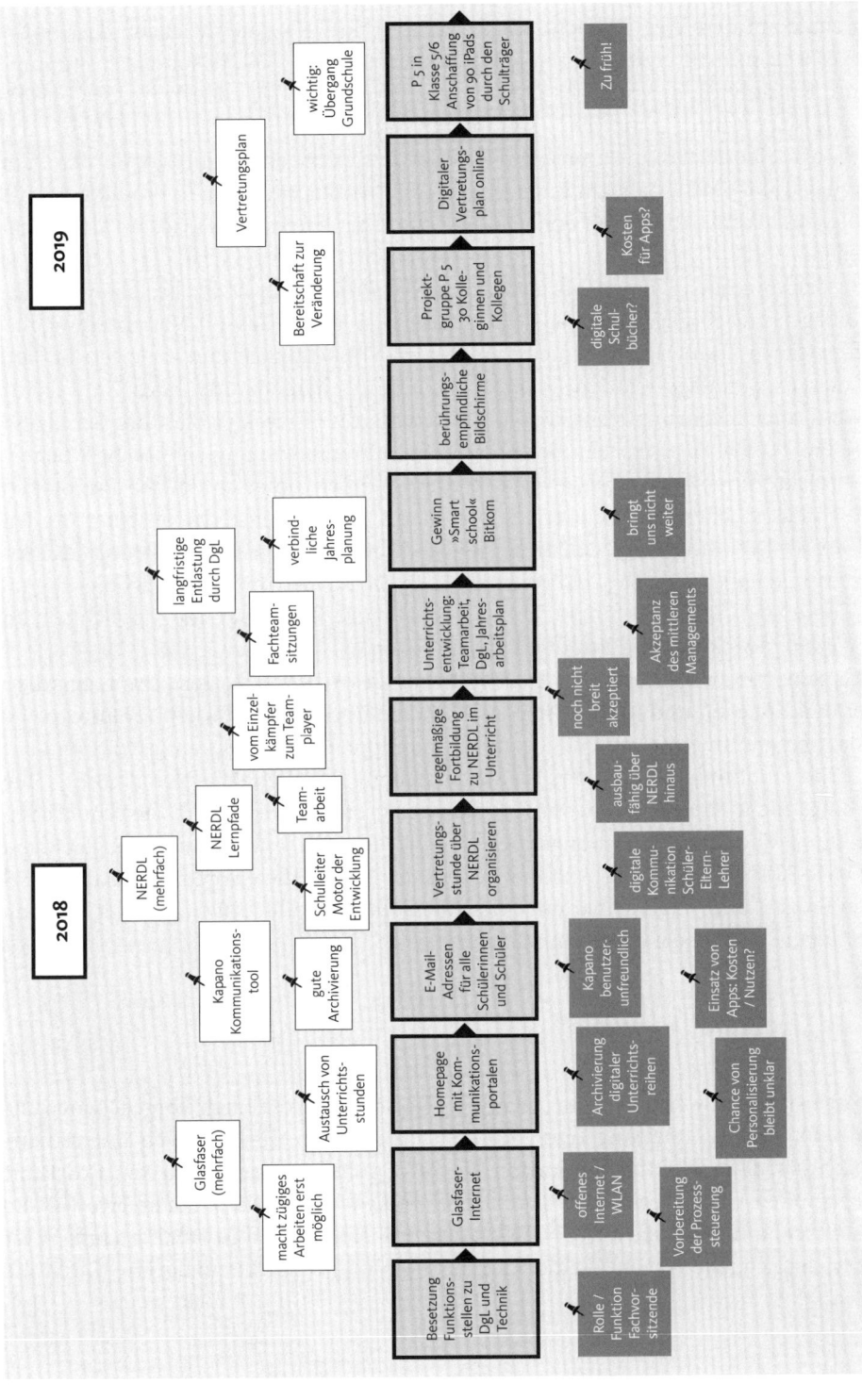

Abbildung 5: Entwicklungspfad des ESG

die Schule auf den Weg gemacht, die Lernkultur so weiterzuentwickeln, dass nachhaltiges und sinnstiftendes Lernen auf der Basis der vier »Ks«, das meint Kommunikation, Kollaboration, kritisches Denken und Kreativität (Fandel/Bialik 2017), stärker gefördert werden kann. Dies soll mittels fächerübergreifender, kompetenz- und handlungsorientierter sowie problemlösender Projektarbeit begünstigt werden. Um dies zu gewährleisten, steht am Ende eines jeden Projekts ein digitales Produkt, das die Schülerinnen und Schüler mit den von der Schule bereitgestellten iPads im Unterricht erstellen.

Vor der konkreten Unterrichtsentwicklung der Projektgruppe P5, bestehend aus ca. 25 Kollegen und Kolleginnen, hat sich die Gruppe in einer Kick-off-Veranstaltung mit einer externen Trainerin auf gemeinsame Bilder, Vorstellungen und Ziele verständigt. Auf dieser Grundlage wurden übergeordnete Jahresthemen vereinbart: Umwelt für Klasse 5 und Ernährung für Klasse 6 mit jeweils drei Projektphasen pro Schuljahr. Diese Projektphasen erstrecken sich über einen Zeitraum von ungefähr sechs Wochen. Die Projektgruppe entwickelt jeweils in Kleingruppen unterschiedliche Prototypen für die neu anstehenden Projekte, die von dem Organisationsteam gesichtet werden und zur Abstimmung zurück an die Großgruppe gehen. Nach Durchführung des Projekts evaluieren sowohl die Lehrkräfte als auch die Schülerinnen und Schüler digital den Lernertrag der Projektphase. Dadurch haben alle Beteiligten die Möglichkeit, an der Weiterentwicklung des Prototyps mitzuwirken.

Die gemeinsame Planung und Durchführung des Projekts steigern die Teamarbeit unter den Kollegen und Kolleginnen enorm, man übernimmt stärker Verantwortung für das gemeinsame Ziel und kollegiale Hospitationen werden als entlastend und bereichernd empfunden, besonders bei der Erstellung der digitalen Produkte. Es sollte allerdings nicht verschwiegen werden, dass der größte Hemmschuh die schulischen Strukturen sind, die den reibungslosen Verlauf eines Projekttages nicht begünstigen und viele Absprachen und Flexibilität seitens der Lehrkräfte erforderlich machen. P5 ist ein Prozess und vergleichbar mit einer Abenteuerreise, die trotz intensiver Planung und Absprachen viele Überraschungen birgt.

2.2.5 Binnenarchitektur

Im Organigramm werden die in NRW für alle Schulen gesetzlich vorgegebenen Institutionen wie Schulleitung und Konferenzen und ihre Beziehungen untereinander sichtbar. Eine wichtige Institution für das DgL ist der Laptop-Beirat. Er ist mit Lehrpersonen und Elternvertretern besetzt und macht jährlich Vorschläge für die Ausstattung mit der Hardware, insbesondere mit Endgeräten in Schülerhand. Er ist sehr wichtig für die Akzeptanz der Geräteauswahl und der Finanzierung durch die Eltern.

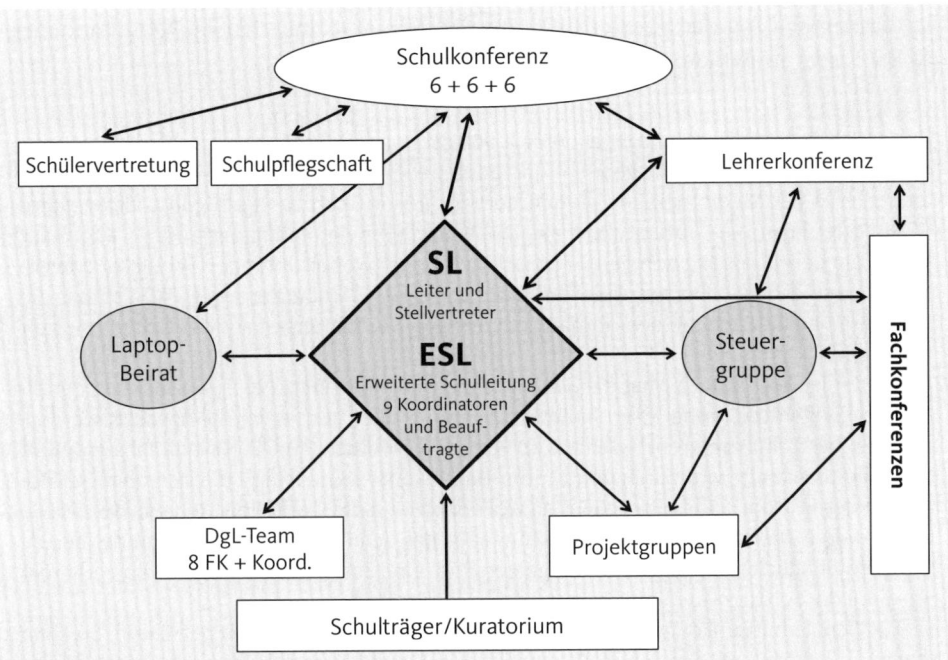

Abbildung 6: Organigramm des ESG

Das ESG hat eine intensiv arbeitende Steuergruppe. Sie besteht aus dem stellvertretenden Schulleiter, Thomas Rimpel, der didaktischen Koordinatorin und drei vom Kollegium gewählten Lehrpersonen. Die Steuergruppe gehört zu den wenigen in Deutschland, die über eine Geschäftsordnung verfügen, und deshalb lohnt es sich, diese Geschäftsordnung in voller Länge im Anhang abzudrucken. Auch der Laptop-Beirat verfügt über eine Geschäftsordnung.

Eine neue, digitale Seite der Binnenarchitektur beschreibt der Vorsitzende des Laptop-Beirats, Hendrik Haverkamp, wie folgt:

Damit das digital gestützte Lernen am Evangelisch Stiftischen Gymnasium reibungslos funktioniert, wurde eine aufeinander abgestimmte technische Binnenarchitektur entwickelt, die sich auf folgende Bereiche erstreckt:

- digitale Endgeräte
- Software
- Digitalförderliche Raumausstattung
- WLAN
- Technischer Support
- Fortbildung

Bei der Ausstattung der Schülerinnen und Schüler mit digitalen Endgeräten verfolgt das ESG zwei Strategien:

In den Jahrgangsstufen 5 und 6 hat der Schulträger hundert iPads angeschafft, die von Lehrkräften für ihren Unterricht gebucht und ausgeliehen werden können. Zwei Koffer befinden sich in der Mediothek und stehen dort für Recherchen zur Verfügung, vier weitere iPad-Koffer lagern im Unterstufentrakt. Die Wahl fiel in den Jahrgangsstufen 5 und 6 auf iPads, um den Übergang von den Grundschulen zu der weiterführenden Schule zu erleichtern. Die städtischen Grundschulen arbeiten am Ort flächendeckend mit iPads, sodass die Schülerinnen und Schüler der Jahrgangsstufe 5 an Vorerfahrungen aus der Grundschulzeit anknüpfen können.

Ab der Jahrgangsstufe 7 hat die Schule seit Jahren eine Eins-zu-eins-Ausstattung mit digitalen Endgeräten, wobei elternfinanzierte Laptops oder Convertibles eingesetzt werden. Dies ist per Schulkonferenzbeschluss so festgelegt worden. BYOD ist ebenfalls möglich. Die Geräteauswahl wird durch den Laptop-Beirat koordiniert. Eltern, die sich dem Gerätevotum des Laptop-Beirates anschließen wollen, können das Gerät über den von der Schule vermittelten Dienstleister leasen. Das Angebot der Schule umfasst zusätzlich bei berührungsempfindlichen Displays einen digitalen Stift, eine passende Tasche, um von vorherin die Zahl der Schäden zu minimieren, und die Schulsoftware.

Die Schule hilft unkompliziert bei finanziellen Engpässen aufseiten der Eltern. So kann nach Rücksprache mit der Schulleitung oder dem Schulpfarrer der Betrag der monatlichen Raten reduziert oder ausgesetzt werden.

Das Mobile Device Management (MDM), mit dem die iPads verwaltet werden, wird von drei Kolleginnen und Kollegen betreut. Die Lehrerschaft und auch die Schülerinnen und Schüler können Vorschläge bezüglich der Neueinführung von Software machen. Über schuleigene Mailadressen können die Schülerinnen und Schüler und die Lehrpersonen kommunizieren, das heißt, alle Mitglieder der Schulgemeinschaft besitzen ein eigenes digitales Postfach. Der Unterricht wird größtenteils über die Lernplattform NERDL organisiert.

Alle Klassenräume verfügen über große berührungsempfindliche Displays oder über einen festinstallierten Beamer. In allen Räumen besteht Zugriff auf das schuleigene WLAN. Des Weiteren findet man in jedem Klassenraum 30 Laptopschränke. Die Schülerinnen und Schüler bekommen ab der Jahrgangsstufe 7 einen Laptopschrankschlüssel und können fortan die eigenen Laptops bzw. Convertibles dort lagern. Diese Spinde besitzen jeweils eine Steckdose und zwei Ablagefächer, sodass die Schülerinnen und Schüler ihre digitalen Endgeräte aufladen bzw. diese in Freistunden oder während des Sportunterrichtes sicher verwahren können.

Die Fachräume für Informatik sind wie typische PC-Räume ausgestattet. Neben den Desktop-PCs findet man hier einen Nahdistanz-Beamer und einen 3D-Drucker. In den weiteren Fachräumen gibt es zusätzlich Dokumentenkameras. Darüber hinaus besitzt das ESG einen eigenen Schnittraum, wo Schülerinnen und Schüler Videos produzieren können.

Das ESG verfügt seit dem Jahr 2017 über eine Glasfaseranbindung an das Internet. Das Glasfasernetz bietet eine Geschwindigkeit von 500 Mbit. Im ganzen Schulgebäude befinden sich 60 Accesspoints (...). Über einen Radiusserver bietet die Schule ein WLAN für die Geräte der Schüler*innen und für das pädagogische Personal an. Der Radiusserver ermöglicht eine exakte Authentifizierung durch Benutzernamen und Passwort. Ein zweites WLAN existiert für Klienten, die fest der Schule zugeordnet sind (z. B. für die 130 festinstallierten Rechner in den PC- und Fachräumen). Ein drittes WLAN ist für Gäste eingerichtet.

Ein Techniker unterstützt die pädagogische Arbeit an fünf Tagen in der Woche, sodass Serverprobleme, Hardwaredefekte etc. schnell behoben werden können. Flankiert wird die Arbeit des Technikers durch die Schüler-AG CompuTecS (siehe dazu Kap. 6.2). Die über die Schule angeschafften Laptops besitzen eine Versicherung (ohne Selbstbehalt) und eine Garantieerweiterung auf drei Jahre. Schülereigene Geräte (BYOD) werden bei der CompuTecS ebenfalls begutachtet, müssen dann aber gegebenenfalls bei einem Servicepartner kostenpflichtig repariert werden.

Zudem kümmert sich ein Team von acht Koordinatoren und Funktionsträgern um die inhaltliche und technische Weiterentwicklung des digital gestützten Lernens am ESG. Dieses Gremium, das auch im Organigramm aufgenommen wurde, erstellt ebenfalls ein Fortbildungskonzept, das pädagogische und technische Inhalte an die Kolleginnen und Kollegen vermittelt.

Das ESG verfügt im Schuljahr 2019/20 über folgende Geräteausstattung:
- ca. 700 Laptops im Schülerbesitz
- 45 Laptops im Schuleigentum
- 33 Android Tablets im Schuleigentum
- 96 iPads im Schuleigentum
- interaktive Whiteboards
- Wanddisplays (darunter versteht das ESG die Beamer, die auf ein Whiteboard projizieren)
- 24 Smart Displays
- ca. 20 Beamer (15 fest installiert in den Räumen, fünf zur Ausleihe im Sekretariat)
- zwei Computerräume mit ca. 60 PCs

2.2.6 Kurzumfrage im Kollegium

Die Befragung wurde per E-Mail durchgeführt. Die Rücklaufquote von fast 70 Prozent ist für diese Art der Befragung gut (wenn man 100 Prozent erreichen will, möge man sich im Anhang 1 informieren). Die Ergebnisse sieht das ESG als repräsentativ an. Hinter den ca. 30 Prozent der Lehrpersonen, die den Fragebogen nicht zurückgesandt haben, verbirgt sich nach Auskunft der Schule keine geschlossene Gruppe mit einer bestimmten Einstellung. Die Nichtbeteiligung ist auf unterschiedliche Gründe zurückzuführen (Vergessen, Abwesenheit, Erkrankung, u. Ä.).

In den Ergebnissen wird deutlich, dass es sich um eine Schule handelt, bei der digital gestütztes Lernen im Kollegium bekannt und die Anwendung im Unterricht sehr verbreitet ist. Die technische Ausstattung der Schule wird überwiegend positiv eingeschätzt. Mehr als drei Viertel des Kollegiums nutzen die Lernplattform NERDL häufig oder fast immer. Diese Plattform wird auch, wie die Antworten bei Frage 10 zeigen, inhaltlich hochgeschätzt. Besonders die Eignung zur Dokumentation von Materialien und Unterrichtsinhalten wird mit 96 Prozent hervorgehoben. Dies entspricht der positiven Bewertung und intensiven Nutzung dieser Plattform, die bereits im Entwicklungspfad deutlich wurde und in den besuchten Unterrichtsstunden sichtbar war.

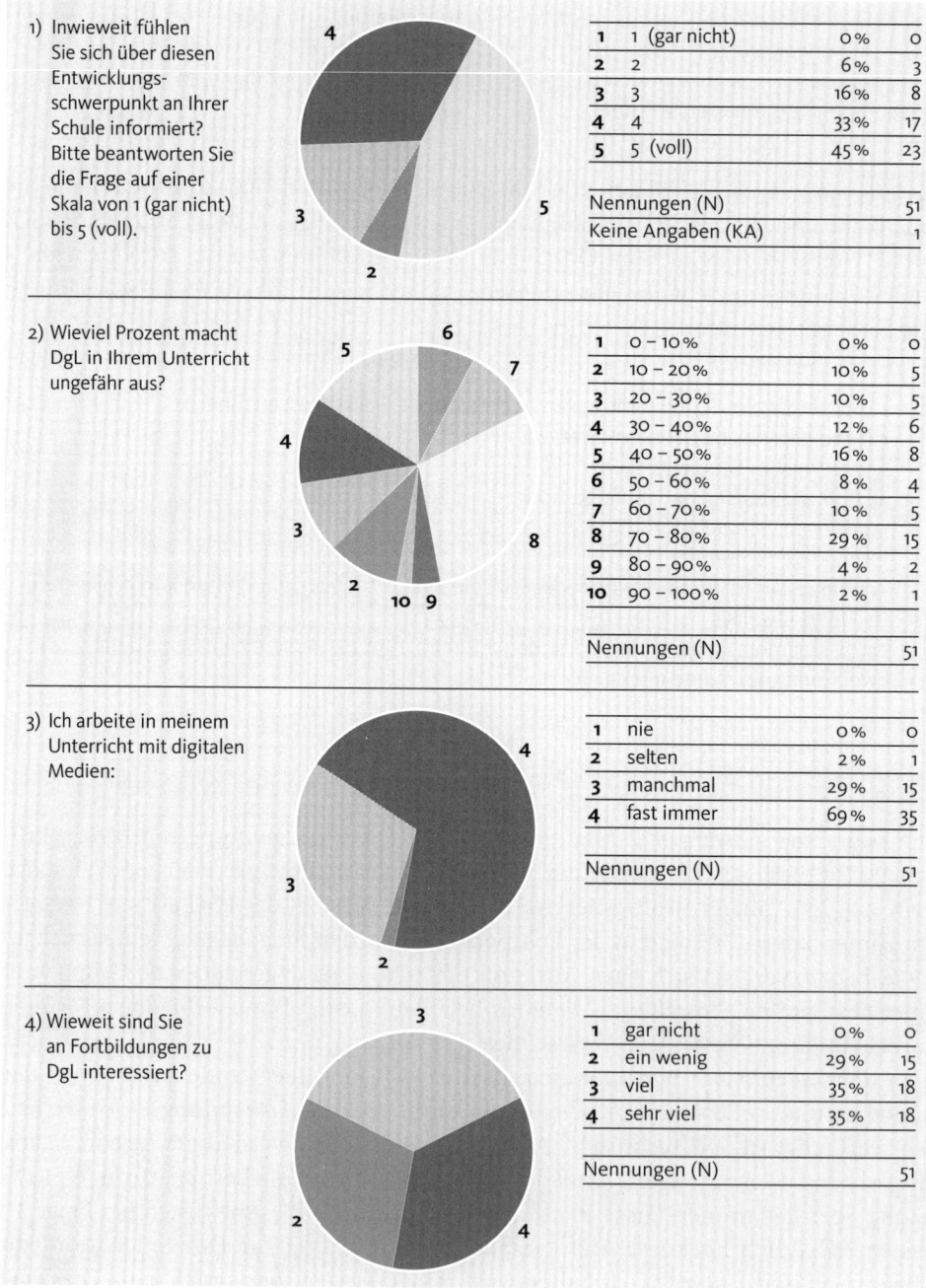

1) Inwieweit fühlen Sie sich über diesen Entwicklungsschwerpunkt an Ihrer Schule informiert? Bitte beantworten Sie die Frage auf einer Skala von 1 (gar nicht) bis 5 (voll).

1	1 (gar nicht)	0 %	0
2	2	6 %	3
3	3	16 %	8
4	4	33 %	17
5	5 (voll)	45 %	23
Nennungen (N)			51
Keine Angaben (KA)			1

2) Wieviel Prozent macht DgL in Ihrem Unterricht ungefähr aus?

1	0 – 10 %	0 %	0
2	10 – 20 %	10 %	5
3	20 – 30 %	10 %	5
4	30 – 40 %	12 %	6
5	40 – 50 %	16 %	8
6	50 – 60 %	8 %	4
7	60 – 70 %	10 %	5
8	70 – 80 %	29 %	15
9	80 – 90 %	4 %	2
10	90 – 100 %	2 %	1
Nennungen (N)			51

3) Ich arbeite in meinem Unterricht mit digitalen Medien:

1	nie	0 %	0
2	selten	2 %	1
3	manchmal	29 %	15
4	fast immer	69 %	35
Nennungen (N)			51

4) Wieweit sind Sie an Fortbildungen zu DgL interessiert?

1	gar nicht	0 %	0
2	ein wenig	29 %	15
3	viel	35 %	18
4	sehr viel	35 %	18
Nennungen (N)			51

5) Die angebotenen Fortbildungsmöglichkeiten zum DgL sind für mich...

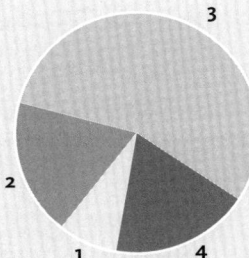

1	nicht passend	8 %	3
2	wenig passend	18 %	7
3	etwas passend	55 %	21
4	voll passend	18 %	7
	Nennungen (N)		38
	Keine Angaben (KA)		13

6) Digitale Lernumgebungen werden in unserer Schule pädagogisch zielführend genutzt:

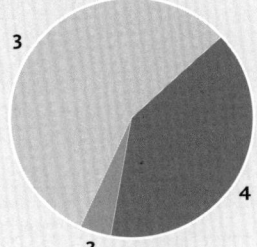

1	gar nicht	0 %	0
2	selten	4 %	2
3	häufig	56 %	27
4	fast immer	40 %	19
	Nennungen (N)		48
	Keine Angaben (KA)		3

7) Die Schule schöpft die Möglichkeiten von DgL aus:

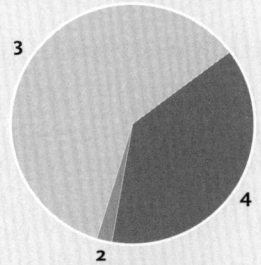

1	gar nicht	0 %	0
2	wenig	2 %	1
3	einigermaßen	60 %	30
4	voll und ganz	38 %	19
	Nennungen (N)		50
	Keine Angaben (KA)		1

8) Ich bewerte die Infrastruktur für DgL an unserer Schule (Beamer, Übertragungsmöglichkeiten, WLAN, weitere Technik) auf einer Skala von 1 (negativ) bis 5 (sehr positiv) wie folgt:

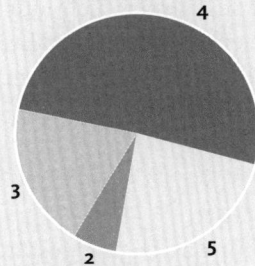

1	1 (negativ)	0 %	0
2	2	6 %	3
3	3	20 %	10
4	4	51 %	26
5	5 (sehr positiv)	24 %	12
	Nennungen (N)		51

9) Ich nutze NERDL im Unterricht:

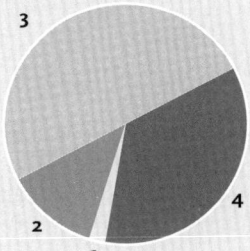

1	gar nicht	2 %	1
2	selten	13 %	6
3	häufig	50 %	24
4	fast immer	35 %	17
	Nennungen (N)		48
	Keine Angaben (KA)		3

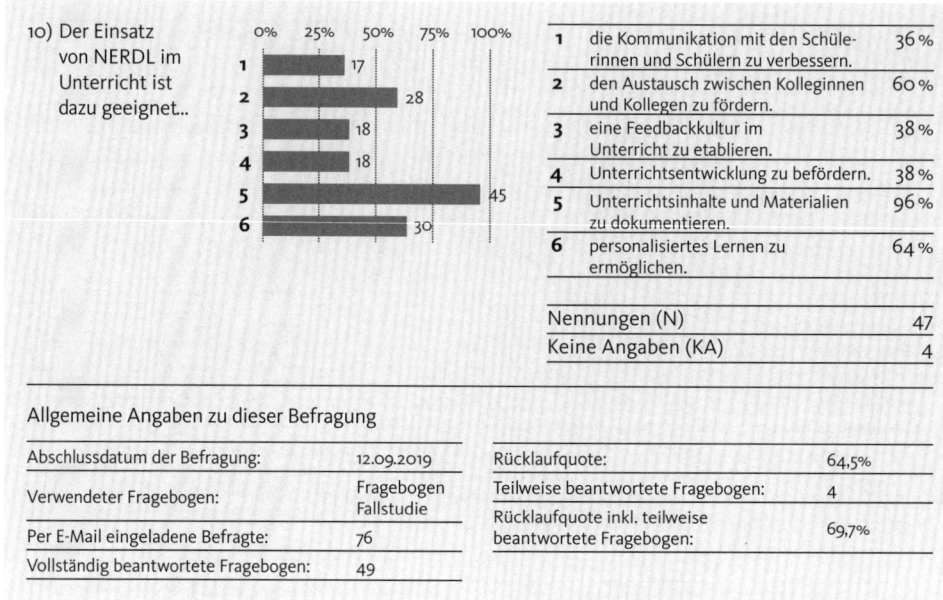

10) Der Einsatz von NERDL im Unterricht ist dazu geeignet...		
1	die Kommunikation mit den Schülerinnen und Schülern zu verbessern.	36%
2	den Austausch zwischen Kolleginnen und Kollegen zu fördern.	60%
3	eine Feedbackkultur im Unterricht zu etablieren.	38%
4	Unterrichtsentwicklung zu befördern.	38%
5	Unterrichtsinhalte und Materialien zu dokumentieren.	96%
6	personalisiertes Lernen zu ermöglichen.	64%
Nennungen (N)		47
Keine Angaben (KA)		4

Allgemeine Angaben zu dieser Befragung

Abschlussdatum der Befragung:	12.09.2019	Rücklaufquote:	64,5%
Verwendeter Fragebogen:	Fragebogen Fallstudie	Teilweise beantwortete Fragebogen:	4
Per E-Mail eingeladene Befragte:	76	Rücklaufquote inkl. teilweise beantwortete Fragebogen:	69,7%
Vollständig beantwortete Fragebogen:	49		

Abbildung 7: Befragung des Kollegiums am ESG (August 2019, 53 Teilnehmer)

Insgesamt untermauert die Befragung, dass das Selbstbild der Schule und die Eindrücke bei den Schulbesuchen mit der Einschätzung der Lehrpersonen übereinstimmen. Die Antworten auf Frage 2 »Wie viel Prozent macht DgL in Ihrem Unterricht ungefähr aus?« zeigen, dass der Anteil mindestens bei 10 Prozent und bei knapp einem Drittel der Lehrpersonen sogar zwischen 70 und 80 Prozent liegt. Beim ESG handelt es sich um eine Schule, bei der digital gestütztes Lernen nicht nur im Schulprogramm, sondern im Schulalltag weit fortgeschritten und in großer Breite fest verankert ist, von allen LehrerInnen akzeptiert wird und von den SchülerInnen und Eltern auch.

2.2.7   Wie hat es die Schule geschafft, das Kollegium einzubeziehen?

Wie ist es gelungen, das Kollegium für das Digital gestützte Lernen zu gewinnen? Dies fragten wir den ständigen Vertreter des Schulleiters, Thomas Rimpel, in einem Interview.

Welche Widerstände oder Konflikte oder Ablehnungen gab es am Anfang?
Eine reservierte Haltung gab es in Teilen des Kollegiums insbesondere in den ersten beiden Jahren, in denen Martin Fugmann unser neuer Schulleiter war. Fast die Hälfte des Kollegiums hatte bereits jahrelange Erfahrungen mit Digital gestütztem Lernen gemacht. Die Neuausrichtung, die der Schulleiter initiierte, wurde zunächst von manchem kritisch gesehen, stellte sie doch die bisherige Praxis teilweise infrage.

Anfangs gab es Widerstände vonseiten einzelner Lehrkräfte. Diese bezogen sich nicht nur auf den unterrichtlichen Einsatz digitaler Technologien, sondern eher insgesamt auf im Kollegium diskutierte Veränderungsprozesse in der Unterrichtskultur. Die Lehrkräfte wurden wiederum von denjenigen, die sich als fortschrittlich und progressiv bezeichnen würden, als Hemmschuh im Unterrichts- und Schulentwicklungsprozess wahrgenommen und gekennzeichnet. Durch Gespräche und kollegiale Hospitationen konnten diese Spannungen deutlich reduziert werden.

Im Kollegium gab es zunächst Befürchtungen, dass die Veränderungsprozesse zu schnell erfolgen und »von oben verordnet« würden. Diesbezügliche Widerstände lösten sich auf, nachdem deutlich wurde, dass beispielsweise die Nutzung des Lernmanagementsystems NERDL nicht verbindlich gemacht wurde und unterschiedliche Geschwindigkeiten in den Entwicklungs- und Veränderungsprozessen zugelassen wurden.

Welche Rolle spielte der Schulleiter beim Verbreitungs- bzw. Durchdringungsprozess von DgL ins Kollegium?

Mit Martin Fugmann haben wir einen charismatischen Schulleiter, der mit seinem ganzheitlichen Führungsstil die Handlungsfelder Organisationsentwicklung und Personalentwicklung in den Dienst der Unterrichtsentwicklung stellt, mit dem immer wieder klar kommunizierten Ziel, Schülerinnen und Schülern erfolgreiches Lernen zu ermöglichen. Der Schulleiter hat auf der Basis seiner personalen, kommunikativen und fachlichen Kompetenzen die Veränderungsprozesse initiiert und gestaltet. Gerade auf dem Gebiet der Digitalisierung im schulischen Bereich verfügt er über eine außerordentlich hohe Sachkompetenz, die er nicht zuletzt in seiner Zeit als Schulleiter der Deutschen Schule in Silicon Valley erworben hat. Das Lernmanagementsystem NERDL, das am ESG genutzt wird, ist maßgeblich von ihm konzipiert worden. Martin Fugmann ist ein Netzwerker, der die Kontakte zu vielen Schulen im In- und Ausland nutzt, um gemeinsam mit dem Kollegium des ESG Schul- und Unterrichtsentwicklung voranzubringen.

Der Schulleiter regt das Kollegium immer wieder an, von der Zukunft her zu denken und Visionen zu entwickeln (»Was soll in fünf Jahren anders sein?«). Grundlegend ist und war die nachhaltige Veränderung der Ziel- und Wertvorstellungen im Kollegium. Durch eigenes Vorleben vermittelt Martin Fugmann Begeisterung für die Ziele sowie Optimismus, dass diese auch erreicht werden können. Das gemeinsame Ziel wird betont, bestehende Annahmen und Verfahrensweisen infrage gestellt. Dadurch werden die Kolleginnen und Kollegen ermutigt, selbst mitzudenken und Lösungen zu erproben. Bei vielen Lehrkräften in unserem Kollegium ist spürbar, dass die Entwicklungsprozesse und die Veränderung der Lern- und Unterrichtskultur – gerade auch mithilfe des Digital gestützten Lernens – zu einer echten Herzensangelegenheit geworden sind.

Welche Rolle spielte die Steuergruppe?

Die Steuergruppe gestaltet die Entwicklungsprozesse maßgeblich. Im ersten Jahr der Amtszeit von Martin Fugmann steuerte sie die gemeinsame Erstellung unseres Leitbildes und des neuen Schulprogramms. Vier Schulentwicklungsbereiche wurden definiert, gemeinsame Ziele formuliert. Dies waren wichtige Voraussetzungen dafür, dass sich nach und nach Einstellungen der Kolleginnen und Kollegen verändert haben, beispielsweise:

- eine Personalisierung des Lernens anstreben
- bei aller fachbezogenen Kompetenzorientierung die überfachlichen Kompetenzen (Personalkompetenz, Sozialkompetenz, Methodenkompetenz) stärken
- den Anteil projektbasierten Lernens erhöhen
- digitale Technologien zur Bewältigung der vielfältigen Herausforderungen einsetzen
- in professionellen Lerngemeinschaften kooperieren und kollaborieren

Die Steuergruppe setzte immer wieder kreative Instrumente und Methoden, wie z. B. Zukunftswerkstatt oder Design Thinking, IQES-Umfragen und -Feedback ein. Diese trugen zur Veränderungsbereitschaft bei, indem die Zukunftsorientierung präsent blieb und auf Bedürfnisse, Widerstände und Schwierigkeiten reagiert und eingegangen werden konnte.

Die Steuergruppe informiert das Kollegium auf Konferenzen regelmäßig über den Fortgang der Schulprogrammarbeit, sodass bezüglich der Zielrichtung und der Sinnhaftigkeit von Einzelmaßnahmen immer wieder Transparenz gewährleistet ist. Dass in der Steuergruppe drei Mitglieder vom Lehrerkollegium gewählt werden, trägt ebenfalls zur Akzeptanz bei.

Welche Rolle spielte der Laptop-Beirat?

Unser Laptop-Beirat besteht aus acht ElternvertreterInnen, drei SchülervertreterInnen und drei LehrerInnenvertreterInnen. Die Aufgabe des Laptop-Beirats besteht insbesondere darin, die Konfiguration der von den Eltern finanzierten digitalen Endgeräte einschließlich der zu nutzenden Software festzulegen. Pädagogische Fragen werden hier mitgedacht, stehen aber nicht im Mittelpunkt der Überlegungen.

Welche Rolle spielte der stellvertretende Schulleiter?

Die Arbeit mit digitalen Medien habe ich mehr als 20 Jahre lang als Musik- und Geschichtslehrer mitgetragen. Seit vier Jahren begleite ich den Prozess als stellvertretender Schulleiter.

Drei Aspekte meiner Rolle scheinen mir in Bezug auf die Frage der Akzeptanz im Kollegium wichtig:

- Durch meine jahrzehntelange Tätigkeit am ESG kann ich die Einstellungen und Haltungen der Kolleginnen und Kollegen gut einschätzen und die Schulleitung entsprechend beraten, indem ich auf mögliche Schwierigkeiten und Widerstandspotenziale hinweise.
- Im Unterricht meiner beiden Fächer setze ich gern und ausgiebig digitale Medien ein. Insbesondere die Erfahrungen mit dem Lernmanagementsystem NERDL teile ich regelmäßig mit der Schulleitung und den Kolleginnen und Kollegen meiner Fachgruppen.
- Als Mitglied der erweiterten Schulleitung und der Steuergruppe, als Mitglied zweier Fachkonferenzen und als Kollege, der ein gutes Verhältnis zu allen Lehrkräften pflegt, nehme ich des Öfteren eine Mittlerrolle ein und fördere und unterstütze die konstruktive Zusammenarbeit der Gremien und Gruppen.

Welche Rolle spielte der »Koordinator für das Lernen mit Digitalen Medien«?
Herr Haverkamp als unser Koordinator für das digital gestützte Lernen spielt eine sehr wichtige Rolle. Als Mitglied der erweiterten Schulleitung ist er verantwortlich für den gleichnamigen Schulentwicklungsbereich. Er arbeitet sehr eng zusammen mit den KoordinatorInnen zweier anderer Schulentwicklungsbereiche (Differenzierung/Personalisierung und Internationalisierung). Hier wird deutlich, dass die Digitalisierung in das Schulprogramm integriert ist und die vier Schulentwicklungsbereiche zusammengedacht werden. Dies führt wiederum dazu, dass die Bereiche sich gegenseitig unterstützen und alle KollegInnen in alle Bereiche involviert sind.

Herr Haverkamp hat regelmäßig schulinterne Fortbildungen (meist als Mikro-Schulungen) konzipiert und durchgeführt, in denen er in das Lernmanagementsystem NERDL eingeführt oder Apps vorgestellt hat, die für die Unterrichtsentwicklung hilfreich sein können. Herr Haverkamp gehört darüber hinaus zum Computecs-Team, das einen First-Level-Support anbietet.

Wer oder was spielte sonst noch eine nennenswerte Rolle?
Zum einen verfügen wir insgesamt über eine gut und recht zuverlässig funktionierende Technik. Unser Haustechniker spielt eine ganz wichtige Rolle an der Schnittstelle von Pädagogik und Technik und ist immer bestrebt, unsere pädagogischen Vorstellungen bestmöglich technisch zu unterstützen. Zum anderen muss das Kollegium als Ganzes genannt werden, das zu einem nicht unerheblichen Teil schon sehr lange und ganz selbstverständlich mit digitalen Medien umgeht.

Dem Kollegium wird personalisiertes Lernen ermöglicht, indem jede Lehrkraft selbst bestimmt, in welchen Bereichen und in welchem Tempo sie sich selbst und den Unterricht weiterentwickelt (Prinzip der Freiwilligkeit und der zugelassenen unterschiedlichen Geschwindigkeiten). So ist z. B. der unterrichtliche Einsatz von NERDL nie verbindlich gemacht worden, sondern hat sich im »Schneeballsystem« ausgebreitet: War es im ersten Jahr eine Handvoll von KollegInnen, die das Lernmanagementsystem (vorwiegend mit den Grundfunktionen) nutzten, so waren es im zweiten Jahr ca. 20 Personen, die nun auch stärker die Möglichkeiten zur Personalisierung, zum Feedback usw. nutzten. Im dritten Jahr arbeiteten die meisten Lehrkräfte regelmäßig mit dem System. Die Verbreitung erfolgte also nach dem Prinzip der »Ansteckung« und des »stillen Transfers« (Hans-Günter Rolff).

2.3   Vergleich der Schulentwicklungsstrategien

Wir verfügen über eine breite Datenbasis, um die Strategien beider Schulen zu explizieren. Von Anfang an gab es aus beiden Schulen Dokumente, die wir analysieren konnten. Ebenfalls am Anfang wurde ein Rating Assessment durchgeführt (Abs. 2.1.4 und 2.2.4). Hinzu kamen etliche Leitfaden-Interviews mit der Schulleitung, mit Mitgliedern der Steuer- und Fokusgruppe, mit Mitgliedern des Laptop-Beirats und des Personalrats, mit Elternvertretern und vor allem mit Schülerinnen und Schülern. Außerdem initiierten wir eine Kurzbefragung beider Kollegien (siehe Absatz 2.1.6 und 2.2.6).

Weiterhin entwickelten wir ein Instrument zur Gesamteinschätzung des Entwicklungsstandes der ganzen Schule vor dem Hintergrund des Qualitätsmanagement-Sys-

tems der Deutschen Auslandsschulen, haben dies allerdings bei den beiden Fallstudien-Schulen unmittelbar auf DgL bezogen. Wir haben dabei die dritte Dimension
»Qualitätstreiber« aufgelöst in die drei Komponenten »Zielorientierung«, »Feedbackkultur« und »Unterrichtsbezogene Kooperation« und die Komponenten »Externe
Evaluation« sowie »Raumnutzung« fortgelassen, weil sie für eine Selbsteinschätzung
des inneren Entwicklungsstandes weniger relevant sind. So ergaben sich wieder zehn
Komponenten, aus denen wir ein Polygom, in diesem Fall ein Zehneck, bildeten. Dieses Instrument, Zehn-Komponenten-Modell genannt, ist im Anhang an dritter Stelle
abgedruckt, die Polygome sind aus Abbildung 8 und 10 zu ersehen.

Solche Instrumente sind komplex und werden bislang sehr selten, wenn überhaupt
eingesetzt. In unserem Fall wurde das Instrument von einigen Führungskräften und
Mitgliedern des Personalrats erst einzeln ausgefüllt und dann Komponente für Komponente von uns moderiert und besprochen. Im Anschluss wurde ein gemeinsamer
Durchschnittswert gebildet, indem die Teilnehmer zuvor in die einzelnen Komponenten Werte zwischen 1 und 4 als Punkte aufgetragen hatten. Die Punkte wurden miteinander verbunden. Ganz zum Schluss gab es eine Gesamteinschätzung der Durchdringungstiefe der Schulen in Bezug auf Digital gestütztes Lernen auf einem Flipchart
(siehe Abb. 9 und 11).

Vor diesem Hintergrund können wir im Folgenden Aussagen über die Grundlinien
der Schulentwicklungsstrategien beider Fallschulen machen und dazu von einer Strategie berichten, die uns so, wie sie in den Schulen praktiziert wurde, noch gar nicht
bewusst war.

2.3.1 Grundlinien

Die beiden Schulen sind mit DgL 2016 bzw. 2017/18 gestartet und zeigen bemerkenswert viele Gemeinsamkeiten bei der Gesamteinschätzung des Entwicklungsstandes.
Die Polygome unterscheiden sich schon, aber relativ wenig. Sie sind in fast allen Komponenten des Modells (siehe Abb. 9 und 11) etwa gleich weit entwickelt. Wesentliche
Unterschiede gibt es lediglich bei der externen Evaluation, die beim THG viel weiter
entwickelt ist, und beim Leitbild, das nur beim ESG implizit auf DgL bezogen ist.

Bei den eher entwicklungsbedürftigen Komponenten ähneln sich beide Schulen:
Entwicklungsbedarf zeigt sich beim Feedback und bei der formalen Position der mittleren Führungskräfte, die eher informale Positionen einnehmen.

Was die Durchdringungstiefe betrifft, also die Gesamteinschätzung des DgL (siehe
Abb. 9 und 11), so ist sie erwartungsgemäß beim ESG, das eine lange Tradition beim
Einsatz neuer Medien aufweist, größer (6,0) als beim THG (4,3). Die Differenz ist
aber geringer, als wir zuvor angenommen hatten. Der theoretische Höchstwert für die
Durchdringungstiefe liegt bei 8; davon sind beide Schulen mehr oder weniger entfernt.

Das THG verfolgt folgende Strategie: Erst eine, dann zwei Pilotklassen aufbauen
und im Jahrgang 11 schließlich in die Breite gehen. »Von einer iPad-Klasse über meh-

rere iPad-Klassen zum iPad-Jahrgang« kann man die Strategie zusammenfassen. Das Motto (englisch: Mission Statement) hat die Schulleiterin (siehe Anhang) wie folgt formuliert: »Bewährtes beibehalten, neue Möglichkeiten nutzen«.

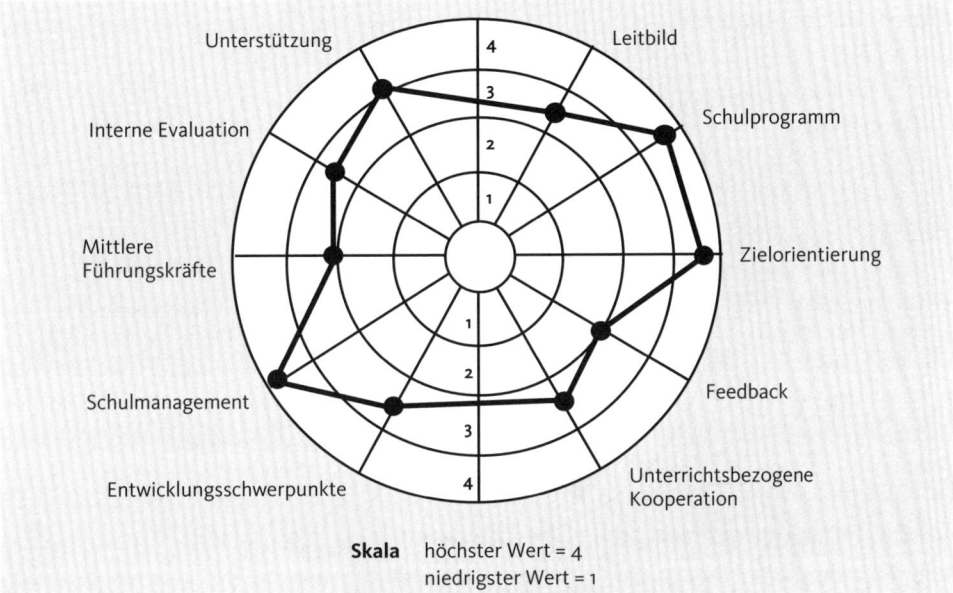

Abbildung 8: Ganzheitliche Einschätzung des Entwicklungsstandes des THG am 17.09.2019

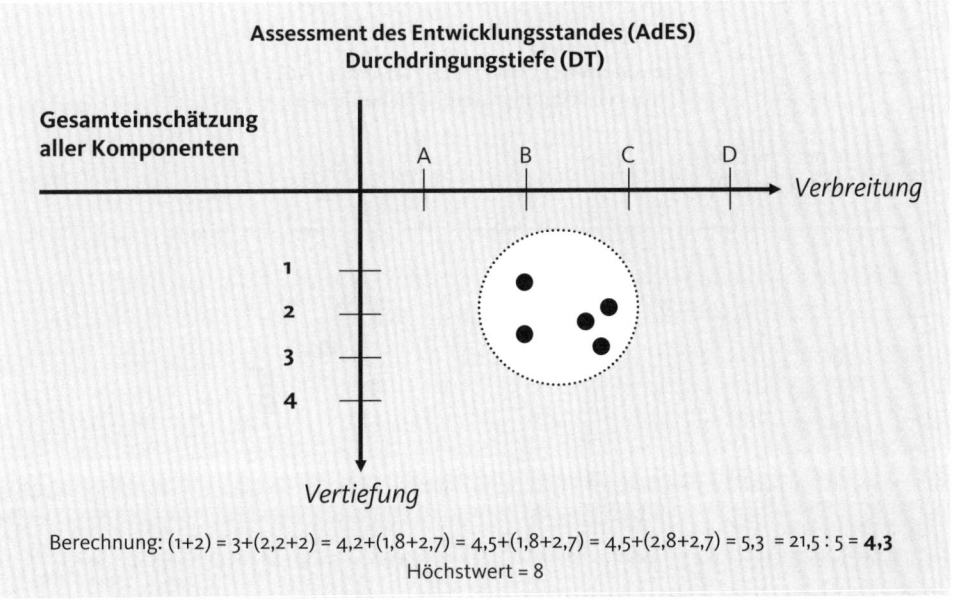

Abbildung 9: Durchdringungstiefe des THG

Das ESG konnte wegen seiner medienaffinen Vergangenheit, des Lernmanagement-systems NERDL und der Erfahrung von Martin Fugmann als ehemaligem Schulleiter im Silicon Valley in die Vollen gehen und sich mit dem ganzen Kollegium an DgL orientieren und Prototypen entwickeln. Das Motto der Gütersloher Schule lautet bündig »Aus Tradition modern«.

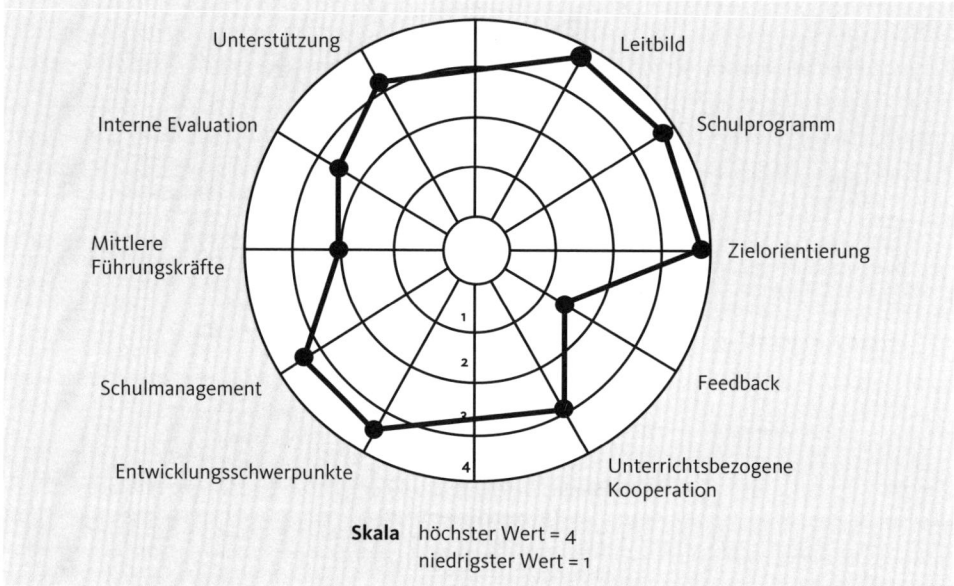

Abbildung 10: Ganzheitliche Einschätzung des Entwicklungsstandes des ESG am 12.09.2019

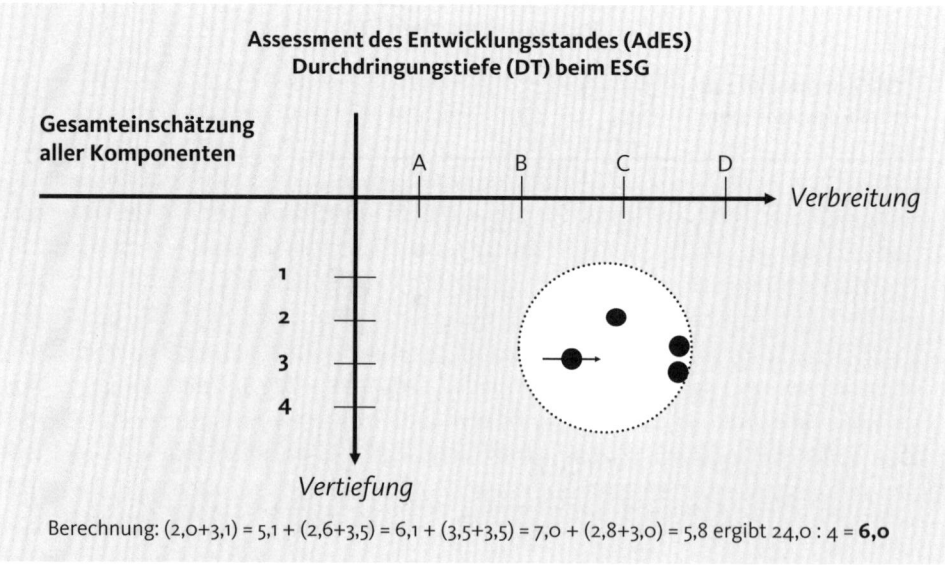

Berechnung: (2,0+3,1) = 5,1 + (2,6+3,5) = 6,1 + (3,5+3,5) = 7,0 + (2,8+3,0) = 5,8 ergibt 24,0 : 4 = **6,0**

Abbildung 11: Durchdringungstiefe des ESG

Der relativ geringe Unterschied zwischen den Polygonen und den Grafiken zur Durchdringungstiefe ist vermutlich auch dadurch bedingt, dass es sich bei den Grafiken um subjektive Selbsteinschätzungen handelt. Für die Vorreiterschule ist anzunehmen, dass sie sich recht kritisch einschätzt, weil sie schon weit gekommen ist und sich auf diesem hohen Niveau sehr anspruchsvolle Ziele für die Zukunft setzt, zum Beispiel die Auseinandersetzung mit KI. Sie sieht noch einen ziemlich weiten Weg vor sich. Die Starter-Schule indes ist noch nicht lange im Spiel und gemessen an ihrer Ausgangslage schon beträchtlich weit gekommen. Sie nimmt diese Entwicklung positiv wahr und diskutiert auf dieser Basis über zukünftige Entwicklungsziele, die nicht so anspruchsvoll wie die der Vorreiterschule sind, aber gleichwohl für diese Schule eine große Herausforderung darstellen.

2.3.2 Neu entdeckt: Stiller Transfer

In beiden Schulen war die Akzeptanz des DgL beachtlich groß (siehe Kap. 2.1.6). Im THG sagten nur 6 Prozent der Befragten: »Digitale Lernumgebungen werden in unserer Schule pädagogisch (fast) nicht genutzt«, und ebenfalls nur 6 Prozent meinten, dass die Schule die Möglichkeiten von DgL (fast) nicht ausnutzt. Beim ESG (Kap. 2.2.6) war die Rücklaufquote sehr viel höher und die Ergebnisse waren konkreter und noch beeindruckender; was bei der Tradition dieser Schule nicht wundert. Bei dem Item »Ich arbeite in meinem Unterricht mit digitalen Medien« sagen 29 Prozent »manchmal« und 69 Prozent »fast immer«. Das ESG hat auch nach dem Einsatz von NERDL gefragt. Die Lernplattform sei für den Unterricht geeignet, »um den Austausch von Kolleginnen und Kollegen zu befördern«, kreuzten 60 Prozent an, und »um personalisiertes Lernen zu ermöglichen« 64 Prozent – beides Items, die zum digitalen Mehrwert gehören. Das sind hohe Zustimmungswerte, höher, als wir erwartet hatten.

Wie ist es dazu gekommen? Wir haben die stellvertretenden Schulleiter ausdrücklich um Stellungnahme gebeten und nach einschlägigen Dokumenten gesucht. Wir haben keine explizite und auch keine ganzheitliche Konzeption gefunden und festgestellt, dass die Verbreitung und Vertiefung in beiden Schulen freiwillig vonstattengingen. Es gab in beiden Schulen einen intensiven Austausch, der von den Führungskräften nicht angeordnet, aber unterstützt wurde. Wer als Lehrkraft noch keine Erfahrung mit DgL hatte, schaute sich bei den intensiv Beteiligten um, hospitierte, sah sich deren Unterrichtsentwürfe an oder befragte sie, um sich kundig zu machen. So kamen immer mehr dazu, und im THG wurde eine jahrgangsübergreifende Nutzung von iPads und DgL möglich, ohne dass eine disruptive Situation entstand.

Der stellvertretende Schulleiter im ESG nannte das »Ansteckung«, wir nennen es stillen Transfer. Diese Verbreitungsstrategie kommt bisher – soweit das zu übersehen ist – in der Schulentwicklungsliteratur nicht vor, ist aber sehr wirkungsvoll. Sie hat offensichtlich dazu beigetragen, dass es beiden Schulen gelungen ist, Freiwilligkeit mit Verbindlichkeit zu verbinden.

3. Weiterentwicklung von Unterrichtskultur

3.1 Zwölf Prüfsteine für guten digital gestützten Unterricht

Hilbert Meyer und Carola Junghans haben zwölf Prüfsteine für den Einsatz digitaler Unterrichtsmedien formuliert. Diese Prüfsteine hat die Schulleitung des ESG explizit übernommen. Sie werden aktuell ins Kollegium gebracht.

Für die Schülerinnen und Schüler:
(1) Kognitive, emotionale und soziale Aktivierung
(2) Förderung selbstregulierten Lernens
(3) Stärkung der Medienmündigkeit
(4) Einübung ethischer Spielregeln

Für einzelne Lehrerinnen und Lehrer:
(5) Sinnstiftendes Kommunizieren
(6) Die Lehrperson als Vorbild – Lernen am Modell
(7) Umgang mit Heterogenität
(8) Zumutbarkeit der Arbeitsbelastung

Im Blick auf die Unterrichtsentwicklung der ganzen Schule:
(9) Ausbalancierung der Grundformen des Unterrichts
(10) Stärkung der kollegialen Kooperation
(11) Verlässlichkeit der Administration
(12) Nachhaltigkeit der Nutzung.

Und schließlich generalisierend: Wird der Medieneinsatz genutzt, um die Kooperation im Kollegium und mit den Eltern zu stärken? Oder dominiert eine kleine Klicke von Nerds und Experten, die sagt, wo es langzugehen hat? Gelingt es, auch die Medienmuffel einzubinden? (Meyer/Junghans 2019, S. 375 ff.)

3.2 Von uns besuchter Unterricht

In beiden besuchten Schulen wurden an den je sechs Besuchstagen 25 Unterrichtsstunden in verschiedenen Fächern in den Jahrgangsstufen 7 bis 11 (Gütersloh) bzw. 9 bis 12 (Göttingen) besucht. Entsprechend der Zielsetzung, Erkenntnisse über Digital gestütztes Lernen zu gewinnen, wurden nur Unterrichtsstunden in Klassen besucht, die bereits Erfahrung mit DgL hatten und in denen digitale Endgeräte in der Hand aller Lernenden und der Lehrperson eingeführt waren. In Gütersloh trifft dies Kriterium auf alle Klassen ab Jahrgang 7 zu, in Göttingen nur auf wenige Klassen in den Jahrgängen 9 bis 11. Außerdem wurden leitfadengestützte Interviews mit unterrichtenden Lehrkräften und Schülerinnen und Schülern zum besuchten Unterricht geführt.

In beiden Schulen fand der Unterricht in normalen Klassen- oder Fachräumen statt, die mit Beamern oder großen Bildschirmen und schnellem Internet sowie WLAN ausgestattet waren. Beide Schulen wurden im Zuge der Digitalisierung bisher nicht baulich verändert. Alle Schülerinnen und Schüler und die Lehrkräfte hatten ein eigenes digitales Endgerät (iPad oder Laptop) mit Internetzugang zur Verfügung. Probleme mit der Hardware oder der benutzten Software, die in der öffentlichen Diskussion häufig beklagt werden, waren in keinem Fall zu beobachten.

Beide Schulen erteilen Unterricht auch im 45-Minuten-Raster, aber überwiegend als Doppelstunden. Bei unseren Besuchen fand der Unterricht im Klassenverband bzw. in der Oberstufe in Kursen statt. In einigen Stunden arbeiteten Schülergruppen phasenweise außerhalb des Klassen- bzw. Fachraumes, z. B. bei der Erstellung von Erklärvideos im Deutschunterricht einer 7. Klasse. Gruppen mit drei oder vier Mitgliedern verteilten sich auf freie Unterrichtsräume und auf Flur- oder Bibliotheksflächen, um mit ihren Smartphones Videos aufzunehmen. In Gütersloh nutzen Lehrkräfte und Schülerinnen und Schüler die Lernplattform NERDL, in Göttingen unterschiedliche Apps auf den iPads.

Alle besuchten Unterrichtsstunden waren in dem Sinne lehrergeleitet, dass die unterrichtende Lehrkraft Inhalte und Ziele vorgab, die Stunden strukturierte, die Methoden wählte und den Medieneinsatz steuerte. Beide Schulen haben klare Regeln für die Nutzung digitaler Endgeräte erarbeitet (siehe Kap. 9) die, soweit zu beobachten war, von den Schülerinnen und Schülern eingehalten wurden.

Die Intensität der Nutzung digitaler Medien war unterschiedlich. Sie reichte von kurzen Phasen, in denen mithilfe der neuen Technik ein Bild, ein Video oder ein Text präsentiert wurde, bis hin zur extensiven Nutzung der digitalen Endgeräte in allen Unterrichtsphasen und allen denkbaren Sozialformen.

In einer Nachbesprechung betonte der unterrichtende Lehrer, dass der Ablauf der Unterrichtsstunde nicht immer von vornherein fest geplant war. Die Entscheidung, wie der nächste Arbeitsschritt der Klasse aussehen sollte, traf er jeweils nach Sichtung der Ergebnisse der Arbeit der Schülerinnen und Schüler, die einzeln oder in Gruppen gearbeitet hatten. Neben dem Feedback aus den Phasen mit Besprechungen in der ganzen Klasse hatte er dazu durch den Einblick in die digitalen Endgeräte eine gute Übersicht über den Stand aller Schülerinnen und Schüler.

In den besuchten Unterrichtsstunden wurden die digitalen Endgeräte nicht in allen Phasen genutzt. Gemeinsam war allen Stunden, dass die Schülerinnen und Schüler ihre Lernergebnisse mit den digitalen Endgeräten dokumentierten, sei es in Form von Texten, Grafiken, Tabellen, Zeichnungen oder Fotos und Videos. Durch den Einsatz einer Lernplattform wie NERDL konnten die Lernenden darüber hinaus auf das in der Unterrichtsstunde zur Verfügung gestellte Material zurückgreifen, nicht nur in der Unterrichtsstunde selbst, sondern auch später in der Schule oder zu Hause.

Neben den digitalen Endgeräten nutzten die Schülerinnen und Schüler in den beobachteten Unterrichtsstunden Papier und Stift (siehe Foto). In Gesprächen betonten sie, dass diese Werkzeuge für sie nach wie vor wichtig sind und die Handschrift weiterhin in der Schule gefördert werden sollte. In einigen Fällen war zu beobachten, dass die Schülerinnen und Schülern zur Eingabe auf berührungsempfindlichen Bildschirmen oder iPads elektronische Stifte nutzten. Es dominierte aber die Texteingabe mit der Tastatur. In Klassen mit iPads waren häufig externe Tastaturen im Einsatz. Dazu betonten viele Schülerinnen und Schüler, dass es für sie vorteilhaft gewesen sei, dass sie ein von der Schule angebotenes Training zum Schreiben mit 10 Fingern absolviert hatten. In Gütersloh wird dazu das Programm »Tippmaster« in der 7. Klasse eingesetzt. Am Ende des Lehrgangs können die Lernenden ein Zertifikat erwerben.

45-Minuten-Takt

Der durch den hin und wieder vorkommenden 45-Minuten-Takt vorgegebene Zeitrahmen passte nicht immer zum Verlauf der Lernprozesse in der Unterrichtsstunde. So fehlte es z. B. in einigen Fällen an Zeit, um die Ergebnisse von Gruppen-, Partner- oder Einzelarbeit zu sichten, zu bewerten und im Klassenverband zu diskutieren. Auch durch unterschiedliches Arbeitstempo oder unterschiedliche Herangehensweisen der Lernenden waren nach 45 Minuten nicht alle Arbeiten wie geplant abgeschlossen und die Arbeit musste unterbrochen werden. Da die Lernenden und auch die Lehrkraft aber während der Stunde viele wesentliche Ergebnisse digital gespeichert hatten, ist es kein Problem, in der folgenden Unterrichtsstunde darauf zurückzugreifen. Auch wenn Schulen sich für ein anderes Zeitraster als 45 Minuten oder für Doppelstunden von zweimal 45 Minuten entscheiden, ist es nicht immer möglich, alle gewünschten Lernphasen in der zur Verfügung stehenden Zeit abzuschließen. Zur Lösung dieses Problems bieten digitale Endgeräte gute Möglichkeiten. Wenn gewünscht, kann mit den dokumentierten Lernergebnissen auch außerhalb von Unterrichtsstunden von einzelnen Lernenden oder in Gruppen weitergearbeitet werden. So wurde den Besuchern das Versuchsergebnis einer Arbeitsgruppe in einer Chemiestunden, in der die Lernenden in Gruppen experimentierten, nach der Unterrichtsstunde per Mail übermittelt.

Sozialformen und kooperatives Lernen

In fast allen beobachteten Unterrichtsstunden wurden unterschiedliche Sozialformen eingesetzt. Dadurch, dass alle Schülerinnen und Schüler mobile Endgeräte benutzen, die von der Lehrkraft und auch von den Lernenden angesteuert werden können, konnte sehr einfach von einer Sozialform zur anderen gewechselt werden, wenn gewünscht auch ohne Verlassen des Platzes im Klassenraum. Durch die Mobilität der Geräte ist nach wie vor auch Face-to-Face Arbeit, bei Bedarf auch außerhalb des Klassenraumes, uneingeschränkt möglich. Für die Bildung von Gruppen oder Partnern konnte die Lehrkraft Programme nutzen, die per Zufall oder nach vorgegebenen Kriterien Lernende zusammenfassen können. Der Austausch von Arbeitsergebnissen, gegenseitige Korrekturen oder Bewertungen war ohne Aufwand möglich. Die Speicherung der Ergebnisse ebenso. Kooperatives Lernen kann durch diese Art der Digitalisierung sehr einfach und effektiv realisiert werden. Die Lehrkraft behält stets den Überblick und kann nachfolgende Unterrichtsschritte flexibel einsetzen.

Zusammenfassung: Unterricht und DgL

Alle beobachteten Unterrichtsstunden wiesen Kernmerkmale eines guten Unterrichts auf, wie er zunächst auch ohne digitale Medien stattfinden könnte. Legt man als Maßstab die von Hilbert Meyer und Carola Junghans formulierten Prüfsteine für guten digital gestützten Unterricht zugrunde, so waren in allen beobachteten Unterrichtsstunden Aktivitäten von Lehrenden und Lernenden zu beobachten, die spezifisch für gelungenes DgL sind. Dazu gehören zum Beispiel die Aktivierung der Lernenden in unterschiedlichen Dimensionen, der Umgang mit Heterogenität, die Einübung von Spielregeln, die Ausbalancierung der Grundformen des Unterrichts und die Verlässlichkeit der Administration. Ob der Unterricht im Sinne andere Prüfsteine wie der Förderung selbstregulierten Lernens oder der Stärkung der Medienmündigkeit nachhaltige Wirkung erzielt, lässt sich aus dem Besuch einiger Unterrichtsstunden allerdings nicht sicher beurteilen.

Es wurde in Klassenräumen mit festen Klassen- bzw. Lerngruppen unterrichtet. Die Lehrkraft hatte den Unterricht geplant, intervenierte manchmal in das Geschehen und achtete darauf, dass die Ziele erreicht wurden. Die Digitalisierung führte im beobachteten Unterricht nicht, wie mancher Protagonist glaubt, zu völlig anderen Strukturen in der Schule und macht auch Schule in der traditionellen Form nicht entbehrlich. Sie liefert aber Instrumente, um den Unterricht zu optimieren. Das zeigte sich insbesondere in folgenden Feldern:

- Der Lehrkraft stehen erweiterte Möglichkeiten zur didaktischen und methodischen Planung, auch zusammen mit Fachkollegen, und zur Durchführung des Unterrichts zur Verfügung.
- Die Beteiligung der Lernenden kann erweitert werden, ihre Vorkenntnisse und der individuell erreichte Lernstand können besser berücksichtigt werden.
- Kooperatives Lernen kann einfacher und effizienter realisiert werden.
- Lernergebnisse können besser dokumentiert und für spätere Nutzung verfügbar gemacht werden.
- Feedback ist einfach, unmittelbar und vertieft möglich.
- Lernende können auch außerhalb des Unterrichts eigenständig und einzeln oder in Gruppen weiterlernen. Ihre Selbständigkeit wird gefördert.
- Die Handschrift wird weiter genutzt und kann ihren Stellenwert behalten.

Was jedoch nicht übersehen werden darf: Die Nutzung digitaler Technik in der Schule führt nicht automatisch zur Verbesserung des Unterrichts und des Lernens. Es kommt darauf an, wie die Technik eingesetzt wird. Daher ist vorrangig, dass die Schule ein überzeugendes pädagogisches Konzept entwickelt, so wie das in den besuchten Schulen der Fall ist, und alle Lehrkräfte in die Lage versetzt werden, zur Umsetzung dieses Konzeptes digitale Technik optimal zu nutzen.

3.3   Kooperatives Lernen und Kommunikation – digital gestützt

Bei den Unterrichtsbesuchen in Göttingen und Gütersloh konnten vielfältige Ansätze zum kooperativen Lernen mit digitaler Unterstützung beobachtet werden. Am meisten ausgeprägt war dies in einer Geschichtsstunde im Jahrgang 10 zu beobachten. In dieser Klasse verfügten alle Schülerinnen und Schüler und der Lehrer über ein iPad. Mit seinem iPad konnte der Lehrer einen Beamer ansteuern und damit das Bild des jeweils gewünschten iPads für die Klasse projizieren. Zu Beginn der Stunde zeigte der Lehrer Bilder aus dem Jahre 1945, danach schloss sich eine Diskussion im Plenum an. Daraus ergaben sich Aufträge für die nachfolgende arbeitsteilige Gruppenarbeit. Es sollte in Dreier- oder Vierergruppen gearbeitet werden. Die Zusammensetzung der Gruppen erfolgte durch den Einsatz eines Zufallsgenerators mithilfe der App TeamShake. Die in einer Gruppe zusammenarbeitenden Schülerinnen und Schüler behielten ihre angestammten Plätze im Klassenraum bei und bearbeiteten den Gruppenauftrag so, dass jedes Gruppenmitglied auf seinem iPad schreiben und gleichzeitig die Beiträge der anderen Gruppenmitglieder lesen und kommentieren konnte. So konnten alle Schülerinnen und Schüler der Gruppe aktiv zusammenarbeiten ohne ihre Plätze zu wechseln. Die Ergebnisse der Gruppe konnten ohne besonderen Aufwand schnell dokumentiert werden. Da sich der Lehrer auf seinem iPad jederzeit Einblick in den Arbeitsprozess der Gruppen verschaffen konnte, hatte er durch den Einsatz der Technik stets einen guten Überblick über die Aktivitäten der Lernenden. Nach Abschluss der Gruppenarbeit wurden die Ergebnisse der Arbeitsgruppen mit dem Beamer vorgestellt und in der Klasse diskutiert und bewertet. In der nächsten Phase projizierte der Lehrer einen Zeitzeugen mithilfe eines Videos. Daran schloss sich eine Partnerarbeit an, in der die Partner gegenseitig ihre bisherigen Ergebnisse bewerteten. Die kooperativen Arbeitsformen konnten mithilfe der digitalen Technik sehr effektiv genutzt werden. Verzögerungen durch Umstellungen im Klassenraum und der Sitzordnung entfielen. Durch den Einsatz der iPads hatten alle Schülerinnen und Schüler am Ende der Stunde die Ergebnisse aller Arbeitsgruppen auf ihren iPads gespeichert. Damit stehen sie für die Weiterarbeit in den folgenden Unterrichtsstunden und für häusliches Lernen zur Verfügung.

Als Ergebnis kann festgehalten werden, dass das beobachtete Kooperative Lernen mit Unterstützung durch iPads organisatorisch einfach und zeiteffektiv war und zu einer hohen Beteiligung aller Schülerinnen und Schüler führte. Eine mit dem System vertraute Lehrkraft kann mithilfe dieser Ausstattung alle verschiedenen Formen von kooperativem Lernen einsetzen. Dabei muss kein im Voraus geplanter Ablauf eingehalten werden. Auch während der Unterrichtsstunde sind Modifikationen einfach möglich, z. B. zur Änderung der Gruppenbildung, für anderen Präsentationsformen oder um auf unerwartete Schülerideen einzugehen. Durch diese Form der Digitalisierung werden Flexibilität und Spontaneität im Unterrichtsverlaufs nicht eingeschränkt, sondern vergrößert.

Die Sicherung von Arbeitsergebnissen ist automatischer Bestandteil dieser Art digitaler Unterstützung. Dadurch wird das Nachvollziehen des Lernprozesses für Wiederholungen, z. B. zur späteren Prüfungsvorbereitung, sehr einfach möglich. Nicht im Unterricht durch Krankheit oder andere Gründe abwesende Schülerinnen und Schüler können auf die Ergebnisse zurückgreifen, und wenn das gewollt ist, auch Schülerinnen und Schüler von anderen Schulen, sogar aus dem Ausland. Es wäre auch möglich, nicht in der Schule Anwesende an der Arbeit im Klassenverband mit einer Gruppe oder einem Partner, die oder der in der Schule im Klassenraum sitzt, live zu beteiligen. Die dokumentierten Ergebnisse könnten auch – nach Freigabe durch den verantwortlichen Lehrer – für ein Feedback durch eine andere Lehrkraft oder durch andere Lerngruppen genutzt werden. Die Technik macht die Kooperation auf Unterrichtsebene mit anderen Schulen, auch in anderen Ländern, und mit außerschulischen Partnern, sehr einfach.

Da alle Lernenden mit digitalen Endgeräten ausgerüstet und mit dem Umgang vertraut sind, darf angenommen werden, dass auf sie zutrifft, was Stefan Welling in einer Untersuchung festgestellt hat: »Die Verfügbarkeit der Tabletts hat zu einer enormen Intensivierung der Kommunikation der Jugendlichen untereinander geführt, basierend insbesondere auf der Nutzung von Messenger-Apps sowie der Kommunikation innerhalb speziell eingerichteter Gruppen auf Facebook« (Bastian u. a. 2017, S. 20). Da in den beiden untersuchten Schulen alle Lernenden außerhalb der Schule Zugriff auf ihre eigenen Lernergebnisse und auf andere schulische Inhalte haben, darf angenommen werden, dass die digitale Kommunikation außerhalb der Schule schulisches Lernen sinnvoll unterstützt und nicht nur, wie oft angenommen, nur dem Tummeln in sogenannten sozialen Medien dient.

Die Befürchtung, dass sich Kommunikation unter Jugendlichen in und außerhalb der Schule im Zuge der Digitalisierung zukünftig nur noch in virtuellen Räumen abspielen wird, kann nach den Beobachtungen in den Unterrichtsstunden und Interviews mit Lernenden bei den Schulbesuchen nicht bestätigt werden. Die Face-to-face-Kommunikation, die direkte Kommunikation im Klassen- oder Gruppenraum, behält einen hohen Stellenwert; Schülerinnen und Schüler schätzen den Wert der Klasse bzw. Lerngruppe sehr hoch ein. Kommunikation in face-to-face Situationen ermöglicht nicht nur den Austausch von Daten. Darüber hinaus erweitert die gegenseitige Wahrnehmung von Körpersprache, Mimik und Gestik die Kommunikation um wesentliche Elemente. Auch außerhalb der Schule bleibt neben der Bewegung in virtuellen Räumen die unmittelbare Begegnung und Kommunikation mit anderen Jugendlichen sehr wichtig. Eine Schülerin einer 7. Klasse im Interview: »Ich habe eine besonders schöne Unterrichtsstunde in Erinnerung. Da war das Internet gestört, wir mussten miteinander sprechen und uns so austauschen. Das war richtig gut.« Die nicht selten geteilte Erwartung, mit dem fortschreitenden DgL würden die Schülerinnen und Schüler sich am Ende nur noch in virtuellen Räumen bewegen und eine

Schule mit festen Klassen und Räumen, mit verbindlichen Unterrichtszeiten und über längere Zeit stabilen Lerngruppen wäre Vergangenheit, hat sich bei den Schulbesuchen nicht bestätigt. Wie sich digitalisiertes Lernen in virtuellen Räumen langfristig und nachhaltig auf die Kommunikation unter jungen Menschen auswirkt, ist bisher so gut wie gar nicht erforscht. Unsere Beobachtungen und die Gespräche mit den Beteiligten legen immerhin den Schluss nahe, dass für schulische Lernprozesse die unmittelbare menschliche Begegnung ihren hohen Stellenwert behält und auch zukünftig unverzichtbar bleibt.

4. Personalisierung des Lernens als Chance und Herausforderung

Michael Schratz und Tanja Westfall-Greiter haben schon 2010 darauf hingewiesen, dass in England und darüber hinaus im angelsächsischen Raum das Konzept und der Begriff des Individuellen Lernens oder kürzer: der Individualisierung auf dem Rückzug war und durch den Begriff des Personalisierten Lernens oder kürzer der Personalisierung ersetzt wurde.

4.1 Begriffsklärung

Was heißt Personalisierung genau? Darüber gingen auch in den angelsächsischen Ländern die Meinungen auseinander und blieb dieser neue Begriff nicht ohne Kritik. In der US- amerikanischen Wochenzeitung » Education Week« erschienen noch 2019 Artikel mit Überschriften wie: »What does personalized learning mean? Whatever people want it to«, »Ask a dozen educators to define personalized learning and you're bound to get 12 different answers« oder »Why does pesonalized learning sometimes feel impersonal?«

Ein internationales Gutachten der Robert Bosch Stiftung (Holmes et al. 2018), bei dem Heike Schaumburg auf deutscher Seite entscheidend mitgewirkt hat, schafft hier zumindest etwas Klarheit. Das Gutachten enthält einen ausführlichen Teil, in dem versucht wird zu einem konsensfähigen Begriffsverständnis zu kommen. In einem ersten Schritt zur Definition heißt es:

> Zuweilen wird darauf hingewiesen, dass die zahlreichen Beschreibungen personalisierten Lernens sich überschneiden und gelegentlich auch widersprechen mögen, dass sie aber auch vieles gemeinsam haben. Gemeinsame Merkmale sind
> - die Ziele, das heißt das Bestreben, das Engagement und die Leistungen der SchülerInnen zu fördern;
> - die Differenzierung, das heißt das Bestreben, die individuellen Lern-bedürfnisse der SchülerInnen zu erfüllen;
> - die Flexibilität, das heißt die Fähigkeit, sich an wechselnde Lernbedürfnisse der SchülerInnen anzupassen, und
> - das variable Tempo, das heißt die Erkenntnis, dass Menschen unterschiedlich schnell vorankommen. (Holmes et al. 2018, S. 16)

Im zweiten Schritt formuliert das Gutachten:

Wir können nun eine hilfreiche Definition personalisierten Lernens entwickeln, indem wir drei ... Elemente miteinander verknüpfen: (1) (Einen) Kontinuum-Ansatz zur Beschreibung personalisierten Lernens, (2) die Fragen nach dem Warum, Wie, Was usw. und (3) die verschiedenen Untersuchungsebenen (Politik, Pädagogik, Lernende usw.). Dabei erkennt man, dass sich personalisiertes Lernen tatsächlich über mehrfache Kontinuen hinweg erstreckt.

Auf der Ebene der politischen Entscheidungsträger*innen bzw. des Staates gilt unser Blick dem Warum der Personalisierung, das heißt den Lehrplanzielen und dem Lernkonzept, sowie ganz allgemein dem Was der Personalisierung, das heißt den Lerninhalten. Diese Entscheidungen beeinflussen in der Regel jene, die Lehrkräfte sowie Schüler*innen treffen können.

Auf der Ebene der Lehrkräfte müssen wir uns weiteren Makrostrategien zuwenden – dem Wie der Personalisierung. Sollen zum Beispiel instruktionale oder problemorientierte Lernansätze zum Einsatz kommen? Unser Interesse richtet sich aber auch auf verschiedene Mikrostrategien: das Was der Personalisierung, das heißt die Lerninhalte; das Wann der Personalisierung, das heißt die Lernpfade und das Lerntempo; das Wer der Personalisierung, das heißt die Lerngruppe; und das Wo der Personalisierung, das heißt den Lernort. Diesbezügliche Entscheidungen beeinflussen zumeist die Entscheidungen, die Lernende treffen können.

Auf der Ebene der Lernenden schließlich muss das Wer der Personalisierung untersucht werden- bisherige Erfahrungen, persönliche Interessen, kognitive und emotionale Zustände, Verhalten sowie die Gruppen, innerhalb deren das Lernen stattfindet (S. 22).

Hinzuzufügen ist noch, dass Personalisierung zudem bedeutet, dass jede Schülerin und jeder Schüler die Eigenverantwortung für die Gestaltung der Lernprozesse mitübernehmen und die eigenen Interessen und Stärken einbringen kann (siehe dazu auch Martin Fugmann im Anhang 4).

4.2 Leitlinien für die Einführung

Das Gutachten untersucht die genannten drei Felder und leitet daraus sechs empirisch gestützte Leitlinien für die Einführung personalisierten Lernens mit digitalen Medien her – für Politik, Schulen und Lehrkräfte:

Leitlinien für DgL

(1) Die Pädagogik voranstellen
(2) Personalisiertes Lernen mit digitalen Medien als Teil eines Blended-Learning-Ansatzes einführen
(3) Die Einführung personalisierten Lernens mit digitalen Medien als Schulentwicklungsprozess begreifen
(4) Für die Flexibilität sorgen, die personalisiertes Lernen mit digitalen Medien erfordert
(5) Sicherheit gewährleisten, um selbstbestimmtes Lernen zu ermöglichen
(6) Verstehen, wie digitale Medien Daten nutzen, um Lernen zu personalisieren.

Personalisiertes Lernen beschreibt eine Lehr- und Lernpraxis im Zuge der neuen Lernkultur, die sich am jeweiligen Individuum ausrichtet. Das Lernen orientiert sich dabei an der Person, ihren Vorkenntnissen, Erfahrungen und Interessen.

Personalisierung heißt auch Schaffung persönlicher Lernumgebungen, die über eine digital ziemlich präzis auf Datenbasis zu ermittelnden Lernausgangslage verfügen kann, was mit einem herkömmlichen, mit Einschätzungen arbeitenden Individualisierungskonzept kaum möglich wäre.

Personalisierung geht auch besser als das Individualisierungskonzept mit dem traditionellen Bildungsbegriff zusammen, der Bildung als die Entwicklung einer umfassenden Persönlichkeit begreift.

Aber Personalisierung hat auch Schattenseiten. So weist das erwähnte Gutachten auf »ungeklärte Fragen im Hinblick auf Datenschutz und Datensicherheit (hin). Letztere betreffen Programme, die in großem Umfang personenbezogene Daten wie zum Beispiel individuelle Nutzerbewegungen und Eingaben speichern, um daraus individualisierte Lernpfade, Diagnosen und Rückmeldungen zu erzeugen« (Holmes et al. 2018, S. 11).

So können beispielsweise digitale Werkzeuge und Lernplattformen verstärkt zur Lernförderung sowie für die Diagnostik und Dokumentation individueller Lernstände und Lernfortschritte der SchülerInnen eingesetzt werden. Die Nutzung einer gemeinsamen Lernplattform kann auch der Zusammenarbeit interdisziplinärer pädagogischer Teams zugutekommen. Die Ausschöpfung dieser Potenziale erfordert jedoch ein hohes Maß an Innovationsbereitschaft seitens der Lehrkräfte, die sich gleichzeitig technischen, didaktisch-methodischen und schulorganisatorischen Herausforderungen stellen und ihre Arbeitsweisen grundlegend umstellen müssen. Personalisierung des Lernens setzt vor allem ein Umdenken der Lehrkräfte voraus. Es liegt deshalb auf der Hand, dass die hier nur angedeuteten Veränderungsprozesse eine angemessene Unterstützung der Lehrkräfte durch Fortbildungsmaßnahmen, zeitliche und organisatorische Freiräume sowie die Etablierung entsprechender Kooperationsstrukturen erfordern (siehe dazu Kap. 10.3).

Ein oft genannter Grund für die Einführung personalisierten Lernens mit digitalen Medien im Schulunterricht ist der Wunsch, die Schere zwischen leistungsschwächeren und -stärkeren SchülerInnen zu schließen. »Allerdings tritt häufig der Fall auf, dass digitale Technologien bestehende Benachteiligungen innerhalb des Bildungssystems verstärken und reproduzieren – insbesondere dort, wo die Leistungsstarken aus gehobenen sozioökonomischen Schichten stammen und im Elternhaus über einen besseren Zugang zu digitalen Medien verfügen. Wenn diese Anwendungen darauf ausgelegt sind, sämtliche SchülerInnen im Unterricht zu fördern, so ermöglichen sie es den Leistungsstarken unter ihnen auch, schneller als andere voranzukommen. Das führt dazu, dass sich die Schere, deren Schließung sich alle erhoffen, noch weiter öffnet. Dieser sogenannte Matthäus-Effekt muss sorgfältig bedacht werden« (siehe Holmes et al. 2018, S. 51).

In der globalen digitalisierten Wettbewerbsökonomie hat Personalisierung noch eine ganz andere, eine prekäre Funktion und Bedeutung. Bei Amazon, Google und Co läuft Personalisierung auf die möglichst punktgenaue Charakterisierung von Kunden hinaus, deren Sozialhülle auf der Grundlage von Massendaten mit Daten zu ihren Kaufgewohnheiten für Marketingzwecken zusammengestellt werden. Das ist ziemlich das Gegenteil von Persönlichkeitsbildung. Das ist »Massenindividualisierung«, wie es der Facebook-Chef Mark Zuckerberg einmal auf den Punkt gebracht hat.

Die beiden von uns besuchten Schulen zeigen indes ein Verständnis von (pädagogischer) Personalisierung als ganzheitlicher Persönlichkeitsbildung. Auffällig ist, dass dieser Begriff im Alltag durchaus im Gebrauch ist, auch umgesetzt wird, aber in den Schriftstücken so gut wie gar nicht auftaucht. Das ESG betont u. a. in Interviews, dass Personalisierung des Lernens der Kern des DgL ist. Es wird gesagt, dass bereits seit mehreren Jahren versucht wird, bei allen Lehrkräften ein Verständnis für pädagogische Personalisierung zu wecken und die gesamte Unterrichtskultur in diese Richtung zu entwickeln.

5. Change Management –
Schulentwicklung für die Zukunft

Schulentwicklung geht heutzutage den Weg des Change Managements. Change Management ist ein aktuelles, aber kein neues Konzept, das auf den Ansatz der Organisationsentwicklung zurückgeht, den Kurt Lewin entwickelt hat (siehe Kap. 1.2). Change Management unterscheidet sich von Organisationsentwicklung im Wesentlichen durch drei Merkmale: durch konsequentes Zusammenwirken aller Komponenten und Projekte, durch die Betonung von Führung sowie durch den Einbezug von systematischer Evaluation.

Die Bedeutung des Zusammenwirkens kann an einem Beispiel veranschaulicht werden, an den Schulen des PISA-Siegerlandes Finnland. Man kann belegen, dass die finnischen Schulen nichts machen, was deutsche Schulen, die kaum über dem internationalen Durchschnitt liegen, auch machen. Beispielsweise sind Unterrichtsentwicklung, Hospitation und Schülerfeedback in Finnland stark verbreitet, es gibt sie in Deutschland auch, wenngleich weniger stark verbreitet. Aber in Deutschland laufen sie meistens parallel und unverbunden, in Finnland jedoch wird Hospitation strikt auf Unterrichtsentwicklung bezogen und durch Schüler-Lehrer-Feedback begleitet: Im Zusammenwirken liegt die Wirkung.

Schulleitungen spielen auch bei der Organisationsentwicklung eine Rolle, aber keine hervorgehobene; beim Change Management jedoch sind sie zentral (»Keine gute Schule ohne gute Schulleitung«). Sie müssen sich als Führungspersonen verstehen, strategisch denken und handeln sowie ein Evaluationskonzept im Kopf haben.

Schulleitungen sind zudem für die Gestaltung einer Evaluationskultur verantwortlich. Dazu gehören klare Ziele, die Praktizierung eines Prozesses des systematischen Sammelns und Analysierens von Daten, um an Kriterien orientierte Bewertungsurteile zu ermöglichen, die begründet und nachvollziehbar sind. Evaluation ist im Rahmen von Change Management ein wesentlicher Ausgangspunkt für Entwicklungsvorschläge. Es geht u. a. darum, eigene Daten zu erheben für die interne Evaluation und um Nutzung der Daten der externen Evaluation. Auch der Aufbau einer Feedbackkultur gehört dazu.

5.1 Erste Phase: Gemeinsame Diagnose

Für Organisationsentwicklung gilt: Keine Maßnahme ohne vorherige gemeinsame Diagnose. Das gilt ebenso für Change Management. Wir haben mit unseren beiden Fallstudien-Schulen eine gemeinsame Diagnose in Form eines Rating-Assessments (siehe Kap. 2.1.4 und 2.2.4) erstellt und zuvor etliche Interviews durchgeführt sowie Dokumentenanalysen betrieben. Vor diesem Hintergrund haben wir eine Art Zukunftswerkstatt durchgeführt. Wir nutzten dazu unsere Erfahrungen mit Change Management.

Mitgemacht haben in beiden Schulen zehn bis zwölf Personen; die Schulleitung war vertreten genauso wie Personen aus Steuer-, Fokus- und Laptop-Gruppen sowie dem Personal- bzw. Lehrerrat und der Elternschaft und selbstverständlich Schülerinnen und Schüler. Die Schulgruppen teilten sich in zwei Untergruppen auf.

5.2   Zweite Phase: Entwicklungsfahrpläne

Beim Verständnis von Change Management ist das sogenannte St. Galler Change-Management-Modell besonders hilfreich (vgl. die Letztfassung in Rüegg-Stürm/Grand 2017). Das St.-Galler-Modell unterscheidet drei Grundkomponenten, die Strategie, Struktur und Kultur genannt werden, was eine zeitliche Reihenfolge suggeriert, die aber nicht gemeint ist. Wenn man die Komponenten zeitlich nacheinander ordnet, entstehen Entwicklungsfahrpläne. Sinnvoll ist es, eine vierte Grundkomponente hinzuzufügen, nämlich die Gestaltung und Steuerung des Change Managements. Diese vierte Komponente erlaubt, die Gestaltungs- und Steuerungsrollen klarer zu bestimmen.

Wesentlich für ein ganzheitliches System von Change Management ist, dass es alle vier Komponenten umfasst: (i) Strategie, (ii) Struktur, (iii) Kultur und (iv) Steuerung. Alle vier Komponenten sollten gleichzeitig im Blick und im Spiel sein. Kein Element ist verzichtbar und alle hängen zusammen und bilden eine systematische Konfiguration. Derart aufgestelltes Change Management wird systemisches, ganzheitliches oder auch holistisches Change Management genannt. Es ist in Abbildung 12 als Vier-Komponenten-Ellipse dargestellt.

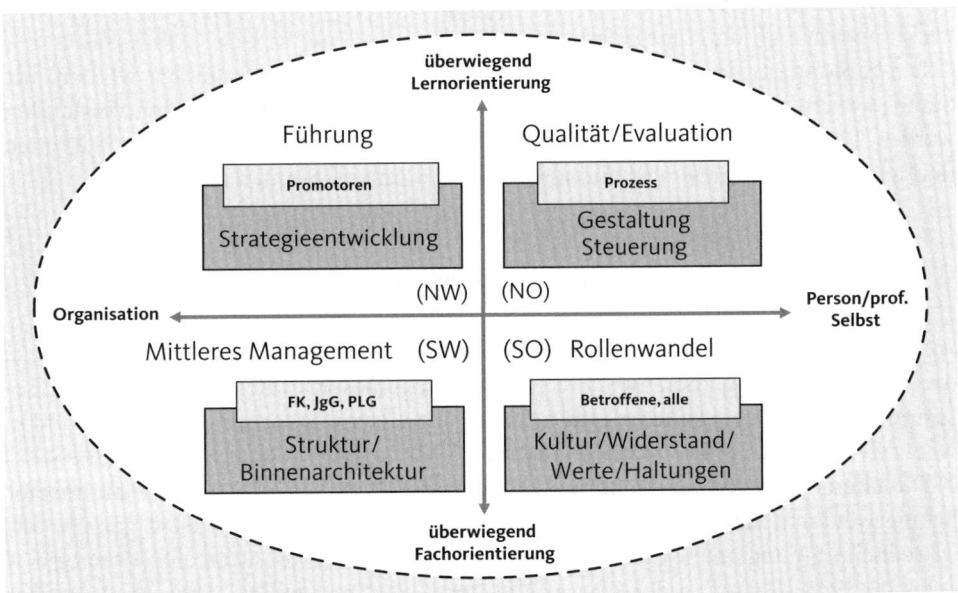

Abbildung 12: Vier Komponenten des Change Managements

In jeden der vier Quadranten kann eine der vier Komponenten eingetragen werden. Jede der vier Komponenten wiederum besteht aus mehreren Elementen. Zur Komponente Strategie gehören auch Visionen und Verantwortung. Zur Schulführung zählen auch Promotoren wie die Schulkonferenz, die Schulaufsicht oder die Elternvertretung. Steuerung setzt Gestaltung voraus, beinhaltet also Projektmanagement, und bezieht sich auch auf Evaluation der Ergebnisse und der Wirkungen. Die Komponente Struktur bezeichnet zum einen die üblichen Arbeitszusammenhänge wie Fach- und Jahrgangsgruppen aber auch das Geflecht von Entscheidungen beispielsweise in Konferenzen der Fachgruppenvorsitzenden. Zur Kultur gehört nicht nur die allgemeine Schulkultur, sondern vor allem die Lernkultur und auch der Umgang mit Widerstand. Die Reihenfolge der Konzipierung und Realisierung der Konfigurationen der vier Komponenten mag unterschiedlich sein, aber keines der Elemente sollte übersehen oder übergangen werden. So ist man gleichsam gezwungen, das Ganze einer Organisation, in diesem Fall der Schule, zu sehen und ganzheitlich zu bearbeiten. Etliche andere Reihenfolgen sind möglich, je nachdem wie die gemeinsame Diagnose bzw. die Ausgangssituation aussieht.

Wir haben die Quadranten bzw. Komponenten in unserem Workshop auf Flipchart-Plakate als Überschriften notiert und die Plakate nacheinander an eine lange Wand gehängt, so dass jeder einen Gesamtüberblick und gleichzeitig Platz hatte, um Ideen für alle sichtbar aufzuschreiben. Den Teilnehmern war auch freigestellt, die Reihenfolge der Plakate durch Umhängen zu verändern.

Üblicher- und sinnvollerweise wird mit dem Entwurf einer Strategie begonnen, die anzeigt, welches Zukunftsbild entwicklungsleitend ist. Wir haben bei unseren Schulbesuchen einen Zukunftszeitraum von drei Jahren gewählt und dabei die Weiterentwicklung von DgL ins Auge gefasst.

Die Zukunftsstrategien sollten nicht in den Workshops entschieden werden, die dafür ja auch keine Legitimität hatten, sondern als Machbarkeitsstudien verstanden werden. Entscheidungen erzeugen häufig Druck und Druck kann die Fantasie lähmen und wird Offenheit für Kritik und neue Ideen kaum aufkommen lassen.

5.3   Zukunftsentwürfe für die nächsten drei Jahre

Am Anfang eines Change Managements steht immer die Bestimmung der Strategie, die anderen Komponenten folgen in situationsangemessener Reihenfolge. Für die Bestimmung der Strategie gilt, was Ruth Cohn ganz allgemein formuliert hat: »Wenn Du wenig Zeit hast, nimmt Dir am Anfang möglichst viel davon«.

Die übergeordnete Fragestellung war bei beiden Schulen: Wie soll DgL an unserer Schule weiterentwickelt werden. Die Fallstudien-Schulen wählten dazu ganz unterschiedliche Strategien. Die Starter-Schule THG wählte zwei Strategien: Strategie A sollte die iPad-Klassen in der Klasse 11 weiterführen, hier jedoch jahrgangsweit, aber nicht in der Sekundarstufe I beginnen lassen. Die Strategie B sollte die Weiterführung schon in der Mittelstufe beginnen lassen, im Jahrgang 9 oder 10 oder noch davor. Eine Entscheidung sollte in diesem Workshop ausdrücklich nicht getroffen werden, sondern – wie erwähnt – sollten Machbarkeitsstudien erstellt werden.

Auf den mit Strategie, Struktur, Kultur und Steuerung überschriebenen an eine lange Wand mit Tesakrepp geklebten Flipchart-Plakaten wurden zahlreiche Ideen notiert, auf die folgenden Plakate für das nächste und übernächste Jahr deutlich weniger, -aber sie blieben nicht leer. Zwei Stunden am Nachmittag waren zu wenig Zeit.

Die Plakate hat die Schule noch einige Zeit hängen gelassen, um daran weiterzuarbeiten, um die fällige Entscheidung über die zu verfolgende Strategie besser vorzubereiten. Im Gespräch war wohl Beginn in der Sekundarstufe I, aber erst ein Jahr später mit der Realisierung zu beginnen.

Die Fortgeschrittenen-Schule ESG sagt von sich selbst, dass noch sehr viel getan werden muss. Die Strategiegruppe setzt sich so ähnlich zusammen wie die im THG.

Man hat sich auf zwei strategische Perspektiven geeinigt und durchgeplant, die beide sehr anspruchsvoll sind und zeigen, dass die Schule in ihrer Zukunftsplanung auf einem hohen Niveau aufbauen kann: Strategie A strebt an, dass DgL in jedes Fach integriert wird. Hier sind insbesondere die Fachkonferenzen gefordert. Dabei soll es darum gehen, Prinzipien des algorithmischen Denkens in die Curricula aller Fächer am ESG zu integrieren. z. B. Deutsch – formale Sprachen, Musik – algorithmisch generierte Musik, Kunst– Computerkunst, Softwarekunst, Philosophie/Ethik: Algorithmen-Ethik und Sozialwissenschaften: Social Bots, Echokammern. Das lenkt auch die Aufmerksamkeit auf Strategie B.

Strategie B verfolgt das Ziel, das pädagogische Potenzial von Künstlicher Intelligenz (KI) zu eruieren und diese praktisch zu erproben. Bei der Aufarbeitung der Ausgangslage wurde deutlich, dass es schon bisher Ziel war »Algorithmen anwenden und reflektieren in allen Fächern, handlungsorientiert und digital unterstütz an realen Problemen.« (Zitat aus der Komponente »Strategie«). Dieser Ansatz soll weiter verfolgt werden mit der Frage, »Was kann künstliche Intelligenz für uns leisten?« Dieser Frage soll in Fachcurricula nachgegangen werden und dabei die gesellschaftliche und wissenschaftliche Relevanz untersucht werden. Mit dieser Zielsetzung greift die Schule die aktuelle internationale Diskussion um Zukunftsperspektiven der Digitalisierung auf. Wie der Stand in diesem Feld nach drei Jahren in der Schule aussehen kann, ist völlig offen. Die Schule zeigt hierin ihren Mut, in der Entwicklung der Digitalisierung auch unbekanntes und unsicheres Terrain zu beschreiten.

Martin Fugmann, der Schulleiter des ESG, definiert in einer Mail an uns den Containerbegriff Künstliche Intelligenz (KI) als »Übernahme intelligenter Prozesse durch Maschinen – in unserem Kontext ›learning analytics Systeme‹. Im weitesten Sinne geht es um Computational Thinking im Kontext fachlicher Bildung«. Er fährt fort:

KI – Systeme haben zunehmenden Einfluss auf alle Lebensbereiche – daraus ergibt sich die Aufgabe, im Rahmen der Erziehung zur Medienmündigkeit einen Schwerpunkt auf die Beurteilungskompetenz von KI Systemen zu legen. KI-Mündigkeit wird damit zu einer wichtigen Säule des Lernens in der digitalen Welt.

Am ESG gibt es zunächst ein Auftaktprojekt mit der German International School of Silicon Valley zum Thema KI: Die beteiligten Fächer sind zunächst Philosophie / Ethik und Informatik – Schülergruppen beider Schulen arbeiten gemeinsam am Projekt, tauschen sich auf einer Plattform aus und konferieren synchron in Videokonferenzen.

Auch für die Arbeitsbedingungen der Lehrkräfte werden KI Systeme eine zunehmend bedeutende Rolle spielen. Es gilt, sogenannte Learning-Analytics-Systeme hinsichtlich ihrer pädagogischen Wirksamkeit zu überprüfen, zu hinterfragen und die Einflüsse, die solche Systeme auf das Lernen haben werden, zu evaluieren.

Angesichts der zunehmend wahrgenommenen Belastungen von Lehrkräften stellt sich auch die Frage, inwieweit KI Systeme Korrekturaufgaben, nicht nur im Fach Mathematik, übernehmen können.

Aktuell wird in einem Teil der Literatur diskutiert, den Wandel aus der Zukunft, also sozusagen rückwärts zu planen (siehe vor allem Scharmer 2019), in unseren Fällen also aus dem dritten Jahr zurück in die Gegenwart. Selbstverständlich braucht man erst einmal für die Planung der Zukunft eine Idee, besser: ein Bild der Zukunft, wenn man die Zukunft gestalten will. Aber genauso muss die Ausgangssituation klar sein, sonst weiß man nicht, womit und auf wen man rechnen kann und wie und wo man mit der Realisierung beginnen soll; deshalb die gemeinsame Diagnose. Wir ziehen es vor, die Zukunft von hinten und vorne gleichzeitig, also dialektisch zu gestalten.

Desungeachtet macht es vermutlich schon einen Unterschied, ob man von vorn oder von hinten plant. Das allerdings sollten die Schulen selbst entscheiden.

5.4 Rollende Planung: Aus disruptivem Wandel wird kontinuierlicher

Change Management wird gemeinhin als kontinuierlicher, zwar mit Widerständen zu kämpfender, aber ziemlich linearer und planbarer Prozess verstanden. Neuerdings wird in der Management-Literatur, z. B. bei von Mutius (2017), von diesem Verständnis Abstand genommen und anstelle dessen von disruptivem Wandel gesprochen mit der plausiblen Begründung, dass wir in einer Umbruchzeit mit unerwarteten Sprüngen leben. Beim disruptiven Wandel taucht auch die Frage auf, wie »Erneuern von der Zukunft her« (Scharmer 2019, S. 92) zustande kommt, ohne die Zukunft überhaupt zu kennen.

Disruptiver Wandel setzt disruptives Denken voraus. »Disruptives Denken heißt zunächst: Umbrüche, Brüche, nichtlineare Entwicklungen denken zu können ... Wir leben in einer Übergangszeit von einer alten in eine neue Welt ... und diese Transformation ist nicht nur eine technologische. Sie ist auch eine soziale und kulturelle und verändert massiv unser ganzes Denken und Verhalten«. Übergangszeit heißt: »Manches Alte funktioniert nicht mehr richtig und manches Neue noch nicht richtig« (von Mutius 2017, S. 8). Und weiter: »Disruptives Denken ist das Denken, das mit den komplexen Anforderungen dieser Zeit mitwächst. Es ist Querdenken ohne Geländer. (Es) ist realistisches Zukunftsdenken, das Störungen nicht ausklammert, sondern miteinbezieht ... Es rechnet mit der Ungewissheit und macht Widersprüche produktiv« (von Mutius 2017, S. 9).

Disruptives Denken und disruptiver Wandel sind kein völlig neues Konzept; neu ist allerdings, dass disruptiver Wandel zu dominieren beginnt. Schon vor Jahrzehnten entwickelte Joseph Schumpeter (1942) den Ansatz der »schöpferischen Zerstörung« und Gregory Bateson (1972) das Konzept des »Wandels zweiter Ordnung«. Beides meint genau wie disruptiver Wandel nicht »mehr Desselben«, sondern konsequente, teils radikale Umsetzung neuer Muster der Zielverfolgung, Führung, Partizipation und Kooperation.

Beispiele disruptiven Wandels gibt es im Schulbereich schon zur Genüge, wie z. B. die Einführung der Inklusion durch Anweisungen der Schulaufsicht. Das dominante Thema der Zukunft wird die Umwandlung des traditionellen Unterrichts in Digital gestütztes Lernen (DgL) sein. Wenn dabei nur Schulbücher durch eBooks ersetzt werden, handelt es sich um kontinuierlichen Wandel. Wenn das Lernen allerdings konsequent digital unterstützt und die Bildungsgänge personalisiert werden, und dies ohne Vorlauf (z. B. Lehrpersonenbeteiligung, Fortbildung, Zeitpolster) geschieht, handelt es sich dabei um disruptiven Wandel.

Von Mutius meint zu Recht, bei disruptivem Wandel gehe es um »Widersprüche denken zu können, Gefahren zu erkennen und gleichzeitig Vertrauen zu haben« (von Mutius 2017, S. 11). Aber Methoden zu kennen, die den disruptiven Wandel gestaltbar machen, sind genauso wichtig. Change Management könnte ein solches Methodenset liefern: gemeinsame Diagnosen aus unterschiedlichen Perspektiven, Strategien mit mehreren Entwicklungsrichtungen, Planung multipler Zukünfte, Rollende Planung, die mittelfristig antizipiert und kurzfristig im Jahres- oder Halbjahresrhythmus auf Unvorhergesehenes reagieren kann und über Feedback und Evaluation eine adaptive Prozesssteuerung ermöglicht. Das liefe auf ein flexibles und adaptives Change Management hinaus, das sich mit dem Wandel der Gesellschaft auch wandelt.

Change Management und disruptiver Wandel müssen sich nicht widersprechen: Wenn man disruptiven Wandel nachhaltig realisieren will, braucht man Change Management, das mit disruptiven Situationen rechnen muss: »Wir wissen nicht genau, was passieren wird. Doch wir können uns auf einige mögliche Entwicklungen einstellen«, hofft von Mutius (S. 183) und fährt fort: »Disruptives Denken ist Grundlage eines robusteren, erweiterten Realismus, der danach trachtet, die Zahl der Wahlmöglichkeiten zu erhöhen, und dafür rechtzeitig Vorkehrungen trifft« (S. 187).

Dies lässt sich anhand des hier vorgelegten Konzepts weiter plausibilisieren, wenn man Change Management als Vorbereitung auf das Unerwartete versteht: Auch mit Blick auf disruptiven Wandel sollte eine gemeinsame Diagnose vorangehen, um schulspezifische Potenziale und schulspezifische Herausforderungen zu identifizieren.

Die Strategie sollte an die Diagnose anknüpfen, aber mit Visionen beflügelt werden. Die Gesamtstrategie müsste flexibel sein und mit mehreren Varianten »spielen«, spielen deshalb, damit eine gewisse Leichtigkeit entsteht und das Gestalten und Steuern auch Spaß bereitet. Gestaltung und Steuerung sind und bleiben Lernprozesse. Die Struktur sollte mit Netzwerk-Organisationen experimentieren, mit schulinternen Netzwerken und mit überschulischen Netzwerken. Die Kultur könnte sich an Professionellen Lerngemeinschaften orientieren und individuelles Lernen mit sozialem Lernen verbinden.

Dies ist nur eine kleine Skizze zur Verdeutlichung großer Aufgaben. Aber sie macht deutlich, dass veränderte Strukturen und Kulturen auch veränderte Personen benötigen und dass Schulentwicklungsforschung pertinente Forschung (siehe dazu den Anhang 1) sein muss, also anwendungsbezogene, einschlägige Praxisforschung.

Daraus und aus einer Begriffsbestimmung der Schulentwicklung wird die These abgeleitet, dass das Gelingen einer anspruchsvollen und tiefgehenden Bildungsreform der Schulentwicklung bedarf. Und dass nicht die anspruchsvollsten und bestformulierten Ziele wie DgL allein über das Ergebnis entscheiden, sondern die Art der Umsetzung, also deren Implementation.

Eine Weise des kontinuierlichen Umgangs mit Disruption ist der Ansatz der Rollenden Planung, den wir auch in den beiden Besuchsschulen beobachtet haben.

Ein Prozess des Change Managements erstreckt sich normalerweise über mehrere Jahre, zumal, wenn er schulweit angelegt ist. Wer den Unterricht nachhaltig verändern will, muss sich auch selbst verändern. Allein deshalb benötigt Schulentwicklung Zeit! Man kann davon ausgehen, dass man für schulweite und nachhaltige Schulentwicklung mindestens drei bis fünf Jahre braucht.

Abbildung 13 zeigt ein mittelfristiges Zeitschema über die Schuljahre 2019/20, 2020/21 und 2021/22. Im ersten Jahr wird – in diesem Beispiel – mit Kooperativem Lernen gestartet. Der Auf- und der Ausbau des Kooperativen Lernens wird sich über alle drei Jahre als Prozess erstrecken. Wandel unterliegt in diesen unruhigen Zeiten immer mehr einer Beschleunigung, gelingt jedoch am ehesten, wenn er die von außen kommende Geschwindigkeit verlangsamt. »Langsam ist schneller«, hat Peter Senge (Senge 2017, S. 76 ff.) diesen Widerspruch auf den Begriff gebracht. Ein Beispiel möge das kurz veranschaulichen: Wer sich ein Leitbild rasch aus dem Internet kopiert, wird die Schule nur langsam, wenn überhaupt in diese Richtung bewegen können. Wer sich aber Zeit nimmt, um mit der Schulgemeinde Ziele zu klären und einen gemeinsamen Grund zu suchen, wird ein Leitbild nicht nur schneller, sondern auch nachhaltiger realisieren können.

Im zweiten Jahr würde die Einführung des Kooperativen Lernens fortgeführt in den neuen nachgerückten 7. und 11. Jahrgangsgruppen. Dazu sind Auswertungen der Erfahrungen im abgelaufenen Jahr nützlich, weil sie zu Verbesserungen und Korrekturen führen können. Es handelt sich im Grunde um Evaluation, die die Steuer- oder iPad-Gruppe organisiert, aber nicht selber durchführt. Evaluation von Kollegen würde im Kollegium vermutlich als Anmaßung empfunden und mit Skepsis interpretiert. Das wäre bei Selbstevaluation durch die Jahrgangsgruppe nicht zu erwarten. Die Fortsetzung der schulweiten Einführung des Kooperativen Lernens würde im zweiten Jahr ergänzt durch begleitende Hospitation – als Hospitation von Lehrpersonen, die bereits ein Jahr Erfahrung mit Kooperativem Lernen haben.

Im zweiten Jahr läge der strategische Ausgangspunkt im SO-Quadranten (siehe Abb. 13), wenn die Hospitationen in den Fachgruppen stattfinden würden, was auch am Anfang zumindest bei einer Fachgruppe der Fall sein könnte. Gleichzeitig würde es Hospitationen fachübergreifend geben, die weniger konfliktanfällig sind als Hospitationen im eigenen Fach.

Im dritten Jahr käme Schülerfeedback hinzu und die Hospitationen würden in weiteren Fachgruppen ausgeweitet. Wenn in den Fachgruppen die Erfahrungen mit Hospitation und die mit dem beginnenden Schüler-Lehrer-Feedback ausgetauscht, ausgewertet und aufeinander bezogen werden, entstünden sozusagen finnische Arbeitseinheiten, die sich zu Professionellen Lerngemeinschaften weiterentwickeln könnten. Unterstützung durch die Schulleitung, Supervision und Coaching könnten die Beteiligten stärken und die Professionellen Lerngemeinschaften nachhaltig machen. Die Schulleitung müsste um die Absicherung bzw. Gestaltung einer schulweiten Vertrauenskultur bemüht sein. Dann wäre man auf dem Weg zur Lernenden Schule weit vorangekommen. In diesen drei Jahren müsste eine andere Lernkultur entstanden sein, deren Kennzeichen Schüleraktivierung, Kooperation, Respekt vor Mitschülern und Wertschätzung von anderen sind. Auch mehr Teilhabe gehört dazu.

Eine Planung, die im ersten Jahr konkret und detailliert ist, die nächsten Jahre schon (weniger konkret) vorplant und im Folgejahr das Vorjahr auswertet und die Ergebnisse nutzt für die Gestaltung des neuen ersten Jahres (was ja das zweite des alten Jahres ist), also die Erfahrungen des Vorjahres jeweils für Gestaltung des Folgejahres nutzt, gleichsam die Planungen überrollt, nannte man schon in den 1960er Jahren Rollende Planung (Rolff 1970). Rollende Planung muss als offener Prozess gestaltet werden, der Überraschungen zwar nicht vermeiden kann, aber sie flexibel aufnimmt und sie mit vorausgedachten Alternativen zu bewältigen mag.

Rollende Planung hat selbstverständlich auch zuerst ein Ziel (oder auch mehrere Ziele) in drei Jahren vor Augen, plant insofern aus der Zukunft. Die Realisierung knüpft allerdings in der Gegenwart an und hat zunächst das nächste Jahr, bilanziert oder evaluiert, was dabei herausgekommen ist und macht weiter so wie geplant oder ändert die Planung des zweiten Jahres angesichts des Evaluationsergebnisses. Rollende Planung geschieht projektförmig und ist auf Produkte fokussiert. Die Produkte der Projekte können Prototypen sein, die ausprobiert, evaluiert, vielleicht modifiziert werden und dann in Serie gehen können (siehe Rolff 2015, S. 628 f.). Prototypen sind also anspruchsvoller als die häufiger gestarteten Pilotprojekte.

Also: Wenn man disruptiven Wandel produktiv machen will, muss man diskursiven daraus machen- im Sinne von besprechen und absprechen, Dissens- und Konsensklärungen sowie nach einem gemeinsamen Grund suchen – und zwar mit Interessenabwägungen und Argumenten. Genau das haben unsere beiden Fallschulen praktiziert.

Abbildung 13 reizt uns zum Abschluss dieses Kapitels noch zu folgender Bemerkung: Es wird häufig gegen lineare Darstellungen wie die in Abbildung 13 argumentiert, manchmal sogar polemisiert, sie seien zu starr und zu technisch. Demgegenüber muss daran erinnert werden, dass jede Realisierung oder Implementation immer als Prozess und damit zeitlich nacheinander geschieht, in einem Prozess, bei dem nichts genauso realisiert wird, wie es einmal geplant war, wie es das Dortmunder Institut für Schulentwicklungsforschung bereits 1980 formuliert hat (Rolff/Tillmann 1980, S. 239). Man könnte in Prozessdarstellungen Rückpfeile oder Kreisfiguren einbauen. Diese vermögen zur Reflexion anzuregen, aber nicht die Realität abzubilden; denn bei der Implementation gibt es kein Rückwärts, einfach weil die Zeit nicht zurückzustellen ist. Aber selbstverständlich kann man systematisch zurückblicken, z. B. mittels Evaluation oder Bilanzkonferenzen, und daraus »Rück«-Schlüsse für den Fortgang ziehen. Genau das meint Rollende Planung.

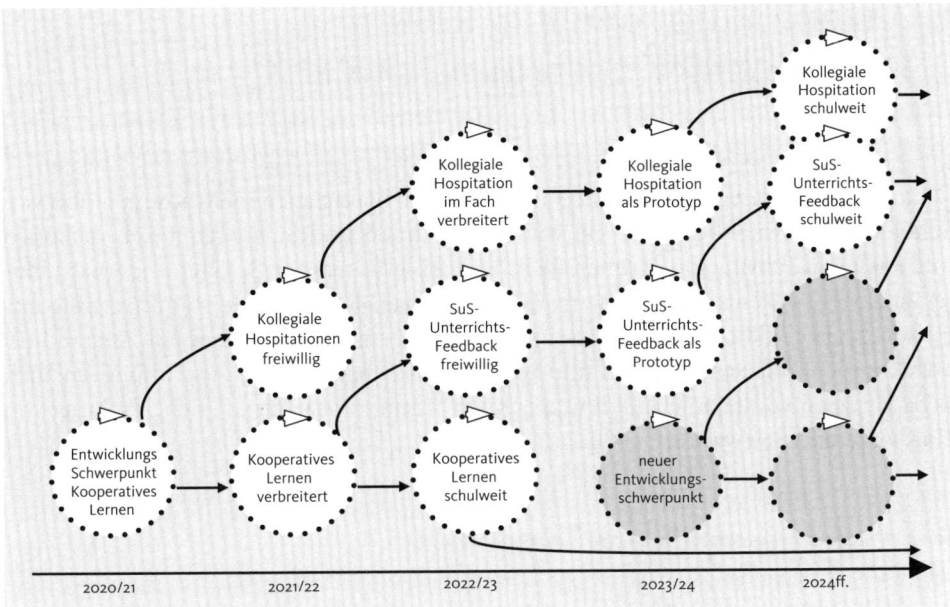

Abbildung 13: Rollende Planung am Beispiel schulweites Kooperatives Lernen

6. Neue Aufgaben und Rollen von Schülerinnen und Schülern

Digital gestütztes Lernen begünstigt und erfordert häufig auch mehr Kooperation von Schülerinnen mit Schülern sowie von Schülerinnen und Schüler mit Lehrpersonen und auch von Lehrpersonen untereinander. Schülerinnen und Schüler werden expliziter zu Ko-Produzenten des Lernens. Es ist nicht das blauäugige Verständnis von Lehrpersonen als bloße Lernbegleiter auf Augenhöhe gemeint, wohl aber ein Verständnis, bei dem nicht nur Schülerinnen und Schüler von Lehrpersonen lernen, sondern auch Lehrpersonen von Schülerinnen und Schüler – zumindest was die Beherrschung von Hardware und Software anbetrifft.

6.1 Selbstlernende und Lehrende

Auch in der analogen Welt waren Schülerinnen und Schüler schon Selbstlernende. Unterricht wollte nie nur belehren, sondern hatte immer schon das Ziel, junge Menschen zum eigenständigen Lernen anzuregen und ihnen dazu Strategien zu vermitteln. Etliche Schulen haben schon vor Jahren Selbstlernzentren eingerichtet, in denen Material bereitsteht, Arbeitsruhe herrscht und Lehrpersonen nur zur Aufsicht und zur Beratung zur Verfügung stehen. In solchen Selbstlernzentren wurden auch schon Computerarbeitsplätze eingerichtet. Die neue Eins-zu-eins-Ausstattung mit digitalen Endgeräten bietet zusätzliche Möglichkeiten.

Mit DgL erweitern sich die Möglichkeiten des Selbstlernens. In einer digitalen Lernumgebung kann ortsunabhängig auch außerhalb der Schule gelernt werden. Dazu stehen neben den aus dem Unterricht und dem schulischen Umfeld vorhandenen Materialien im Internet eine unendliche Fülle von Lernprogrammen, Anleitungen und Erklär-Videos zur Verfügung. Wie die Zugriffe auf solche Angebote im Netz zeigen, werden sie bereits im großen Umfang von Schülerinnen und Schülern und zunehmend auch von Lehrpersonen genutzt. Angesicht der unüberschaubaren Fülle von geeignetem, aber auch wenig geeignetem Lernmaterial ist es wünschenswert, wenn in der Schule Anregungen zur effektiven Nutzung gegeben werden. Es kann angenommen werden, dass schon zurzeit ein erheblicher Anteil des Lernzuwachses bei Jugendlichen auf die Nutzung solcher digitalen Materialien aus dem Netz zurückzuführen ist. Im THG und im ESG steht aber auch analoges Material, z. B. Arbeitsblätter in Ordnern, neben digitalisierten Vorlagen, auf das die Lernenden auf ihren Laptops zurückgreifen können, parallel zur Verfügung.

Durch die Digitalisierung der Lernumgebung kommen Schülerinnen und Schüler darüber hinaus zunehmend in die Rolle von Lehrenden. Viele Jugendliche produzieren bereits allein oder in einer Gruppe Erklärvideos, die sie in der Schule und auch im Netz zur Verfügung stellen. Eine Lernplattform wie NERDL kann solches Material systematisch bereithalten und für Schüler und Lehrer anbieten. Damit ändert sich das Verhältnis von Schülerinnen und Schüler und Lehrpersonen: Die jungen Menschen agieren mehr auf Augenhöhe mit den Lehrpersonen. Sie haben die Chance zu zeigen, wie man eine Lernaufgabe löst und auch anderen Lernern vermittelt, wobei Peer-to-Peer Learning entsteht.

Die Fähigkeiten von Schülerinnen und Schülern als Lehrende können auch zur Fortbildung von Lehrkräften eingesetzt werden. Bei der Nutzung digitaler Technik geschieht das bereits jetzt, z. B. wenn Schülerinnen und Schüler der AG CompuTecS in Gütersloh einer Lehrperson oder einer Gruppe eine neue Soft- oder Hardware erklärt, in die sie sich selbständig eingearbeitet haben. Für Lehrpersonen mag die Erfahrung, dass ein Lernender mehr kann oder weiß, eine ungewöhnliche sein und zu Rollenunsicherheit führen. Diese neue Schülerrolle hat aber das Potenzial, gegenseitige Akzeptanz und Wertschätzung zu verbessern und damit ein gutes Lernklima zu erzeugen.

6.2 Medienscouts und CompuTecS

Schülerinnen und Schüler werden Medienscouts, sie sind nicht nur Lerner, sie helfen auch anderen beim Lernen, sogar Lehrpersonen. Die Medienscouts-Ausbildung in NRW geht auf eine Initiative der Landesanstalt für Medien zurück, die am ESG ihren Auftakt in Form einer Basisqualifikation für Lehrkräfte und für eine Gruppe aus Schülerinnen und Schüler im Schuljahr 2013/14 hatte.

Für das ESG spielen die Medienscouts eine wichtige Rolle. Deren Aufgabenschwerpunkt wird in der Ausbildung bzw. Verbesserung der Medienkompetenz der Schülerinnen und Schüler gesehen. Die Schule benennt für die Medienscouts vor allem folgende Bereiche:

- Handykonsum
- Cybermobbing
- Computerspiele mit Schwerpunkt Sucht
- Genderroles@Instagram und
- Influencing#Marketing

Die Module sind dabei im Sinne des Peer-to-Peer Lernens angelegt, entsprechend moderieren die ausgebildeten Schülerinnen und Schüler die Module in der jeweiligen Klasse. Lehrkräfte sind bei sehr unruhigen Klassen im Hintergrund ansprechbar. Einsätze sind zwischenzeitlich nicht mehr auf Zuruf (»Bei mir in der Klasse klappt das mit dem Klassenchat nicht!«, »Ich schicke dir die Medienscouts – welche Schwerpunkte sollen denn gesetzt werden?«) zu buchen, sondern sind größtenteils mit den Curricula (bzw. der Klassenleiterstunde) verknüpft. Hierdurch werden die Themen möglichst allen Schülerinnen und Schüler des ESG vermittelt. Die Medienscouts kommen aus den Jahrgängen 8 bis Q2 und arbeiten mit den Jahrgängen 5 bis 8.

Das ESG stellt selbstkritisch fest:

> Als problematisch erweist sich die Heranführung des Medienscouts-Nachwuchses. Gerade in der Qualifikationsphase wird der Unterrichtsausfall bzw. das Nacharbeiten des versäumten Stoffes seitens der Schülerinnen und Schüler als nachteilig empfunden. Ebenso haben sich regelmäßige Treffen als wenig zielführend herausgestellt. Auch vor diesem Hintergrund gibt es alljährlich eine dreitägige Medienscouts-Fahrt, in den letzten beiden Jahren gemeinsam mit den CompuTecS, bei der neue Module erarbeitet und bestehende auf Aktualität hin geprüft werden.

CompuTecS ist eine Einrichtung der Hilfe zur Selbsthilfe. Dabei werden die Schülerinnen und Schüler in ein System der Hilfe zur Selbsthilfe eingeführt. Sie übernehmen zunehmend die Verantwortung für ihr Handeln im Laptop-Bereich, um sich selbst und ihren Mitschülern helfen zu können.

Die ESG-CompuTecS (Computer Technical Support) ist eine Arbeitsgemeinschaft, deren Mitglieder bemüht sind, einen reibungslosen Ablauf der Laptoparbeit zu gewährleisten. Interessierte Schülerinnen und Schüler, Lehrerinnen und Lehrer sowie Eltern arbeiten hier Hand in Hand. Daneben gibt es noch viele weitere Aktivitäten: Einweisung in die neuen Laptops in der Jahrgangsstufe 7, Leitung von Computerkursen, Entwicklung neuer Konzepte zur Laptop-Arbeit u. a.

Die ESG-CompuTecS ist also kein Serviceunternehmen. Alle Beteiligten arbeiten freiwillig und unentgeltlich. Sowohl in zwei großen Pausen als auch an zwei Nachmittagen in der Woche warten hier motivierte Menschen auf Schülerinnen und Schüler, um bei allen Problemen und Fragen zu helfen.

6.3   Feedbackgeber

Feedback von Schülerinnen und Schülern an Lehrkräfte, von Lehrerinnen und Lehrern untereinander und an die Schulleitung ist ein wichtiges Instrument zur Optimierung von Lernprozessen und für die Schulentwicklung. Außerdem ist das Feedback ein wesentlicher Treiber für die Qualitätsentwicklung der Schule. In den besuchten Schulen wurden digital gestützte Verfahren des Feedbacks von Schülerinnen und Schülern an die Lehrkraft zum Unterricht und vom Kollegium an die Schulleitung angewendet.

Ein Ratingwerkzeug, das in NERDL integriert ist, kann im ESG die Schülerinnen und Schüler dazu auffordern, Beiträge ihrer Mitschüler zu bewerten und zu kommentieren (siehe auch den Beitrag von Fugmann im Anhang).

In den besuchten Unterrichtsstunden waren unterschiedliche Formen des Feedbacks zu beobachten. Lernende, die in einer Gruppe zusammenarbeiteten, konnten, sofern diese Funktion freigeschaltet war, digital erstellte Arbeitsprodukte der verschiedenen Gruppen sehen und entsprechendes Feedback geben. Dies wurde auch zwischen Lernenden in Partnerarbeit, zum Beispiel für gegenseitiges Bewerten oder

Korrigieren, praktiziert. Dabei können Partner nach unterschiedlichen Kriterien oder per Zufallsgenerator ausgewählt werden.

Für Lernprozesse ist es besonders wichtig, dass die Lehrkraft über den Lernstand der Klasse oder Lerngruppe informiert ist. In beiden Schulen konnten sich die Lehrkräfte zu Beginn einer Unterrichtsstunde oder einer Unterrichtsreihe ohne großen Aufwand schnell ein Bild von den Vorkenntnissen der Lerngruppe machen. Sie nutzten dazu einfache Umfragen mit Auswahlantworten oder frei formulierte Fragen. In Gütersloh ist dies durch Nutzung der Lernplattform NERDL und auch IQES möglich, in den iPad-Klassen in Göttingen mithilfe verschiedener Apps. Durch ein kleines fachbezogenes Quiz oder durch Selbsteinschätzung der Lernenden mit unmittelbarer Auswertung hatten die Lehrkräfte und die Schülerinnen und Schüler ohne Zeitverzug einen Überblick über den Lernstand und konnten mit geeigneten Schritten den Unterricht beginnen oder fortsetzen. Dies ist zwar auch in Schriftform ohne digitale Medien möglich, nicht aber mit sofortiger Auswertung.

Für das Feedback stehen verschiedene Programme zur Verfügung. In Göttingen wird u. a. Mentimeter, in Gütersloh u. a. IQES genutzt. Beide genannten Programme sind einfach zu bedienen und haben einen ähnlich großen Funktionsumfang. Ähnlich einzuschätzen ist die App Edkimo, die es für Schulen in NRW sogar umsonst gibt. Auf Rückfrage versicherte Hauke Pölert vom THG bezüglich Mentimeter: »Das Tool ist völlig anonym, da ich als Lehrer keine Möglichkeit habe zu sehen, wer am Mentimeter teilnimmt. Selbst bei Quiz-Formaten werden die Nutzernamen, soweit ich weiß, von der App vergeben und sind daher für mich nicht erkennbar. Eine weitere Registrierung ist für Teilnehmer nicht nötig«.

Besonders beeindruckend war ein Schülerfeedback in einer Unterrichtsstunde von Hauke Pölert selbst. Er konnte sich als Lehrkraft mithilfe von Statements, die er vorformuliert hatte, rasch einen Überblick über die Einschätzung der Klasse verschaffen, in diesem Fall zur Nutzung digitaler Medien für das Lernen (siehe Kasten).

Nach einem Jahr in der 11. Klasse mit multimedialem Lernen (11 ML) ist meine Stimmung in Bezug auf digital gestütztes Arbeiten...

...positiv, mit dem iPad im Unterricht arbeiten zu können.   ...gleichgültig, ob ich mit dem iPad im Unterricht arbeiten kann oder nicht.   ...eher negativ und ich würde lieber wieder ohne iPad arbeiten.

Was die Nutzung des iPads angeht, schätze ich meine Kenntnisse nach einem Jahr in der ML-Klasse auf einer Skala von 1 bis 10 wie folgt ein:

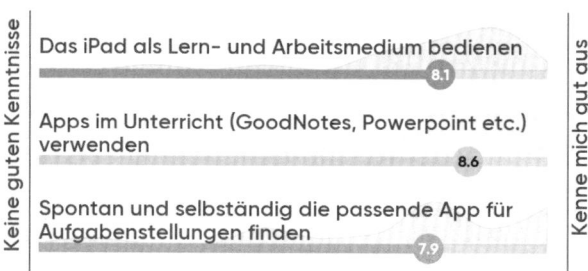

Durch die Nutzung des iPads...

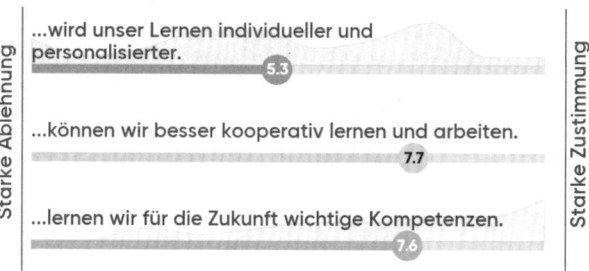

Ich denke, im Unterricht verbessert das iPad vor allem folgende Aspekte:

Abbildung 14: Schülerfeedback zur Nutzung von iPads

Die Schülerinnen und Schüler tippten ihre Antworten in ihre Endgeräte und der Lehrer sammelte sie auf seinem Laptop. Die App wertet die Antworten qualitativ und quantitativ aus. Daraus entstand eine Wortwolke (siehe Abb. 14). Die App der Wortwolke ist so angelegt, dass die Wörter, die am meisten genannt werden, im Zentrum stehen und auch als die größten Buchstaben in Erscheinung treten.

Bei der Diskussion der quantitativen und qualitativen Feedbackergebnisse in der Klasse ergab sich spontan die Frage, in welchem Jahrgang die Arbeit mit dem iPad in der Schule in Zukunft begonnen werden sollte. Dies war in der Schule noch nicht entschieden und insofern eine Frage von Belang. Abgesehen von der Bedeutsamkeit dieser Frage, sind die technischen Umstände interessant: Die digitale Technik macht es möglich, dass die Lehrperson ad hoc neue Fragen einspielen, im Nu beantworten lassen und präsentieren kann. Die Auswertung steht unmittelbar zur Verfügung und die Ergebnisse können sofort an der Wand präsentiert und mit der Lerngruppe diskutiert werden. Das ist auch insofern von Vorteil, weil wir aus der Forschung wissen, dass ein Feedback umso wirksamer ist, je zeitnäher das Ergebnis besprochen und erörtert wird (Kempfert/Rolff 2018, S. 150 ff.).

Die Spontanfrage für eine 10. Klasse lautete: »Wann sollte die Schule ML-Klassen mit iPads einführen?«

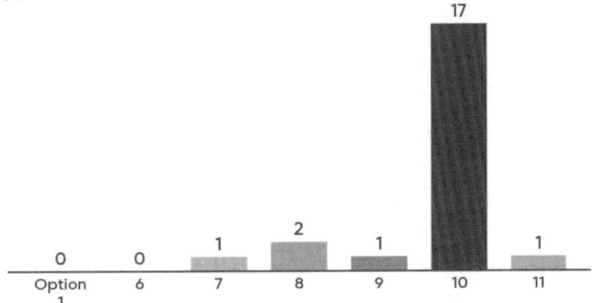

Abbildung 15: Schülerfeedback von einer iPad-Klasse zu einer Spontanfrage

Dieselbe Frage wurde einer 11. Klasse gestellt, die bereits seit zwei Jahren mit iPads arbeitete. Das Ergebnis zeigt Abbildung 16.

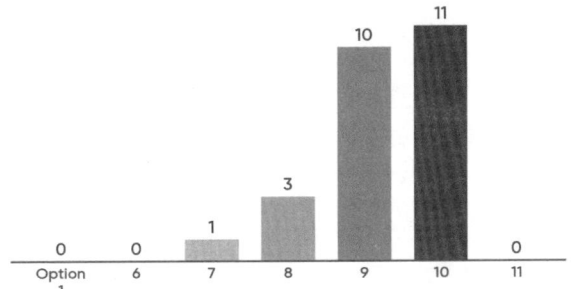

Abbildung 16: Schülerfeedback von einer iPad-Klasse mit Erfahrung

Eine so zeitnahe Auswertung des Schülerfeedbacks wäre ohne digitale Unterstützung nicht möglich gewesen. Auf analoge Weise hätte das die Veröffentlichung der Frage z. B. auf einer Tafel (eine nur mündliche Nennung der Frage enthält die Gefahr der Unschärfe), das Ausfüllen von Zetteln durch jeden einzelnen Schülers zur Folge sowie das Einsammeln, das Auszählen der Angaben und schließlich die Bekanntgabe des Ergebnisses durch die Lehrperson. Die Alternative eines nur mündlichen Vorgehens (durch Handaufheben und Abzählen) würde die Anonymität der Schülerinnen und Schüler aufheben und wäre ohnehin zu umständlich, erst recht, wenn eine mehrstufige Antwortskala benützt wird, und ist auch gruppendynamisch problematisch, weil die erste Antwort (vor allem von Meinungsführern) die nächste beeinflussen kann.

In unserem Fall ist bemerkenswert, dass sich bei der einen Klasse nur ein Schüler und bei der anderen gar keine SchülerInnen für den späten Beginn in der Oberstufe aussprach. Genauso bemerkenswert ist, dass sich bezüglich des Starts in der Mittelstufe die Schülerinnen und Schüler einen relativ späten Einsatz des DgL wünschen. In einer 11. Klasse, die erst seit einem Jahr mit iPads arbeitet, war sogar der weit überwiegende Teil der Meinung, die Einführung sollte nicht vor der 10. Klasse erfolgen. Die Klasse, die bereits im 9. Jahrgang mit iPads gearbeitet hatte, plädiert für einen früheren Beginn. In dieser Meinungsbildung spiegelt sich offensichtlich die eigene positive Erfahrung der befragten Schülerinnen und Schüler. Sie halten den Weg zur Digitalisierung für optimal, den sie selbst kennengelernt haben. Auf Nachfrage, warum digitale Endgeräte nicht früher eingesetzt werden sollten, kamen Antworten wie »jüngere Schüler spielen zu sehr damit« und ähnliche Einschätzungen.

Schülerinnen und Schüler geben den Lehrpersonen Feedback über deren Unterricht. Sie sind Experten für Unterricht (siehe Buhren 2015, S. 211 ff.), nicht für die Fachlichkeit, aber für die Didaktik und die Beziehungsebene.

Schülerinnen und Schüler sind nicht nur Experten für guten Unterricht, sie sind im digitalen Zeitalter sogar Mitentwickler von Lernstrategien und Lernplattformen, sogenannte ProUser, einem Wort, das aus Producer und User zusammengezogen ist. Schülerinnen und Schüler wirken in beiden Besuchsschulen nicht nur bei der Entwickelung von Feedbackfragebögen mit, sondern auch beim Entwurf und bei der Erprobung von neuen Unterrichtsmaterialien mit, die manchmal den Status von Prototypen haben.

7. Neue Aufgaben und Rollen von Lehrpersonen

Eine weitere Form des unterrichtsbezogenen Feedbacks ist das Feedback unter Lehrpersonen, auch kollegiale Hospitation genannt (Buhren 2015, S. 149 ff.). Personalentwicklung ist keine Psychotherapie, kann aber dennoch auf einzelne Personen bezogen sein, häufig in Form von Feedback.

7.1 Lehrpersonen-Feedback

Hospitationen von Lehrpersonen im Unterricht eines Fachkollegen in der eigenen Schule sind eine traditionelle Form des Feedbacks. Sie werden wohl weiterhin überwiegend analog ablaufen. Analoge Hospitation kommt in beiden Schulen nur selten vor, wohl genau so selten wie im Durchschnitt der Schulen in Deutschland. Als Grund hierfür wird der organisatorische Aufwand bei Stundenplänen mit wenigen Springstunden, wie sie in Deutschland üblich sind, genannt. In den deutschen Auslandsschulen ist Hospitation allerdings Pflicht. Das ist kein nebensächliches Thema, wie die vielzitierte Hattie-Studie zeigt (Hattie 2015): Hospitation gehört zu den wirkmächtigsten Faktoren, die Einfluss auf Schülerleistungen haben.

Als Ergänzung zu organisatorisch aufwendigen Face-to-Face-Hospitationen könnte eine digitale Aufzeichnung einer Unterrichtsstunde oder einer Sequenz genutzt werden. In der Lehrerausbildung ist dies lange erprobt und wird gelegentlich eingesetzt. Mit den technischen Möglichkeiten, die in beiden Schulen vorhanden sind, wäre es relativ einfach, realen Unterricht einer Lehrperson aufzuzeichnen. Diese Aufgabe könnten auch Schülerinnen oder Schüler übernehmen. Die Aufzeichnung könnte zum Gegenstand der Reflexion unter Lehrpersonen mit dem gleichen Fach, zum Beispiel in der Fachkonferenz, gemacht werden. Die unterrichtende Lehrperson erhielte auf diese Weise ein Feedback, die Feedbackgeber Anregungen für den eigenen Unterricht. Die oft theoretischen Diskussionen in Fachkonferenzen könnten praxisnäher werden.

Im Zuge der Digitalisierung wurden inzwischen verschiedene Apps entwickelt, die in der Schule als Instant-Feedback Instrumente vielfältig einzusetzen sind. So wurde, um ein Beispiel zu nennen, in beiden Schulen eine Umfrage im Lehrerkollegium über die Nutzung und Akzeptanz digital gestützten Lernens durchgeführt. Die Antworten wurden per E-Mail aufgerufen. Erwartungsgemäß gab es keinen hundertprozentigen Rücklauf. Doch gehen beide Schulen mit plausiblen Argumenten davon aus, dass das Ergebnis für die befragten Kollegien repräsentativ ist. Die Ergebnisse und einige methodische Hinweise finden sich in Kap. 2.1.6 und 2.2.6. Wie man fast 100 Prozent Rücklauf erreichen kann, ist im ersten Teil des Anhangs beschrieben.

In den Gesprächen mit den Schulleitungen wurde ein effizienteres Verfahren für ein Feedback des Kollegiums erörtert. In Gütersloh besitzt jede Lehrkraft ein eigenes digitales Endgerät, in Göttingen könnte das in naher Zukunft der Fall sein. Wenn dies in der Lehrerkonferenz zur Verfügung steht, sind Blitzumfragen, z. B. mit Mentimeter oder IQES zu allen denkbaren Problemstellungen möglich. Da die Ergebnisse unmittelbar allen Konferenzteilnehmern präsentiert werden können, kann die Meinungsbildung versachlicht und die Einschätzung einer sonst häufig zu beobachtenden »schweigenden Mehrheit« in die Entscheidungsfindung der Lehrerkonferenz einbezogen werden. Es ist zu erwarten, dass die Arbeit der Lehrerkonferenz mit diesem Feedback Instrument transparenter und demokratischer werden kann. Am ESG werden Umfragen im Kollegium regelmäßig durchgeführt z. B. vor und nach Pädagogischen Tagen zur adaptiven Prozessplanung die jeweils von der Steuergruppe initiiert sind.

Eine weitere Form des für Schulentwicklung wirkungsmächtigen Feedbacks ist das Führungsfeedback, bei dem die Lehrpersonen ihre Leitung einschätzen und bewerten. Dies ist im THG systematisch geschehen, wobei die Schulleiterin hervorragend abschnitt.

7.2   Fachkonferenzen

Digital gestütztes Lernen in der Schule findet vorrangig im Fachunterricht statt. Zwar lernen Schülerinnen und Schüler auch außerhalb der Schule mit Unterstützung digitaler Technik und in der Schule findet Lernen auch in anderer Form, z. B. in Projekten oder in fachübergreifenden oder fächerverbindenden Vorhaben statt. Der Fachunterricht ist aber nach wie vor der Kern des Lernens in der Schule. DgL kann in der Schule nur gelingen, wenn es im Fachunterricht und bei den Lehrkräften, die ein Fach unterrichten, fest verankert ist.

In Deutschland sind Lehrkräfte in der Regel in zwei Unterrichtsfächern ausgebildet und unterrichten diese Fächer in unterschiedlichen Jahrgangsstufen, in beiden untersuchten Gymnasien von Klasse 5 bis zum Abitur. Als Gremium für die Zusammenarbeit der Lehrkräfte in einem Fach gibt es Fachkonferenzen. Für Innovationen in einem Unterrichtsfach, wie es das Digital gestützte Lernen ist, sind mithin funktionsfähige Fachkonferenzen von entscheidender Bedeutung.

Betrachtet man Schulen in Deutschland unter der Fragestellung, wodurch in letzter Zeit Innovationen angeschoben wurden, wird man allerdings nur selten finden, dass Fachkonferenzen dabei eine entscheidende Rolle gespielt haben. Die Schulleitung, ad hoc Gruppen von Lehrpersonen oder Anstöße und sogar Druck aus der Gesellschaft sind eher als Motoren innovativer Schulentwicklung hervorgetreten. Es kann sogar angenommen werden, dass sich einzelne Fachkonferenzen eher als Bremser neuer Entwicklungen hervorgetan haben. Im Bestreben, fachliche Traditionen hochzuhalten war so zum Beispiel bei der Umstellung auf Kompetenzorientierung zu beobachten, dass manche Fachkonferenz ihre Aufgabe darin sah, neue Lehrpläne so umzusetzen, dass der Fachunterricht weitgehend unverändert fortgeführt werden konnte. Ähnliches gilt bei Innovationen, die die gesamte Schule betreffen. Der Blick mancher Fachkonferenz verengte sich darauf, die eigene Tradition aufrechtzuerhalten und Veränderungen abzuwehren.

Auch in den besuchten Schulen hatten bisher die Fachkonferenzen sehr unterschiedlichen Einfluss auf die Einführung und Weiterentwicklung von Digital gestütztem Lernen.

Zwar sind die technische Ausstattung und Grundsätze für die Nutzung digitaler Medien für die ganze Schule notwendige Voraussetzungen, die konkrete Umsetzung muss aber auf der Ebene des Unterrichtsfaches geschehen. Bei der Untersuchung beider Schule wurde daher auch die Rolle der Fachkonferenzen beleuchtet.

In den Bundesländern NRW und Niedersachsen sind Fachkonferenzen im Schulgesetz verankert. Ihre Mitglieder sind alle im Fach unterrichtenden Lehrkräfte und Lehrkräfte mit der entsprechenden Lehrbefähigung. Darüber hinaus gehören der Fachkonferenz als beratende Mitgliedern Eltern und Schülerinnen und Schüler an. Fachkonferenzen beraten über fachliche Angelegenheiten und entscheiden über Grundsätze fachlicher Arbeit, über Grundsätze der Leistungsbewertung im Fach und über die Einführung und Nutzung von Lernmitteln. Das Stichwort »Digitalisierung« oder »digital« kommt in den Schulgesetzen beider Länder nicht vor, in den Kernlehrplänen sehr wohl. Die Ausgestaltung Digital gestützten Lernens kann zudem unter die Grundsätze fachlichen Lernens und Einführung von Lernmitteln subsumiert werden.

Im Gegensatz zu den hohen Anforderungen, die für die fachliche Zusammenarbeit von Lehrkräften formuliert werden, steht die tatsächliche Ausgestaltung in der Praxis. In beiden untersuchten Schulen tagt eine Fachkonferenz etwa zweimal im Jahr, im Durchschnitt mit einer Sitzungsdauer von zwei Stunden. Nach Kenntnis der Autoren entspricht das der Praxis in den meisten Schulen in Deutschland.

Bei der Bedeutung, die die Fachkonferenz für die Unterrichtsentwicklung haben sollte, hat die Leitung dieser Konferenz besondere Verantwortung. Die Rechtslage entspricht dem nur teilweise. In NRW wählt die Fachkonferenz eine Vorsitzende oder einen Vorsitzenden aus ihren Reihen. Sie oder er bedarf keiner Bestätigung durch die Schulleitung, Ressourcen oder eine Beförderung sind mit dieser Aufgabe nicht verbunden. Im niedersächsischen Schulgesetz sind Fachkonferenzen Teilkonferenzen der Gesamtkonferenz. Im Gesetz finden sich keine Hinweise auf den Vorsitz dieser Teilkonferenzen, lediglich der Hinweis, dass die Konferenz einzelne Aufgaben an den Vorsitz übertragen kann.

Die Schulleitung des THG in Göttingen hat zur Koordination der Arbeit der Fachkonferenzen eine Dienstbesprechung mit den Vorsitzenden als regelmäßige Einrichtung in eigener Verantwortung eingerichtet. Außerdem hat die Schulleitung in Einzelfällen für die Aufgabe des Vorsitzes einer Fachkonferenz eine Beförderungsstelle (A14 Oberstudienrat) genutzt.

Außerhalb der gesetzlichen Verpflichtungen hat das ESG in Gütersloh als Untergruppen von Fachkonferenzen Fach- oder Jahrgangsteams eingerichtet. Diese arbeiten unter anderem an der Entwicklung von Unterrichtsmaterial auf Fachebene und der digitalen Aufbereitung von Material für die Lernplattform NERDL.

Was haben wir diesbezüglich bei unseren Schulbesuchen gelernt? Zur Professionalisierung der fachlichen Arbeit in der Schule wäre eine Aufwertung der Fachkonferenzen verbunden mit erweiterter Arbeitskapazität wünschenswert. Die Leitung einer Fachkonferenz sollte darüber hinaus als Aufgabe von mittleren Führungskräften angesehen werden, deren Auswahl nicht zufälligen Entscheidungen überlassen werden sollte. Da der Vorsitz einer professionell arbeitenden Fachkonferenz Leitungsverantwortung umfasst, sollte dies durch eine Beförderung, durch Gehaltszulagen oder Anrechnungsstunden honoriert werden.

Die Arbeit von Fachkonferenzen am DgL ist in beiden Schulen üblich. Sie könnte in einigen Fachkonferenzen aber noch professioneller geschehen, nämlich in Form von Professionellen Lerngemeinschaften.

7.3   Professionelle Lerngemeinschaften

Forschungen aus den USA geben gewichtige Hinweise dafür, dass Professionelle Lerngemeinschaften (PLG) besonders effektiv für Personalentwicklung der Lehrkräfte und das Lernen der Schülerinnen und Schüler zugleich sind. Sie verbinden und vereinigen wie kein anderer Ansatz das Zusammenspiel von Lernen zwischen Lehrkräften mit dem Lernen von Schülerinnen und Schüler bzw. Personalentwicklung mit Unterrichtsentwicklung. Sie sind sozusagen ein Momentum für holistische, das heißt ganzheitliche Schulentwicklung.

PLGs sind seit längerer Zeit auch in Deutschland (vgl. Rolff 2002) in aller Munde. Schulforscher und Schulentwickler belegen mit diesem Begriff engagierte Arbeitsgruppen oder produktive Fach- oder Jahrgangskonferenzen in Schulen, aber auch ganze Kollegien im Aufbruch und sogar umfassende Netzwerke mehrerer innovativer Schulen. Der Begriff droht zu diffundieren. Aber er wird auch immer attraktiver, weil er die Hoffnung weckt, den Königsweg für Qualitätsverbesserung von Schulen und Unterricht weisen zu können.

Bewusst werden PLGs nicht als Lerngruppen oder Teams verstanden, sondern als Gemeinschaften. DuFour und Eaker (1998) verstehen unter einer Gemeinschaft (community) eine Gruppe von Menschen (Lehrpersonen) mit gemeinsamen geteilten Werten und Interessen. In ihrem Kontext ist die Gemeinschaft eine wesentliche Grundlage für Kooperation und gegenseitige Unterstützung, auch für emotionale Unterstützung.

Bei PLGs kommen vor allem Hilfekultur (vgl. Rosenholtz 1991) und Fehlertoleranz (Kahl 1999) als Kernwerte infrage. Fehler nicht als zu tabuierendes Missgeschick, sondern als Chance zum Lernen zu betrachten, ist seit Jahren ein Plädoyer von Reinhard Kahl (1999). Schon Aristoteles begründete die Fehlertoleranz mit der Aussage: »Wer keine Fehler machen will, kann sich auch nicht entwickeln.« Hilfekultur hat mit Wertschätzung zu tun und geht davon aus, dass nicht nur Schüler, sondern auch Lehrkräfte hilfebedürftig sind und um Hilfe bitten können.

Es lässt sich zuspitzen: Unter Gemeinschaften ist eine Gruppe von Menschen zu verstehen, die durch gemeinsame Werte und Haltungen wie Fühlen, Streben und Urteilen verbunden sind. Sie sind personenzentriert und befriedigen Bedürfnisse wie Vertrauen, Fürsorge, Anteilnahme, Besorgtheit sowie Bindung, Verpflichtung und Verbindlichkeit (vgl. Sennett 2002).

Professionalität bedeutet qualifizierte Ausbildung und Orientierung an hohen Standards der Berufsausübung, die zumeist von einer Berufsorganisation gesichert werden, sowie Interesse an Weiterqualifikation und vor allem an Reflexion der eigenen Arbeit – und zwar datengestützt.

Die Kombination von Gemeinschaft und Professionalität, die für PLGs charakteristisch ist, geht davon aus, dass berufliches Lernen in Zeiten turbulenten Wandels immer auch experimentelles Ausprobieren von Neuem bedeutet, deshalb mit Risiken behaftet ist, sich diskontinuierlich vollzieht und dabei gelegentlich Minikrisen unvermeidbar sind, weshalb es mit einem Kontinuität und Solidarität verbürgenden stabilen Rahmen verbunden sein sollte.

Bei der Bestimmung von Kriterien, die geeignet sind, PLGs zu kennzeichnen und zu identifizieren, unterscheiden sich die Autoren allerdings. Wir schlagen die folgenden fünf Kriterien vor:

(1) Gemeinsame handlungsleitende Ziele
(2) Gemeinsamer Fokus auf Lernen von Schülerinnen und Schüler
(3) Deprivatisierung der Praxis (Unterrichten ist keine private Angelegenheit)
(4) Zusammenarbeit/Kooperation
(5) Reflektierender Dialog im Sinne von Schöns »Reflective practitioner« (1987)

Um als PLG zu gelten, reicht es nicht aus, ein oder auch vier dieser Kriterien zu erfüllen. Im Sinne holistischer Unterrichtsentwicklung müssen alle fünf erfüllt sein, wenn auch nicht alle in ausgeprägtester Form. Wenn alle fünf Kriterien in ihrer Ausgestaltung auch zueinander passen, entsteht Kohärenz, was nach allem, was wir wissen, zu wirksamer Unterrichtsentwicklung führt.

Lehrkräfte als reflektierende Praktiker

Lehrer sind Praktiker. In PLG müssen sie sich gemäß des fünften Kriteriums zu reflektierenden Praktikern (Schön) weiterentwickeln, um die komplexen Situationen beruflicher Praxis qualifiziert zu meistern, über Handlungswissen (knowing-in-action) sowie die Fähigkeit zur Routine in der Handlung zu verfügen. Lehrkräfte müssen in einer Stunde eine Fülle von Entscheidungen treffen. Handlungswissen muss also sofort präsent sein, ist aber häufig unbewusst. Lehrkräfte müssen auf die Spezität der sich entwickelnden Situation und ihrer eigenen Handlung reflektieren können, auch ohne aus dem Handlungsfluss herauszutreten. Sie tun dies mithilfe eines Repertoires von Fallbeispielen, Bildern, Analogien, Interpretationen und Handlungen, wobei sie ihre interaktiven Reflexionsergebnisse nachträglich nur mit Mühe verbalisieren können.

Die Notwendigkeit, die eigene Unterrichtspraxis regelmäßig zu reflektieren und gegebenenfalls zu verändern, sehen DuFour und Eaker (1998) im professionellen Anspruch der Lehrtätigkeit begründet. Sie argumentieren, dass sowohl die Erziehungswissenschaft als auch die Fachwissenschaften ständig neues »technologisches« Wissen produzieren oder neue Standards diskutieren, weshalb sich die Angehörigen der Profession über aktuelle Entwicklungen auf dem Laufenden halten müssen. Das gilt verstärkt für DgL. Für Lehrkräfte ist – wie für viele andere Berufe auch – das fortwährende Lernen unabdingbar. (Weiter-)Lernen und stetiges Üben sowie systematische Reflexion werden im Konzept der PLG als Grundlage für kontinuierliche Verbesserungsarbeit betrachtet. Diese Form des Lernens können Lehrerinnen und Lehrer im Schulalltag kaum als Einzelkämpfer und isoliert voneinander realisieren. Aus diesem Grund betonen etliche Schulforscher die Notwendigkeit der Überwindung der in Schulen weitverbreiteten Einzelarbeit zugunsten kooperativer Unterrichtsentwicklung (vgl. Sergiovanni 1994; Darling-Hammond 1997). Dabei ist insbesondere das »Team-Lernen« von zentraler Bedeutung. Sowohl das Konzept der Lernenden Organisation als auch die Idee der PLG gehen davon aus, dass Wissen und Kompetenzen einer Gruppe in der Regel größer sind als die Summe der tatsächlichen individuellen Talente und Fähigkeiten (vgl. Senge 1996, S. 6 f.).

PLGs sind inzwischen gut erforscht. Eine Zusammenfassung empirischer Befunde zur Wirksamkeit von PLGs in der Schule gibt Hord (1997 und 2004). Die Metaanalyse von Verscio et al. (2008) und die neuere von Lomos et al. (2011) bestätigen, dass PLGs eine beachtlich positive Wirkung auf Schülerleistungen im Unterricht haben. In Schulen, die PLGs etabliert haben, zeigt sich zudem im Kollegium

- ein erfolgreiches Lernen neuer Unterrichtstechniken und eine Erweiterung des professionellen Wissens,
- damit einhergehend eine höhere Wahrscheinlichkeit, dass die Lehrkräfte über aktuelle fachliche Innovationen informiert sind und ein tieferes Verständnis des Unterrichtsstoffes,
- ein Verständnis der Bedeutsamkeit der eigenen Lehrer-Rolle bei der Unterstützung und Förderung der Schülerinnen und Schüler,
- eine signifikant höhere Kapazität, sich auf die besonderen Bedürfnisse der Schüler einzustellen und den eigenen Unterricht entsprechend zu adaptieren,
- eine höhere Berufszufriedenheit und weniger Fehltage der Lehrerinnen und Lehrer,
- eine höhere Motivation für nachhaltige und systematische Veränderungen mitzuwirken und diese als Lehrkraft mitzutragen (vgl. Hord 1997, S. 29 f.; Lomos et al. 2011, S. 121 ff.).

Wenn PLGs dauerhaft und nachhaltig wirken sollen, benötigen sie eine institutionelle Basis. Doch worin könnte diese bestehen? In den USA werden PLGs meist auf das ganze Lehrerkollegium bezogen (»school-wide professional community«), wiewohl man gelegentlich auch von »communities within schools« spricht. Das Kollegiums ist in der Regel zu groß und zu diffus, das heißt zu wenig strukturiert, um die für die Arbeit von PLGs nötige Überschaubarkeit und Solidität zu gewähren. Außerdem müssten unmittelbare Zusammenarbeit und reflexive Dialoge organisierbar sein. Deshalb werden vielfach Gruppengrößen zwischen drei und zehn empfohlen.

Zur Beantwortung der Ausgangsfrage nach der institutionellen Basis müssen wir zunächst die Zielgruppen für die Arbeit in PLGs suchen bzw. die schon vorhandenen innerschulischen Arbeitsstrukturen abgeklärt werden. Infrage kommen in erster Linie:
- Fachkonferenzen, auch Fachgruppen oder Fachschaften genannt,
- Klassenteams, also die drei bis fünf Lehrer einer Klasse, die das Gros des Unterrichts abdecken, und
- komplette Jahrgangsgruppen (die dann überfachlich arbeiten).

Fachkonferenzen (siehe Kap. 7.2) bestehen aus Lehrern eines Faches. Sie behandeln eher fachinhaltliche und fachdidaktische Fragen und entwickeln den Unterricht (und sich selbst) in dieser Hinsicht weiter. Ihre Arbeit bezieht sich im Prinzip auf alle Schülerinnen und Schüler eines Faches. Die Klassen- oder Jahrgangsteams bestehen aus Lehrern mehrerer Fächer, sie unterrichten jedoch dieselben Schüler. Deshalb steht bei ihnen eher das Lernen im Mittelpunkt ihrer Arbeit: Verbesserung der Lernmethodik, Unterstützung der Schüler beim Selbstlernen, Evaluation des Unterrichts u. Ä. Jede Lehrperson könnte sich mithin in zwei PLGs engagieren, was einen Idealzustand bezeichnet, der unter den heutigen Arbeitsbedingungen von Lehrern jedoch kaum zumutbar ist.

Zur Institutionalisierung im Sinne von »Aufdauerstellung« gehört auch, dass sich die Lehrpersonen nicht verzetteln, sondern nur in einer, nicht aber in zwei oder gar drei PLG aktiv mitarbeiten. In einem späteren reifen Stadium wird es sowohl PLG geben, die horizontal organisiert sind, also in Klassen- oder Jahrgangsteams vor allem Unterrichtsentwicklung betreiben, und solche, die vertikal nach Fachkonferenzen organisiert sind.

Die Perspektive der Entwicklung und Etablierung professioneller Lerngemeinschaft lässt sich an den beiden Fallstudien-Schulen deutlich erkennen. Sie besteht aus drei Schritten:
- Erster Schritt: Fachkonferenzen und Jahrgangsteams zu Professionellen Lerngemeinschaften weiterentwickeln (interne Vernetzung)
- Zweiter Schritt: Von Einzelschulen als Professionelle Lerngemeinschaften zu Netzwerken von Einzelschulen (externe Vernetzung)
- Dritter Schritt: Von externer Vernetzung zur ganzheitlichen regionalen Schulentwicklung (Vernetzung mit außerschulischen Bildungseinrichtungen).

Schon wenn der erste Schritt getan ist, kann die Ausgangsvermutung bestätigt werden: PLGs erweisen sich mit großer Wahrscheinlichkeit als Königsweg zur Unterrichtsentwicklung, nicht unbedingt als der Königsweg, aber sicherlich als ein Königsweg.

Dabei darf man nicht vergessen, dass Entwicklung zumeist einer Tür gleicht, die sich nur von Innen öffnen lässt. Solche Türen sind besonders schwierig bei vernetzter ganzheitlicher Schulentwicklung zu öffnen. Aber es gibt Fälle, die bereits gelungen sind und diese sollte Bildungsforschung genauer identifizieren und durch Interventions- und Wirkungsstudien untersuchen.

Beide Fallstudien-Schulen intendieren, die Fachkonferenzen zu Professionellen Lerngemeinschaften weiterzuentwickeln. Einige Fachkonferenzen dieser Schulen haben das bereits erreicht. In den Ratingkonferenzen wurde der Weg zu PLGs immer wieder genannt, und bei den Entwicklungspfaden wurde, besonders beim ESG, der Wunsch nach mehr Teamarbeit aufgeschrieben, die essenzieller Bestandteil von PLGs ist.

Zusammenfassend könnte man formulieren, dass es Hauptaufgabe der PLGs ist, Prototypen für anderen Unterricht, besser: anderes Lernen zu entwickeln und auszuprobieren.

8. Neue Aufgaben und Rollen von Schulleitung und Mittleren Führungskräften

»Mit der Schulleiterin oder dem Schulleiter läuft nicht alles, aber ohne sie läuft gar nichts.« Diese Feststellung gilt auch für den Prozess der Einführung Digital gestützten Lernens in der Schule.

8.1 Schulleitung und erweiterte Schulleitung

Eine Grundvoraussetzung für eine gelingende Einführung bzw. Weiterentwicklung von DgL ist, dass die Schulleiterin oder der Schulleiter der Entwicklung positiv gegenübersteht, sie fördert und die Kräfte der Schule für dieses Vorhaben bündelt. Aber die Schulleiterin oder der Schulleiter kann diese Aufgabe keinesfalls allein bewältigen.

Zu einer funktionsfähigen Schule, die solche weitreichenden Innovationen wie Digital gestütztes Lernen systematisch umsetzt, gehört eine leistungsfähige Schulleitung. Alle Schulen in Deutschland haben eine Schulleiterin oder einen Schulleiter und eine ständige Vertretung, bei kleinen Schulen übernimmt eine Lehrkraft die Funktion der Stellvertretung.

Das THG in Göttingen hat die Aufgaben der Schulleiterin und des stellvertretenden Schulleiters in einer Geschäftsordnung festgelegt. Diese sieht wie folgt aus:

Dr. Ulrike Koller, Schulleiterin
- Gesamtverantwortung für die Schule, insbesondere auch für deren Qualitätssicherung und Qualitätsentwicklung (NSchG § 43)
- Führung der laufenden Verwaltungsgeschäfte
- Dienstliche Kontakte mit Schulaufsichtsbehörde und Schulträger
- Vertretung der Schule nach außen
- Schullaufbahnberatung, Aufnahme und Abmeldung von Schülern (mit Sek.-I/Sek.-II-Koordinatoren)
- Vorbereitung und Leitung der Gesamtkonferenzen, Schulvorstandssitzungen, Disziplinarkonferenzen
- Entscheidung über notwendige Maßnahmen in Eilfällen, in denen die vorherige Entscheidung eines der o. a. Gremien nicht eingeholt werden kann; Unterrichtung des betreffenden Gremiums
- Zuständigkeit für alle Angelegenheiten, in denen nicht eine Konferenz, der Schulvorstand, eine Bildungsganggruppe oder eine Fachgruppe zuständig ist.
- Mitarbeit in der Steuergruppe
- Unterrichtsbesuche
- Unterrichtsverteilung
- Zusammenarbeit mit Personalrat, Elternrat, Schülerrat, Förderverein (mit StV)

- Zusammenarbeit mit Studienseminar und anderen Schulen
- Ausübung des Hausrechts
- Gefährdungsbeurteilungen, Eingliederungsmanagement etc. im Rahmen des Gesundheitsschutzes
- Kontakte zu Ehemaligen (mit StV)
- Generelle Zuständigkeit für Personalangelegenheiten, Personalentwicklung und Personalplanung
- Einstellung von Lehrkräften (i. A. der NLSchB)
- Generelle Zuständigkeiten für die Finanzplanung
- Verwaltung der Haushaltsmittel des Schulträgers (laufende Ausgaben, Investitionen)
- Verwaltung des vom Land bereitgestellten Schulbudgets
- Gesamtstatistik
- Generelle Zuständigkeiten für bauliche Maßnahmen

Mathias Behn, Stellvertretender Schulleiter
- Zusammenarbeit mit Personalrat, Elternrat, Schülerrat, Förderverein (mit SL)
- Betreuung und Beratung des Abiturjahrgangs
- Organisation der Abiturprüfungen
- Ganztagsplanung und Organisation (Jg. 5-7; off. GT; tg. GT /Jg. 7)
- Vorbereitung der Zeugniskonferenzen (Nachprüfungen etc.)
- Organisation der Sprechtage und der SER-Wahlen
- Mittagessenorganisation
- Organisation des Schulfestes
- Schulhofumgestaltung
- Kontakte zu Ehemaligen (mit SL)
- Berufsinformation mit Ehemaligen (mit FG PoWi)
- Zuständig für Hausverwaltung / Gebäude
- Terminplan der Schule
- Zusammenarbeit mit SV
- Verwaltung des Inventars/der Sachausstattung
- Verwaltung der Gebäude: Bauerhalt und -entwicklung
- Bearbeitung von Versicherungsfällen (Assistenz: Sekretariat)
- Einstellung von Vertretungs- und Ganztagskräften (mit SL)
- Sicherheitsfragen, Alarmübungen
- Kommissarisch: Sprachlernklasse/8-9 (10)

Erweiterte Schulleitung

Die beiden besuchten Gymnasien haben darüber hinaus eine Erweiterte Schulleitung, deren Mitglieder vom Status her Studiendirektorinnen oder Studiendirektoren sind und deren Aufgaben vorbildlich geregelt und ausdifferenziert sind. In der Regel gehören zu den Aufgaben der Erweiterten Schulleitung die Koordination für die Oberstufe, die Sekundarstufe I und die Eingangsstufe und die Didaktische Leitung sowie fachliche Koordination u. Ä. In Nordrhein-Westfalen und in Niedersachsen gibt es dazu für Gymnasien keine einheitlichen Vorschriften, weder für die Anzahl der Stellen für Studiendirektoren noch für die Aufgabenverteilung.

Das THG Göttingen hat in eigener Verantwortung eine ausgeprägte Leitungsstruktur festgelegt. Die Erweiterte Schulleitung besteht aus vier Mitgliedern mit klaren Aufgaben, die in einer Geschäftsordnung wie folgt beschrieben werden:

Koordinator 1
- Päd. Betreuung und Organisation der Eingangsphase (Jg. 11)
- Päd. Betreuung und Organisation der Qualifikationsphase Jg. 12/13
- Information, Schullaufbahnberatung, Aufnahmen und Abmeldungen Jg. 11-12/13 (mit SL)
- Durchsicht der Klassenbücher und Kurshefte Jg. 11-12/13
- Erstellung der Kurspläne
- Zusammenarbeit mit KlassenleiterInnen 11 sowie TutorInnen der Qualifikationsphase
- Klausurplan Sek. II
- Terminplan der Schule
- Organisation Zeugnisdruck (Assistenz: Sekretariat)
- Fahrtenplan

Koordinator 2
- Erstellung des Stundenplans
- Vertretungsplan
- Unterrichtsverteilung (mit SL)
- Einteilung Pausenaufsichten
- Belegung der Klassen- bzw. Fachräume
- Betreuung der Studienreferendarinnen und Studienreferendare
- Aufsichts- und Raumplan für Klausuren Sek II
- Klassenarbeitsplan Sek. I (Klausuren der verleisteten Fächer/Sprachen, Re/WN)
- Gesamtstatistik (mit SL)
- Vorbereitung und Durchführung der SEIS-Erhebungen
- Einteilung des Ordnungsdienstes

Koordinator 3
- Pädagogische Betreuung und Organisation der Sekundarstufe I/Jg. 5-7, Zusammenarbeit mit Klassenleitern 5-7 und Eltern,
- Zusammenarbeit mit abgebenden Schulen/Grundschulen
- Aufnahme und Abmeldung von Schülern Jg. 5-7 (mit SL) und Schullaufbahnberatung
- Durchsicht der Klassenbücher 5-7
- Organisation der Pädagogischen Dienstbesprechungen Jg. 5-7
- Koordination des Europaschulangebots und des Wahlpflicht- und Wahlunterrichts Jg. 7
- Ganztagsklasse Jg. 5/6
- Organisation der nicht klassengebundenen Lerngruppen (2. FS, Re/WN, Profile) Jg. 5-7
- Mitarbeit bei der Entwicklung und Koordinierung eines schulischen Inklusionskonzeptes
- Mitarbeit in der Steuergruppe
- Kommissarisch: Sprachlernklasse/5-7

Koordinator 4
- Pädagogische Betreuung und Organisation der Sekundarstufe I/Jg. 8-10, Zusammenarbeit mit Klassenleitern 8-10 und Eltern

- Aufnahme und Abmeldung von Schülern (mit SL) und Schullaufbahnberatung 8-10
- Durchsicht der Klassenbücher 8-10
- Organisation der Pädagogischen Dienstbesprechungen und Leitung 8-10
- Koordination des Wahlpflicht- und Wahlunterrichts (Jg. 8, 9, 10)
- Weiterentwicklung des Profilangebots
- Organisation der nicht klassengebundenen Lerngruppen (2. FS, Re/WN, Profile) Jg. 8-10
- Koordination der Projektwoche
- Mitarbeit bei der Lehrmittelverwaltung
- Mitarbeit an Haushalt und Etatverwaltung: Reisekosten; Kopierkosten
- Koordination von Zertifizierungen und Wettbewerben
- Öffentlichkeitsarbeit

Gemeinsame Aufgaben aller Mitglieder der Erweiterten Schulleitung:
Weiterentwicklung Schulprofil
Pädagogische Innovationen
Entwicklung der Schulqualität

Im ESG Gütersloh umfasst die Erweiterte Schulleitung neun Studiendirektoren. Die ungewöhnlich hohe Zahl dieser Stellen ist aus der Historie der Schule zu erklären. Sie nehmen ähnliche Aufgaben wie im THG in Göttingen wahr. Mit der erweiterten Schulleitung gibt es in beiden Schulen eine Leitungsebene von verantwortlichen Personen, die spezielle Führungsaufgaben übernehmen. In beiden untersuchten Schulen ist das DgL aber keinem einzelnen Mitglied der Schulleitung als gesonderte Aufgabe zugeordnet. Dies erscheint durchaus folgerichtig. Die Einführung und der Ausbau von DgL in der Schule ist eine Querschnittaufgabe, die sowohl die Schulorganisation und die Finanzverwaltung als auch das pädagogische Konzept und die Arbeit in einzelnen Fächern betrifft.

Lehrkräfte mit herausgehobenen Aufgaben

Neben der engeren Schulleitung aus Leiter und Stellvertreter und der Erweiterten Schulleitung aus Studiendirektoren als Koordinatoren gibt es in den untersuchten Schulen weitere Lehrpersonen mit hervorgehobenen Aufgaben. Vom Status her sind dies oft Oberstudienräte, aber auch Lehrpersonen ohne Beförderungsamt. Am THG in Göttingen umfasst diese Gruppe auf der einen Seite die Leitung von Fachkonferenzen, die in diesem Gymnasium für alle Unterrichtsfächer gebildet wurden. Neben den Konferenzen für die Unterrichtsfächer ist bemerkenswert, dass die Schule zusätzlich die Fachgruppen »Medienkompetenz« und »Werte und Normen« eingerichtet hat.

Darüber hinaus gibt es Verantwortliche für Sammlungen in den Naturwissenschaften, Geschichte, Mathematik, Musik und Informatik. Für weitere hervorgehobene Aufgaben, die von Oberstudienräten wahrgenommen werden, hat die Schule mehr als 30 Schwerpunkte benannt, von der Schulberatung, der Koordination von Auslandsaufenthalten über fachliche Projekte bis hin zur Betreuung von Ehemaligen.

8.2 Leitung von Fachkonferenzen und Mittlere Führungskräfte

Für DgL sind die Fachkonferenzen von besonderer Bedeutung. Eickelmann, Fugmann und Neubauer beschreiben drei Bereiche, in denen Schulleitungen eine besondere Rolle als Promotoren der Digitalisierung in der Schule haben. Die von ihnen genannte Rolle »Schulleitungen als Fachpromotoren« kann insbesondere den Vorsitzenden der Fachkonferenzen zugeordnet werden: »Besonders förderlich für den erfolgreichen Verlauf von Schulentwicklungsprozessen mit digitalen Medien sind Schulleitungen, die selbst über Kenntnisse über den Einsatz digitaler Medien im Unterricht und über die Potenziale von digitalen Medien verfügend selbst up to date bleiben« (Eickelmann u. a. 2019, S. 282). Durch die Mitglieder der engeren und der erweiterten Schulleitung können nur wenige Unterrichtsfächer abgedeckt werden. Außerdem ist fraglich, ob der oder die Leiterin angesichts des großen Aufgabenumfangs außerhalb der Digitalisierung Zeit findet, intensiv in die Arbeit mit digitalen Medien in einem einzelnen Fach einzusteigen. Die Vorsitzenden der Fachkonferenzen sind die Führungskräfte, auf die die Aufgabe als »Fachpromotor« am ehesten zugeschnitten ist. Daher soll ihre Rolle hier besonders beleuchtet werden.

Die Vorsitzenden der Fachkonferenzen werden in Nordrhein-Westfalen von den Mitgliedern der Fachkonferenz gewählt. In Niedersachsen werden sie auf Vorschlag der Konferenz von der Schulleiterin bzw. dem Schulleiter beauftragt. Eine Beförderung ist damit nicht zwingend verbunden, aber, wie die Praxis am THG zeigt, häufig gegeben. Ob die Vorsitzenden der Fachkonferenzen in der schulischen Realität tatsächlich Führungsfunktionen ausüben, ist nicht eindeutig. Die Schulgesetze beider Länder machen hierzu keine Aussagen, sie beschreiben lediglich die Aufgaben der Fachkonferenz. Der oder die Vorsitzende haben die Hauptaufgabe, dafür zu sorgen, dass die Aufgaben bearbeitet werden.

In NRW wählen die Mitglieder der Fachkonferenz jährlich eine Vorsitzende oder einen Vorsitzenden. Ob diese oder dieser über die Sitzungsleitung und schlichte Koordinationsaufgaben hinaus Initiative entwickelt und für Arbeit der Fachlehrkräfte inhaltliche Impulse gibt, also eine echte Führungsaufgabe wahrnimmt, bleibt den handelnden Personen selbst überlassen. Die Schulleitung hat hierauf – außer in Form von Beratung – wenig Einfluss. Das ist umso bedenklicher, als die Fachkonferenzen Aufgaben an den Schnittstellen zwischen Fachcurriculum, Unterrichtsplanung und konkretem Unterricht bis zur Qualitätssicherung wahrnehmen und damit entscheidenden Einfluss auf die Einführung und Ausgestaltung von DgL haben. In Niedersachsen hat die Schulleitung einen stärkeren Einfluss auf die Bestellung von Fachkonferenzvorsitzenden. Viele dieser Funktionsträger sind zu Oberstudienräten befördert worden und nehmen diese Aufgabe über längere Zeit wahr. Zur Koordination der Arbeit der Fachkonferenzen hat die Schulleitung im THG eine regelmäßige Dienstbesprechung der Vorsitzenden eingerichtet (siehe Kap. 2.1.5).

Mittlere Führungskräfte

Strukturell betrachtet handelt es sich bei einer Schule mit 70 bis 100 Lehrkräften, wie sie die beiden besuchten Schulen darstellen, um eine Organisation, die für ihre Funktion klare Führungsstrukturen benötigt. Im Hinblick auf die engere und die erweiterte Schulleitung ist diese Klarheit in beiden Schulen vorhanden. Wer für welche Leitungsaufgabe in der Schulleitung zuständig ist, entscheidet, kontrolliert, Anweisungen gibt oder Prozesse anschiebt und ggf. bei Krisen einschreitet, ist in beiden Schulen klar geregelt. Über die gesetzlichen Vorgaben für Schulleitungen hinaus, die in den Schulgesetzen der Länder verankert sind, haben beide Schulen interne Geschäftsverteilungen erarbeitet, die Aufgaben und Rollen klar verteilen und für die Schulgemeinde transparent sind.

Eine weitere Führungsebene zusätzlich zur Schulleitung und Erweiterten Schulleitung kann als Ebene der mittleren Führungskräfte angesehen werden. Nicht eindeutig ist, inwieweit diese mittleren Führungskräfte in den besuchten Schulen wie auch in vergleichbaren Schulen der Sekundarstufe I und II wirklich Führungsaufgaben mit Weisungsbefugnis wahrnehmen. Bei den Schulbesuchen haben wir Lehrpersonen kennengelernt, die Aufgaben als mittlere Führungskräfte aktiv und sehr erfolgreich wahrnehmen. Dazu gehört zum Beispiel die Leitung der Fokus- Gruppe in Göttingen, die das DgL in der Schule nach vorn bringen will, oder die Arbeitsgruppe P5 in Gütersloh, die ein Konzept für den Einsatz von iPads ab Klasse 5 vorbereitet hat (siehe dazu auch Kap. 2.2.4). Die meisten Fachkonferenzen werden ebenfalls von Lehrpersonen geleitet, die damit eine echte Führungsaufgabe wahrnehmen (vgl. Rolff/Kummer/Wyss 2019). Gerade für einen oft disruptiven Wandlungsprozess wie die Einführung von DgL ist es wichtig, dass qualifizierte Führungskräfte auch außerhalb der Schulleitung Verantwortung übernehmen und an der konkreten Umsetzung im Fachunterricht arbeiten und damit eher abstrakte Beschlüsse der Entscheidungsgremien wie der Schulkonferenz oder der Gesamtkonferenz mit Leben füllen.

Dieser Ebene der mittleren Führungskräfte ist allerdings kein Status in der Beamten- Hierarchie oder der Vergütung eindeutig zugeordnet. Während für die Schulleitung, die Stellvertretung und oft auch für die Erweiterte Schulleitung Ämter mit funktionsbezogenen Bezeichnungen und der entsprechenden herausgehobenen Besoldung vorgesehen sind (z. B. »Oberstudiendirektor eines voll ausgebauten Gymnasiums A 16« oder »Studiendirektor als Koordinator A 15«) ist dies für mittlere Führungskräfte nicht eindeutig. So sind einige mittlere Führungskräfte in den besuchten Gymnasien zu Oberstudienräte A 14 befördert, andere nehmen ihre Führungsaufgabe ohne Beförderung oder zusätzliche Vergütung wahr. Daneben gibt es Oberstudienräte und gelegentlich auch Studiendirektoren, die keine echte Leitungsfunktion innehaben. Dies hat oft historische Ursachen. Aufgaben, die vor Jahren eine Beförderung rechtfertigten, wie der Betrieb des Sprachlabors oder die Betreuung der Landkartensammlung der Schule, sind weggefallen oder erfordern keine gesonderte Leitung mehr. Die Lehrpersonen, die seinerzeit dafür befördert wurden, und keine neue Aufgabe übernommen haben, arbeiten als Lehrer ohne einen zusätzlichen Verantwortungsbereich. Neue

Herausforderungen, wie die Leitung einer Arbeitsgruppe zu Aspekten des DgL, werden durch qualifizierte Lehrkräfte übernommen. Für diese Leitungsaufgabe steht aber oft nicht zeitnah eine adäquate Beförderungsstelle zur Verfügung. Zwischen Funktion und Status von mittleren Führungskräften klafft häufig eine Lücke. Das ist umso bedenklicher, als diese Gruppe der mittleren Führungskräfte eine wichtige Funktion bei der Entwicklung von DgL hat. Ohne sie wäre eine Innovation wie DgL in der Breite in einer Schule nicht realisierbar.

Dass sich auch ohne Beförderung oder zusätzliche Vergütung mittlere Führungskräfte an den besuchten Schulen und zweifellos auch an anderen Schulen engagieren und solche Leitungsaufgaben wahrnehmen, spricht für die hohe Motivation dieser Lehrpersonen. Dazu trägt nach unserer Beobachtung bei, dass die Übernahme solcher Aufgaben zwar arbeitsintensiv ist, aber auch persönlich befriedigend sein kann; insbesondere dann, wenn die Erfolge der eigenen Arbeit in einer positiven Entwicklung der Schule sichtbar und von der Schulgemeinde und der Schulleitung anerkannt werden. Gleichwohl ist eine Divergenz zwischen Aufgaben und Status auf Dauer nicht förderlich. Über Alternativen sollte auf den Ebenen nachgedacht werden, die die Ressourcen für Schulen bereitstellen, in diesem Fall die Bundesländer und die Schulträger.

8.3   Informelle Führungsstrukturen und Netzwerke

Neben diesen auch formal ausgewiesenen Leitungsebenen gibt es in den besuchten Schulen informelle Leitungsstrukturen mit Bezug zum DgL. Hierzu gehören verschiedene Arbeitsgruppen, Initiativgruppen und Arbeitskreise von Lehrkräften, manchmal auch mit Schüler- und Elternvertretern besetzt. Sie haben sich auf Initiative Einzelner oder auf Anregung der Schulleitung gebildet und sich das Ziel gesetzt oder die Aufgaben gestellt bekommen, DgL voranzubringen. Diese informelle Führungsebene arbeitet zumindest mit Billigung der Schulleitung, oft unter Einbeziehung von Schulleitungsmitgliedern oder im Auftrag der Schulleitung und/ oder von Mitwirkungsgremien (siehe Organigramm der Schulen). Da diese informellen und nicht durch Schulrechtsvorschriften vorgegebenen Gruppen sehr flexibel sind, ad hoc gebildet und auch aufgelöst werden können, haben sie besondere Bedeutung für Innovationsprozesse wie die Einführung von DgL. Solche Gruppen können auch disruptive Prozesse, wie sie bei der Einführung von DgL nicht selten sind, leichter bewältigen. Ein gutes Beispiel hierfür ist die Fokus-Gruppe im THG Göttingen (Kapitel 2.1.5) und die DgL-Gruppe im ESG (Kap. 2.2.5).

Ein weiteres Aufgabenfeld für mittlere Führungskräfte wird die Leitung von regionalen Netzwirken zum DgL sein. Lehrpersonen aus dem ESG und dem THG werden schon zurzeit für schulübergreifende Beratungs- und Qualifizierungsaufgaben eingesetzt. Mit der Ausweitung von DgL auf alle Schulen wird der Bedarf hierfür zunehmen und ein weiterer Schwerpunkt für mittlere Führungskräfte sein.

9. Regeln statt Verbote beim Umgang mit digitalen Medien

Verbote für die Nutzung von digitalen Medien in der Schule war eine frühe Antwort auf die Verführungskraft von Smartphones und Internetzugang. Fast nirgendwo haben sich Verbote bewährt; sie werden mit allen Mitteln unterlaufen. Stattdessen werden Regeln gebraucht, um Probleme zu lösen wie Ablenkung vom Lernen in der Schule oder wie wildwüchsiger Internetzugang für Spiele, Fotos oder Messenger-Dienste.

9.1 Das Beispiel THG Göttingen

Wenn man alle geeigneten Geräte für Digital gestütztes Lernen nutzen will, kann es kein Handyverbot geben. Aber griffige Regeln müssen vor Missbrauch schützen. Die Starter-Schule hat von vornherein Klassenregeln für die ML-Klassen erarbeitet und verbindlich gemacht:

Wir wollen ein respektvolles und kommunikatives Miteinander in unserer Klasse und befolgen die Klassenregeln, da wir uns als mit iPads ausgestattete ML-Klasse unserer in vielen Punkten besonderen Verantwortung bewusst sind.

Nutzungsbedingungen und Klassenregeln in der ML-Klasse:
(1) Die Tablets sind als Arbeitsmittel aufgeladen mitzubringen, verbleiben aber ausgeschaltet im Rucksack, solange der Fachlehrer / die Fachlehrerin nichts Anderes anordnet.
(2) Die Tablets dürfen im Unterricht ausschließlich zu schulischen Zwecken verwendet werden. Nicht geduldet wird die Verwendung unterrichtsfremder Programme (z. B. private Spiele, Messenger-Apps etc.).
(3) Um Diebstähle zu verhindern, sollen die Tablets in den individuell abschließbaren Fächern im Klassenraum verbleiben, wenn die Schüler den Klassenraum verlassen (Unterricht ohne Tablet, Sport, Mensa, ...).
(4) Die Verwendung von Tablets, Smartphones, Handys und ähnlichen Geräten ist in den Pausen und in der Mittagsfreizeit nicht erlaubt. Hier gelten die grundlegenden Regelungen des THG.
(5) Die Nutzung des Internets in der Schule dient ausschließlich schulischen Zwecken. Es ist nicht gestattet auf unerlaubte oder illegale Inhalte zuzugreifen und zu diesem Zweck die schulische Filtersoftware zu umgehen.
(6) Illegale oder jugendgefährdende Inhalte sind selbstverständlich grundsätzlich verboten. Die Nutzung solcher Inhalte hat auch strafrechtliche Konsequenzen und wird von der Schule an die zuständigen Behörden weitergeleitet.
(7) Foto-, Video- und Audioaufnahmen von anderen Personen sind ohne deren ausdrückliche Zustimmung verboten. Bei begründetem Verdacht muss der bzw. die Betroffene die gespeicherten Daten auf seinem/ihrem Gerät zeigen.

(8) Inhalte, die in irgendeiner Weise andere Schülerinnen und Schüler bloßstellen bzw. verletzen, dürfen weder gespeichert, getauscht noch veröffentlicht werden. Das gilt auch für private Fotos, Briefe etc.

(9) Die Tablets sind Eigentum der Eltern, in diesem Sinne sind sie von anderen Personen auch nur mit Erlaubnis zu benutzen.

(10) Die Weitergabe und die Nutzung fremder Zugangsdaten ist verboten. Ist ein fremdes Passwort bekannt, muss der Inhaber umgehend informiert werden.

Alle Lehrerinnen und Lehrer der Klasse verpflichten sich auf die Einhaltung der Regeln mit besonderer Konsequenz zu achten. Regelverstöße ziehen nach einer Verwarnung folgende Erziehungs- und Ordnungsmaßnahmen nach sich:

1. Verstoß nach Verwarnung: Abgabe des Gerätes ohne Diskussion, Einbehalten des Gerätes über Nacht, Rückgabe des Gerätes am nächsten Tag nach Abschreiben der Nutzungsordnung, Vermerk in einer Tabelle bei der Klassenleitung.

2. Verstoß: Abgabe des Gerätes ohne Diskussion, Einbehalten des Gerätes über Nacht, Rückgabe des Gerätes am nächsten Tag nach einmal Abschreiben der Nutzungsordnung, Auseinandersetzung mit der Thematik (nach Maßgabe der Lehrkraft) an einem Mittwochnachmittag von 13.30–14.30 Uhr (HA-Klasse), Vermerk in einer Tabelle bei der Klassenleitung.

3. Verstoß: Abgabe des Gerätes, Einbehalten des Gerätes für eine Woche, Vermerk in einer Tabelle bei der Klassenleitung, Benachrichtigung der Eltern.

4. Verstoß: Einbehalten des Gerätes bis zum gemeinsamen Elterngespräch.

5. Verstoß: Klassenkonferenz mit Erziehungs- bzw. Ordnungsmaßnahmen.

9.2 Das Beispiel ESG Gütersloh

Die Fortgeschrittenen-Schule in Gütersloh hat ebenfalls Regeln für die Nutzung elektronischer Geräte verabschiedet und zum Bestandteil der allgemeinen Schulordnung gemacht. Dort heißt es:

Die Nutzung unterschiedlicher elektronischer Geräte zur Unterstützung von Unterricht und zur Verbesserung des Lehrens und Lernens ist selbstverständlicher Bestandteil des Schulprofils des ESG. Ebenso selbstverständlich zählt die Vermittlung einer umfassenden Medienkompetenz zu den vorrangigen Zielen der Schule.

(1) Die Benutzung der Laptops im Unterricht ist in einem eigenen Vertragswerk mit den Eltern und Schülern und Schülerinnen geregelt. Diese Vereinbarungen werden von den folgenden Regeln nicht berührt.

(2) Die Benutzung von Handys / Smartphones / Tablets und anderer elektronischer Geräte ist im Unterricht grundsätzlich untersagt. Die widerrechtliche Nutzung führt zur Wegnahme des Geräts gemäß § 53 (2) des NRW SchulG. Die Wegnahme erfolgt im Regelfall für drei Tage. Eltern können das Gerät nach frühestens 24 Stunden persönlich wieder in Empfang nehmen.

(3) Aus Sicherheitsgründen ist die Benutzung solcher Geräte auch auf den Verkehrsflächen (Treppenhäuser, Flure) untersagt. Das Verbot gilt auch für die Nutzung von Geräten zum Abspielen von Musik und die Nutzung von Kopfhörern / Ohrhörern. Erlaubt ist die Nutzung in anderen Räumlichkeiten (z. B. Aufenthaltsräume, Mensa, Schulhof, Bibliothek) während Pausen, in Freistunden und in der Mittagspause.

(4) Tethering (Einrichtung eines Smartphones als Hotspot) ist generell untersagt, da es alle Sicherheitsbemühungen der Schule, zu denen sie aus pädagogischer Verantwortung verpflichtet ist, außer Kraft setzt. Ein Verstoß gegen dieses Verbot führt nicht nur zur Wegnahme des Geräts, sondern in jedem Fall zu weiteren erzieherischen Maßnahmen.

Sonderregelungen für die Oberstufe:

(1) Die Nutzung selbst erworbener Laptops ist nach Absprache mit den die CompuTecS betreuenden Lehrkräften gestattet und erwünscht.

(2) Die Nutzung anderer Geräte (Smartphones, Tablets etc.) ist nach ausdrücklicher Genehmigung durch die unterrichtende Lehrkraft gestattet. Generell gilt: Wenn Geräte nicht genutzt werden (dürfen), sind sie ausgeschaltet.

10. Einige praktische Hinweise

Zum Schluss weiten wir den Blick vom Fokus auf zwei in mancherlei Hinsicht besonderen Schulen auf alle Schulen, indem wir Hinweise geben zur Schulentwicklung mit dem Ziel, mehr DgL zu schaffen. Wir geben *nur* Hinweise. Jede Schule ist anders. Deshalb haben wir eine gewisse Scheu, Empfehlungen auszusprechen oder gar Rezepte zu (ver-)schreiben.

10.1 Pädagogik vor Technik

In der Berufspädagogik gab es den Satz: »Eisen erzieht.« Übertragen auf die Nutzung digitaler Endgeräte würde es analog heißen: »Der PC, der Laptop oder das iPad erzieht.« Das ist aber offensichtlich falsch. Die Annahme, dass die Ausstattung der Schulen mit digitaler Technik allein bewirkt, dass sich Lernen verbessert, ist durch nichts begründet. Im Gegenteil: Eine Schule, die entgegen zeitgemäßer pädagogischer Bestrebungen Jugendliche stärker gängeln will, mehr Selektion statt Förderung anstrebt oder statt sozialem Lernen Einzelkämpfertum fördern möchte, kann auch dazu digitale Technik nutzen. Die Ausstattung mit geeigneten Geräten muss daher mit einer pädagogisch motivierten Schulentwicklung einhergehen.

Die Einführung Digital gestützten Lernens setzt eine geeignete technische Ausstattung voraus. Wenn Lernprozesse von Schülerinnen und Schülern im Unterricht, in anderen Schulveranstaltungen und auch außerhalb der Schule wirkungsvoll digital unterstützt werden sollen, geht das nur, wenn ein digitales Endgerät in der Hand *jedes* Mitglieds der gesamten Lerngruppe vorhanden ist. Diese Geräte müssen den Lernenden auch außerhalb der Schule zur Verfügung stehen. Einzelne Computerräume, wie sie in der Anfangszeit der Digitalisierung eingerichtet und die stundenweise von Klassen benutzt wurden, sind hierfür ungeeignet. Geräte, die in der Schule zentral oder dezentral zur Ausleihe für einzelnen Unterrichtsstunden bereitstehen, erfüllen ebenso nicht die Anforderungen an ein wirkungsvolles DgL. Wesentliche Vorteile des DgL wie die Dokumentation des eigenen Lernprozesses, das Weiterlernen außerhalb der Unterrichtsstunde, soziale Kommunikation zwischen Schülerinnen und Schülern sowie eigenständige Recherche und Erstellung komplexer Vorhaben wie einer Facharbeit können nur genutzt werden, wenn jeder Lernende sein Gerät wie sein Arbeitsheft, sein Buch und seinen Stift jederzeit und ortsunabhängig nutzen kann.

Die besuchten Schulen haben sich daher folgerichtig entschieden, nach diesem Prinzip alle Klassen, in denen Digital gestütztes Lernen eingeführt wird, mit mobilen digitalen Endgeräten in der Hand aller Lernenden auszustatten, Eins-zu-eins-Lösung genannt. Die in beiden Schulen eingesetzten Geräte sind Eigentum der Schülerinnen und Schüler und im Wesentlichen von Eltern finanziert. Für Familien, die Probleme mit der Finanzierung haben, gibt es individuelle Hilfen wie Zuschüsse von Sponsoren, Ratenzahlungen oder Leasing-Modelle. Digitale Endgeräte im Eigentum der Schülerinnen und Schüler einzusetzen, hat aus Sicht der Schulen einen weiteren entscheidenden Vorteil: Die Jugendlichen übernehmen eher Verantwortung und gehen pfleglich mit dem wertvollen Gerät um, wenn es ihr Eigentum ist und sie es selbst – zumindest teilweise – finanziert haben. Selbstverständlich ist dabei auch, dass die Geräte auch außerhalb des schulischen Kontextes privat genutzt werden können. Die Schulen unterstützen die Schülerinnen und Schüler bei der Pflege, dem Unterhalt und der Lösung von Hardware und Software Problemen. Das ESG in Gütersloh hat hierzu eine Arbeitsgruppe vornehmlich von Schülerinnen und Schülern unter Leitung einer Lehrkraft gebildet, die Support Aufgaben übernimmt (siehe Kap. 6.2) Darüber hinaus ist eine professionelle Unterstützung durch eine technisch versierte Fachkraft in der Schule oder externe Unterstützung durch ein Service Unternehmen wünschenswert. Die besuchten Schulen konnten mit kurzen Unterbrechungen auf eine vom Schulträger gestellte Fachkraft zurückgreifen und schätzen deren Bedeutung hoch ein.

In die Frage der Beschaffung und Finanzierung der Geräte müssen unbedingt Eltern einbezogen werden. In Gütersloh wird das durch den Laptop-Beirat, in dem mehrheitlich Eltern vertreten sind, gewährleistet. Das THG in Göttingen arbeitet ebenso intensiv mit den Eltern zusammen. So wurden vor der Entscheidung, in allen Lerngruppen im Jahrgang elf iPads einzuführen, alle Eltern des 10. Jahrgangs befragt. Erst nach der Zustimmung von über 90 Prozent entschied sich die Schule für dieses Konzept. Aus Sicht beider Schulen wäre es nicht effektiv, wenn die Geräte in Schülerhand zukünftig aus anderen Quellen, zum Beispiel aus dem Digitalpakt, finanziert würden und den Jugendlichen einfach überlassen würden. Sofern Mittel für technische Ausstattung zusätzlich zur Verfügung stehen, sollten die für die schulische Infrastruktur wie Glasfasernetz und Ausstattung von Klassenräumen genutzt werden.

Die besuchten Schulen unterscheiden sich in der Frage, welche digitalen Endgeräte in Schülerhand genutzt werden sollen. Das THG in Göttingen arbeitet durchgängig nur mit iPads. Darauf ist auch die verwendete Software zugeschnitten. Die Schule definiert eine Mindestausstattung und bietet eine Sammelanschaffung an. Auf Wunsch kann das Gerät, auch mit erweiterter Ausstattung, aber auch individuell beschafft werden. Entscheidend ist, dass alle Nutzer in der Lerngruppe mit den gleichen Apps arbeiten können.

Das ESG in Gütersloh arbeitet dagegen mit Laptops. Vom Laptop-Beirat wird jährlich entschieden, welche Modelle eingeführt werden sollen und wie deren Mindestausstattung sein soll. Bei den Unterrichtsbesuchen in Gütersloh waren daher unterschiedliche Laptops im Einsatz zu beobachten. Gemeinsam war allen, dass die verwendeten Programme auf allen Schülergeräten, soweit zu beobachten war, störungsfrei liefen.

Beide Schulen sind mit ihrer Hardware zufrieden und planen in den nächsten Jahren keine grundsätzlichen Veränderungen. Beim ESG in Gütersloh, das mit dem Einsatz von Laptops im Jahrgang 7 beginnt, schaffte der Schulträger zum Schuljahr 2019/20 iPads an, die in Klasse 5 eingeführt wurden. Sie verbleiben zunächst im Besitz der Schule und werden im Unterricht eingesetzt, sollen aber nicht in Schülerhand übergehen.

Aus unserer Sicht als Beobachter von außen kann keine eindeutige Empfehlung für die eine oder andere Hardware zum Digital gestützten Lernen gegeben werden. Nach unseren Beobachtungen können mit beiden Ausstattungsvarianten die angestrebten pädagogischen Ziele erreicht werden. Sehr sinnvoll erscheint dagegen, die gesamte Schule einheitlich auszustatten.

Im gesamten Prozess der Einführung digital gestützten Lernens in den besuchten Schulen spielte die Hardware nicht die entscheidende Rolle. Ohne geeignete Geräte geht es nicht, aber die Einführung digitaler Endgeräte sichert keinesfalls automatisch eine erfolgreiche Schulentwicklung hin zu mehr DgL. Funktionierende Technik ist nur eine Voraussetzung, gewährleistet allein aber nicht, dass sich das Lernen von Schülerinnen und Schülern verbessert (vgl. Holmes 2019, S. 9 ff.). Insofern erscheinen Befürchtungen, ob der Digitalpakt mit der Ausstattung von 5,5 Milliarden seine Ziele erreicht, nicht unbegründet. Wenn die FAZ am 30. September 2019 titelt: »Ist der Digitalpakt eine große Verschwendung?«, so zeigt dies, dass die Öffentlichkeit skeptisch beobachtet, ob die Mittel so genutzt werden, dass ein pädagogischer Mehrwert erreicht wird.

Die Auswertung der Prozesse, die zum gegenwärtigen Stand des Digital gestützten Lernens in beiden Schulen führten, macht deutlich, dass zuerst ein ins Schulprogramm eingebettetes Leitbild oder Medienkonzept entwickelt wurde, aus dem sich ergab, welche Ziele unter anderem mit der Digitalisierung unterstützt oder erreicht werden sollen. Man könnte also auch formulieren: Medienkonzept vor Technik. Ein Medienkonzept müsste im Übrigen mit der ganzen Schule, also auch mit den Eltern, entwickelt, zumindest aber abgestimmt werden.

Aber auch Weiterentwicklungen in der Hardware liefen zumindest parallel zur Fortschreibung pädagogischer Ansätze. In der Anfangszeit der Nutzung von PCs in der Schule wurden in Deutschland oft Ziele formuliert wie: »Die Schülerinnen und Schüler sollen in Word schreiben können« oder »... eine Power Point Präsentation anfertigen können«. Angesichts der seinerzeit noch nicht so einfachen Bedienung der Hardware und der Programme mögen solche Zielsetzungen berechtigt gewesen sein. Beide besuchten Schulen gehen darüber deutlich hinaus. Im Leitbild des THG in Göttingen heißt es beispielsweise: »Wir fördern eigenverantwortliches Lernen und schaffen gemeinsam die Rahmenbedingungen für produktiven Unterricht.« Im Unterricht konnte man beobachten, wie die Nutzung der iPads, die in der Klasse eingeführt waren, dieses Ziel unterstützte. Die Lernenden konnte sich stark in den Unterricht einbringen, waren aktiv und übernahmen Verantwortung für ihre Lernergebnisse.

In Gütersloh formuliert das ESG: »Medien (sollen) zur Individualisierung im Unterricht verwendet und von den am Unterricht Beteiligten technisch beherrscht und genutzt werden. Medien (sollen) als Mittel der Produktion, Kooperation und Interaktion gehandhabt werden.« Auch die Erreichung dieser Ziele konnte im Unterricht beobachtet werden, z. B. bei der Kommunikation von Schülergruppen, bei der Erstellung eines Erklär Videos und bei personalisiertem Lernen auf verschiedenen Niveaus.

Wie die Beobachtungen zeigten und auch die Selbsteinschätzung der Lernenden u. a. bei der Abfrage mit Mentimeter bestätigten, stellt die Beherrschung der Technik keine besondere Herausforderung mehr dar. Schon nach relativ kurzer Nutzung waren die Klassen, die mit digitalen Endgeräten ausgerüstet wurden, in der Beherrschung der Geräte durch die Schülerinnen und Schüler so weit fortgeschritten, dass hierfür im Unterricht kaum Zeit aufgewendet werden musste.

Bei den Lehrpersonen stellen die Einführung und Fortentwicklung der Digitalisierung in der Schule offensichtlich höhere Anforderungen und ist auch zeitaufwendiger. So reicht es nicht, Geräte zur Verfügung zu stellen und kurz in die Bedienung einzuführen. In beiden Schulen wurde deutlich, dass die Lehrerfortbildung zur Nutzung digitaler Technik im Fachunterricht eine entscheidende Rolle spielt. Auch in der weit fortgeschrittenen Schule gibt es immer noch erheblichen Bedarf an Fortbildungsangeboten für die Lehrpersonen. Im Sinne des Mottos »Pädagogik vor Technik« ist dabei intendiert, den produktiven Einsatz der Hardware und sinnvoller Programme in den Unterricht der Fächer zu integrieren. Dabei entsteht, wenn dies wie in den Fallstudien-Schulen ernsthaft betrieben wird, eine neue Kooperationskultur zwischen Lehrpersonen. Die gemeinsame Entwicklung und Nutzung von Material für den Unterricht, die Kommunikation über Unterrichtsverläufe und Erfolge oder Misserfolge führt von der Lehrperson als Einzelkämpfer weg zu mehr Zusammenarbeit im Lehrerkollegium. Insofern kann der Prozess der Einführung digitaler Endgeräte in der Schule auch als Motor einer effektiven Schulentwicklung angesehen werden.

10.2 Mittlere Führungskräfte stärken: Digital Learning Leadership

Die Transformation von traditionellem Lernen zu DgL schaffen Lehrpersonen kaum allein. Wir brauchen Führungskräfte, die diesen Prozess initiieren, koordinieren und evaluieren. Die Einblicke in die Arbeit beider Schulen im Hinblick auf den Stand der Einführung und Nutzung digitaler Technologie im Unterricht haben uns in der Praxis deutlich gemacht, welche Herausforderungen damit für die Schulleitungen verbunden sind. Damit finden wir bestätigt, was von Eickelmann, Fugmann und Neubauer so beschrieben wird: »Die erfolgreiche und nachhaltige Implementation digitaler Medien stellt für Schulleitungen eine Querschnittsaufgabe dar: Neben der Klärung strategische Fragen geht es um strukturelle und organisationale Ausstattung, Personalentwicklung, Verantwortung innerhalb der Schule sowie um Kulturentwicklung und -veränderung. Letztere stellen Schulen vielfach vor die größten Herausforderungen und können nicht allein von einer Schulleiterin oder einen Schulleiter erfüllt werden. Vielmehr weisen sowohl Praxiserfahrungen als auch Forschungsergebnisse auf die besonderen Vorteile der Verteilung von Führungs-, Management- und Steueraufgaben hin« (Eickelmann u. a. 2019, S. 281).

Auf den Begriff gebracht geht es dabei um »Digital Learning Leadership«, wie es die Deutsche Akademie für Pädagogische Führungskräfte nennt. Digital Learning Leadership bedeutet für mittlere Führungskräfte auf der einen Seite die Kompetenz, DgL selbst zu beherrschen und im eigenen Unterricht anzuwenden, auf der anderen Seite darüber hinaus »die Digitalisierung an der eigenen Schule mit Fokus auf Schul- und Unterrichtsentwicklung anzustoßen und umzusetzen« (Eickelmann u. a. 2019, S. 287).

Beide von uns besuchten Schulen haben sich dieser Herausforderung gestellt und Wege gefunden, mit den ihnen zur Verfügung stehenden Ressourcen die Leitungsaufgaben zu bewältigen. Auf der Ebene von Schulleiterin bzw. Schulleiter, der Stellvertreter und der Erweiterten Schulleitung ist dies gut gelungen. Beide Schulen haben unter Nutzung der Beförderungsstellen ein handlungsfähiges Leitungsteam gebildet.

Auf der Ebene der mittleren Führungskräfte dagegen ist der Personaleinsatz optimierungsbedürftig. Das liegt nicht an fehlender Kompetenz in der Schule oder mangelnder Bereitschaft von Schulleitungen und Lehrpersonen, sondern daran, dass die Steuerung der Ressourcen von außen durch Zuweisung von Planstellen und Beförderungsstellen nicht den Aufgaben entspricht, die sich durch die Digitalisierung in den Schulen stellen.

In Deutschland haben Gymnasien, soweit die Bundesländer im Schulbereich Beamte beschäftigen, Lehrpersonen im Status von Studienräten, die als Beamte in der Laufbahn im Höheren Dienst beschäftigt werden. Die Beförderungsämter »Oberstudienrat« und »Studiendirektor« werden den Schulen bisher nicht nach funktionalen Erfordernissen zugewiesen, sondern nach Quoten. So sind in NRW nominell 65 Prozent der Planstellen für Lehrpersonen an Gymnasien für Oberstudienräte vorgesehen. Auch die Stellen für Studiendirektoren sind quotiert und nicht an bestimmte Leitungsaufgaben gekoppelt. Nur bei der Leiter- und Stellvertreterfunktion stimmen Amt und Funktion überein. Es ist davon auszugehen, dass mit der Bereitstellung zusätzlicher Mittel aus dem Digitalpakt diese Personalausstattung mit Lehrpersonen unverändert bleibt.

Um Lehrpersonen dafür zu gewinnen, Leitungsaufgaben im Bereich Digital Learning zu übernehmen und als qualifizierte Leader in der Schule zu wirken, wäre eine Umstrukturierung der Personalressourcen der Schule sinnvoll. Ziel muss es dabei sein, eine Übereinstimmung zwischen der Übernahme von Leitungsverantwortung und der Honorierung durch Beförderung oder Zulagen herzustellen. Dazu sollen die Aufgaben, die mittlere Führungskräfte bei der Digitalisierung, aber auch in anderen Feldern der Schulentwicklung übernehmen und die in Kapitel 8 beschrieben sind, noch einmal unter dem Gesichtspunkt effektiver Ressourcensteuerung unter die Lupe genommen werden.

Die Aufgaben, die mittlere Führungskräfte beim DgL übernehmen, lassen sich in zwei Kategorien aufteilen: Es gibt Leitungsaufgaben, die langfristig angelegt sind, und für die Qualität der Schule und des Unterrichts hohe Relevanz haben. Als Beispiel sei hier die Leitung einer Fachkonferenz genannt. Digital Learning im Fachunterricht ist eingebettet in die Arbeit einer Gruppe von Lehrpersonen, die schon vor der Digitalisierung wichtige Aufgaben für die Entwicklung des Faches leisten. Mit der Einführung von DgL kommen neue Herausforderungen hinzu. Die Entwicklung verläuft dabei oft nicht linear, sondern schubweise mit Phasen hoher oder weniger hoher Innovationsdichte und ist mit entsprechender Arbeitsbelastung verbunden. Es ist kaum denkbar, dass die Leitung einer Fachkonferenz nicht mehr erforderlich ist. Gerade bei der schnellen Entwicklung digitaler Medien und im Unterricht nutzbarer Programme ist es wahrscheinlich, dass kontinuierlich an der Weiterentwicklung von DgL gearbeitet werden muss. Selbst wenn in der Schule der Zukunft irgendwann Digital unterstütztes Lernen durch etwas Anderes, jetzt noch nicht Denkbares, abgelöst werden sollte, bleibt die Herausforderung, fachliches Lernen in welcher Form auch immer vonseiten der Lehrpersonen zu gestalten, zu begleiten, zu moderieren oder Curricula zu entwickeln und zu überarbeiten. Daher ist die Leitung einer Fachkonferenz eine Daueraufgabe.

Im Unterschied dazu gibt es gerade bei der Einführung von DgL Leitungsaufgaben für mittlere Führungskräfte, die nach einer überschaubaren Zeit abgeschlossen sind. Die Arbeitsgruppe P5 im ESG in Gütersloh, die die Nutzung von iPads in Klasse 5 mit der Entwicklung eines neuen Unterrichtskonzeptes vorbereitet hat, ist dafür ein treffliches Beispiel (siehe Kap. 2.2.4).

Um die Arbeit mittlerer Führungskräfte als Digital Learning Leaders zu unterstützen und angemessen zu honorieren, wären daher zwei Wege optimal: Für Daueraufgaben, die mittlere Führungskräfte wahrnehmen, wird ein Beförderungsamt, im Falle beider Gymnasien eine Beförderung zum Oberstudienrat, genutzt. Zeitlich befristete Aufgaben werden dagegen durch Zulagen für die Zeit der Übernahme der Aufgabe honoriert. Hierzu müsste lediglich geregelt werden, dass Schulen anstelle von Beförderungsstellen in einem bestimmten Umfang zeitlich befristete Zulagen für entsprechende Aufgaben vergeben könnten. Mehrbelastungen für die Personalhaushalte wären damit nicht verbunden, die Mehrausgaben für Zulagen würden durch Einsparungen bei den Beförderungen kompensiert.

Die Entscheidung über die Vergabe von Zulagen müsste bei der Schulleitung liegen, wie schon bisher weitgehend bei der Besetzung von Beförderungsstellen zum ersten Beförderungsamt. Damit hätte die Schulleitung ein Instrument gewonnen, mit der die Gruppe der mittleren Führungskräfte dynamisch gesteuert werden könnte. Initiativen im Kollegium für neue Entwicklungen, wie sie gerade beim DgL wünschenswert sind, könnten gestärkt werden. Verkrustung von Strukturen durch Beförderung für Aufgaben, die nicht von Dauer sind, würden vermieden.

10.3 Ein integriertes Fortbildungskonzept aufbauen

Digital gestütztes Lernen grenzt an disruptiven Wandel (siehe Kap. 5.4). Deshalb ist es nicht überraschend, dass ein immenser Fortbildungsbedarf entsteht, der auch empirisch belegt wird durch die Entwicklungspfade und die Befragung des Kollegiums. In Hinblick auf Multiplikatoren sollten unterschiedliche Fortbildungsmöglichkeiten genutzt werden. Hauke Pölert hat dazu ein Konzept entwickelt. Unterschiedliche Fortbildungsmaßnahmen bilden für ihn ein Säulenmodell,

> das sowohl die umfassende Fortbildung des ML-Klassenkollegiums selbst als auch dessen intendierte Multiplikatorwirkung im THG-Gesamtkollegium abbildet. Zugleich kommt die umfassende Nutzung verschiedenster Fortbildungsmöglichkeiten dem großen Bedarf seitens der Kolleginnen und Kollegen nach, die zwar häufig interessiert, jedoch angesichts der neuen Technik häufig auch verunsichert oder skeptisch sind.
>
> Diesen völlig verständlichen Zweifeln soll die von mir umfassend geplante und behutsam durchgeführte Fortbildungstätigkeit begegnen, um die Motivation, dass Interesse und die Sicherheit in der Anwendung neuer Medien zu verbessern.
>
> Im Rahmen meiner Fortbildungstätigkeit entstanden auch der YouTube-Kanal »iPad für Lehrer« und die Website »multimediales-lernen.blog« (...).
>
> In dem YouTube-Kanal (inzwischen mehr als 50 000 Aufrufe) und auf der Website (ca. 2 000 Besucher pro Monat) werden in Tutorials Hinweise zur schulischen Nutzung des iPads gegeben mit dem Ziel, Unsicherheiten abzubauen und den Austausch anzuregen.
>
> Der weitere Fokus der Fortbildungstätigkeit am THG wird aber vor allem dahin gehen, binnendifferenziert fortzubilden. So wird es weiterhin Grundlagen-Fortbildungen, zunehmend aber auch fachspezifische Fortbildungen geben, um den unterschiedlichen Kompetenzniveaus Rechnung zu tragen.
>
> In diesem Bereich sehe ich es als wichtige Aufgabe an, künftig sowohl mit internen als auch externen Fortbildungen zu arbeiten, um das Kollegium zu entlasten und zugleich auch neue Perspektiven und Möglichkeiten durch externe Anbieter zu gewinnen.

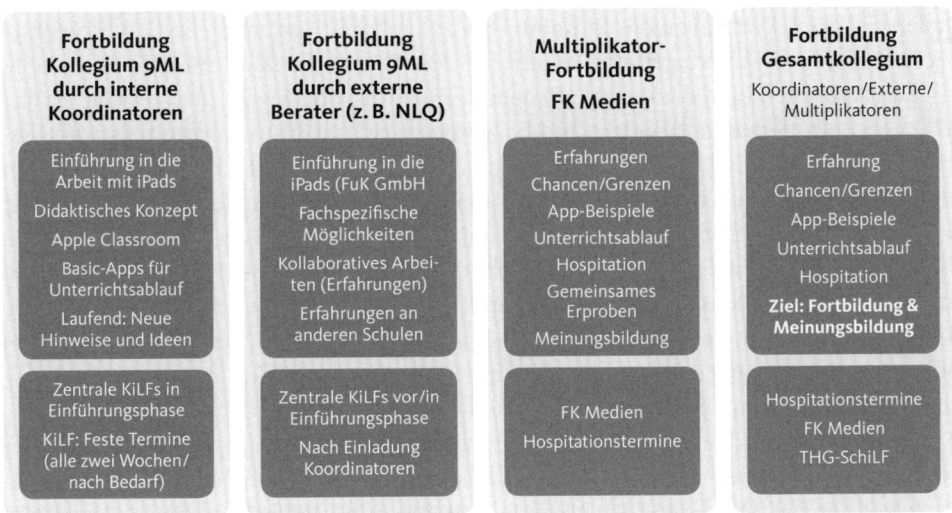

Abbildung 17: Vier-Säulen-Modell von Hauke Pölert

Besonders erwähnenswert sind in beiden Fallschulen die freiwilligen Mini-Fortbildungen, die in den größeren Pausen angeboten werden. Sie dauern nur wenige Minuten, und die Themen beruhen auf zentralen Anlässen, aber auch auf Wünschen von KollegInnen. Dozenten sind innerschulische Experten.

Um interessierte Lehrpersonen zu befähigen, Leadership für Digital Learning zu übernehmen, reicht schulinterne Fortbildung in der Regel nicht aus. Sie ist in den besuchten Schulen auf die Anwendung DgL im Fachunterricht fokussiert. Zur Vorbereitung auf Leitungsaufgaben im DgL werden externe Qualifizierungsangebote entworfen. Beispielhaft sei hier auf das Angebot der Deutschen Akademie für Pädagogische Führungskräfte (DAPF) hingewiesen. Von den fünf angebotenen Fortbildungsmodulen sind besonders die Module II und III für mittlere Führungskräfte geeignet (siehe www.dapf.tu-dortmund.de).

10.4 Zur Raumgestaltung: Translokation nutzen und Vorhandenes aus- oder umbauen

Digital gestütztes Lernen führt zur Entgrenzung der Räume, allein schon, weil Schülerinnen und Schüler mit Ihren Endgeräten auch außerhalb der Schule lernen können. Hinzu kommt die Vernetzung von Schulen untereinander nicht nur in Form der Vernetzung mit Nachbarschulen, die an derselben Materialbasis arbeiten, sondern weltweit. So entstehen virtuelle Räume, die weit über Schulräume hinausreichen. Man kann das externe Translokation nennen. Sie kann man nutzen, um das Lernangebot erheblich zu erweitern. Dazu ist mit den digitalen Medien auch eine interne Translokation verbunden; auch innerhalb des Kollegiums und innerhalb der Schülerschaft fallen Grenzen. Wir haben das in Kapitel 3.3 anhand des Kooperativen Lernens analysiert. Zudem propagieren etliche Schulreformer, die Schulklassen aufzulösen.

Es ist offensichtlich, dass ein derartiger Wandel disruptiv wäre und vermutlich bei etlichen Betroffenen viel Widerstand hervorrufen würde. Translokation lässt im Übrigen das Kriterium »Deprivatisierung« beim Kooperativen Lernen (siehe Kap. 3.3) in einem neuen Licht erscheinen: Translokation ist eine neue Form der Deprivatisierung.

Der bedeutende Soziologe Talcott Parsons hat 1959 einen Essay mit dem Titel »Die Schulklasse als soziales System« geschrieben, der inzwischen als Klassiker gilt. Darin nimmt er die Schulklasse als Ausgangspunkt oder Kernzelle der Analyse nicht nur der innerschulischen Prozesse, sondern des gesamten Schulsystems entlang der von ihm identifizierten Hauptfunktionen der Sozialisation und der Selektion. Was wird aus solchen Analysen, wenn es in den Schulen keine Klassen mehr gibt?

Dieser Frage sind wir in der Gemeinschaftsschule Wutöschingen (am Rande des Südschwarzwalds liegend) nachgegangen, die im Mai einen der Deutschen Schulpreise gewonnen hat. Die Schule reicht vom ersten bis zum 13. Jahrgang (der 11. Jahrgang hat im Schuljahr 2019/20 begonnen). Sie arbeitet nicht durchgehend, aber schulweit mit digitalen Lernmedien und hat keine Klassenlehrer, keine Schülerklassen und auch so gut wie keine Klassenzimmer. Es handelt sich hier um eine tiefreichende disruptive Entwicklung, die durch den Charakter einer Neugründung vermutlich erleichtert wurde. An dieser Schule kann das nicht nur theoretische Problem anschaulich untersucht werden, ob es Alternativen zur Schulklasse gibt (Zylka 2017).

Zuvor muss zur Schule in Wutöschingen gesagt werden, dass deren Lern- und Lebensräume in einem Neubau untergebracht sind, der aus Lernateliers, einem Marktplatz, etlichen Einzellernplätzen und Inputräumen besteht. Im Prinzip haben alle Lernenden einen persönlichen Arbeitsplatz. Die Einzellernplätze sind zum Teil übereinander angesiedelt und mit Treppen miteinander verbunden. Hinzu kommt ein Marktplatz mit großen Gruppentischen und abschirmbaren Sitzecken; er bietet Raum für gemeinsames Arbeiten, für Diskussionen oder zu Vorträgen im kleinen Kreis.

Für herkömmlichen wissensvermittelnden Unterricht stehen mit Laptops, Tablets und Beamern ausgestattete sogenannte Inputräume zur Verfügung. Die Schülerinnen und Schüler haben Zugriff auf eine Lernplattform und das Internet. Zudem gibt es Lernen außerhalb des Schulunterrichts, sogenannten Clubunterricht. Er findet innerhalb der Schule aber auch außerhalb statt u. a. im Rathaus, in Kirchen, in der örtlichen Mediathek, in Betrieben, auf Bauernhöfen, im Wald oder am Flussbett der Wutach.

Lehrpersonen heißen in Wutöschingen Lernbegleiter. Ihnen sind je elf bis 14 Schülerinnen und Schüler über mehrere Jahre direkt zugewiesen. Lernbegleiter dienen für ihre Schülerinnen und Schülergruppe auch als verlässliche Ansprechpartner im Lernprozess. Sie treffen sich mindestens einmal in der Woche mit der Ihnen zugewiesenen Schülergruppe. Sie begleiten sie auch bei Ausflügen. Die einem Lernbegleiter oder einer Lernbegleiterin zugewiesenen Lerngruppen sind ab Jahrgang 9 nach Schulformen (bei einer Jahrgangsbreite von ca. 90 Schülerinnen und Schülern) und davor nach Doppeljahrgangsgruppen zusammengesetzt. Jeder »Fünftklässler« bekommt einen Paten aus seiner Lerngruppe, der ihn in die neue Lernform und Schule einführt und als Ansprechpartner zur Verfügung steht.

Schülerinnen und Schüler sowie Lehrpersonen wurden in Wutöschingen mit einheitlichen mobilen Endgeräten ausgestattet. Die Wahl ist auf iPads gefallen. Die technische und organisatorische Einrichtung brauchte zwei Jahre, seitdem funktioniert die Interaktion mit ca. 500 Geräten. Ziel war und ist es, dass Schülerinnen und Schüler das digitale Gerät als Handwerkszeug verstehen und nicht zu Hause ausschließlich konsumtiv verwenden, sondern reflektiert als »Produktionsmittel« benutzen für Texterstellung, Bildbearbeitung oder zum Erstellen von grafischen Darstellungen.

Die Frage bleibt: Ist das eine Schule ohne Klassenlehrpersonen, ohne Schülerklassen und ohne Klassenzimmer? Unsere Antwort ist, es gibt hier sehr wohl noch Klassen, aber es handelt sich sozusagen um virtuelle Klassenräume oder »unsichtbare Klassen«. Was geblieben ist, sind Sozialisation und Selektion, also die gesellschaftlichen Funktionen von Schulklassen, auch Klassenlehrer sind geblieben, allerdings mutiert zu »Lernbegleitern«, wie sie in Wutöschingen genannt werden, und letztlich gibt es auch noch Schülerklassen in Form der einem Lernbegleiter zugeordneten Lerngruppen. Das alles sind »funktionale Äquivalente« (Merton) für bisherige Organisationsformen, die jedoch einem deutlich anderen Lernkonzept folgen. Hinzugekommen zur traditionellen Schule ist ferner der Fokus auf Personalisierung und eine enorme Vielfalt von Differenzierungsformen der Lerngruppen.

Die Transformation hat in Wutöschingen offenbar gut geklappt, auch was die Schüler-Lehrer-Beziehung und die Bindung unter den Schülerinnen und Schüler betrifft und die hohe Disziplin in den Großräumen für Einzel- und Gruppenarbeit, die nicht zu Unrecht Flüsterräume genannt werden. So etwas mag in ländlichen Gebieten auch eher gelingen als in Großstädten.

Resümee: Auf Klassenzimmer kann man offenbar unter bestimmten Umständen, wie sie z. B. in Wutöschingen gegeben sind, verzichten. In den höheren Schulen Englands und der Schweiz gibt es sie ohnehin nicht; hier haben die dort üblichen Einfachlehrpersonen ihre eigenen (Fach-)Räume, zu denen die Schülerinnen und Schüler wandern müssen. Auf Schülerklassen als stabiler sozialer Bezugspunkt, manchmal auch Klassenverbände genannt, kann man jedoch nicht verzichten, wenn man Personalisiertes Lernen als Persönlichkeitsentwicklung will.

In Wutöschingen wurde das Klassenzimmer abgeschafft, aber nicht die Klasse als fester sozialer Bezugsrahmen. Das Klassenzimmer abzuschaffen ist möglich (siehe Zylka 2017), digitale Medien mögen das erleichtern. Aber hat das irgendwelche Vorzüge oder kann man vorhandene Räume mit leichten Umbauten, wie es das THG und das ESG machen, genauso nutzen? In jedem Fall ist mit einer immensen Erweiterung der Lernräume zu rechnen, wenn man die virtuellen Räume, die durch Internetnutzung entstehen, dazu rechnet. Das bedeutet faktisch, die ganze Erde in den Klassenraum zu holen; die Räume anderer Schulen sowieso. Es ergibt sich dann eine Entgrenzung von dinglichen Klassenräumen mit Online-Räumen.

10.5 Mitarbeit in Netzwerken

Die besuchten Schulen in Gütersloh und Göttingen haben die Entwicklung zum DgL in ihren Schulen im Wesentlichen mit eigener Kraft und eigenen Ideen entwickelt. In Gütersloh waren dafür die Kontakte des Schulleiters zur Schule im Silicon Valley sehr hilfreich. Es gibt auch ein vom Schulträger initiiertes regionales Netzwerk zur Digitalisierung in Schulen. Hier hat das ESG und besonders der Schulleiter aber eher Impulse für andere Schulen gegeben als vom Netzwerk selbst profitiert.

Das THG in Göttingen ist als Schule nicht in ein regionales Netzwerk integriert. Einzelne Lehrpersonen der Schule sind aber sehr gut durch Arbeit in schulübergreifenden Gruppen und eigene Webseiten vernetzt. Dadurch kann die Schule von Erfahrungen anderer profitieren, stellt aber vor allem ihre Erfahrungen anderen zur Verfügung.

Beim Besuch der Gemeinschaftsschule in Wutöschingen wurde eine über die Einzelschule hinausgehende Arbeitsstruktur deutlich. Zur Unterstützung der sehr umfangreichen Entwicklung von Material für DgL ist die Schule an einem Netzwerk von Gemeinschaftsschulen in Baden-Württemberg beteiligt. In der Schule erstellte Materialien werden im Netzwerk zur Verfügung gestellt, die Schule kann auf Entwicklungen in anderen Gemeinschaftsschulen zurückgreifen. Dies Netzwerk hat sich auf Initiative der Schulen »von unten« entwickelt.

Solche Netzwerke, in denen schulübergreifend gearbeitet wird, sind gerade für den Prozess der Digitalisierung sinnvoll und effektiv. Dadurch entstehen auch neue schulübergreifende Leitungsaufgaben, für die mittlere Führungskräfte qualifiziert werden sollten. Die Deutsche Akademie für Pädagogische Führungskräfte (DAPF) bietet hierzu einen kompletten Zertifikatskurs und darin ein besonderes Modul für die Fortbildung von Führungskräften an: »Digitalisierung von Bildungslandschaften – Unterrichtsentwicklung mit digitalen Medien in regionalen Bildungsnetzwerken« (siehe www.dapf.tu-dortmund.de).

Wenn mittelfristig alle Schulen DgL einführen und weiterentwickeln sollen, wird die Bedeutung regionale Netzwerke und auch der Bedarf an Fortbildungen erheblich zunehmen. Eine gezieltere Förderung solcher regionaler Bildungsnetzwerke durch die Schulbehörden und Kommunen sowie Stiftungen wäre daher wünschenswert. Hier wie bei der Translokation taucht ein neues Schnittstellenproblem auf. Bisher müssen alle »dienstlichen« Außenkontakte über die Schulleitung laufen. Kann das bei zunehmender Translokation so bleiben?

10.6 Ressourcen

Hinweise oder gar Empfehlungen zu Ressourcen zu machen, ist meistens eine heikle Angelegenheit. Sicherlich kann man mit mehr Ressourcen mehr anfangen. Aber auch mit wenigen Ressourcen kann mancher mehr anfangen als manche mit mehr Ressourcen. Deshalb soll hier nur auf das Allernötigste hingewiesen werden:
- ein schnelles Netz und ein stabiles WLAN mit starken und gut verteilten Routern (damit es keine Ausfälle gibt)
- digitale Endgeräte in der Hand aller Lernenden und Lehrenden
- Experten für die digitale Technik, die für technischen Support zur Verfügung stehen, und die von der Kommune finanziert werden.

Die beiden besuchten Schulen verfügen über ein Glasfasernetz und in den Gebäuden verteilte Router, die gewährleisten, dass in Klassenräumen, Fachräumen und auf dem Schulgelände der Internetzugang für die gesamte Schulgemeinde jederzeit gewährleistet ist. Nur mit einem solchen Zugang ist reibungsloser Unterricht mit DgL möglich. Die Schulen berichten, dass es vor dem Netzausbau häufiger zu Ausfällen und Problemen mit dem WLAN Netz kam (siehe Kap. 2.1.4 und 2.2.4). Dadurch wird der Unterrichtsfluss erheblich gestört; der Mehrwert der Arbeit mit digitalen Endgeräten geht verloren oder wird sogar zum Hemmschuh. Wenn digitale Endgeräte in allen Klassen genutzt werden sollen, ist ein schnelles Netz daher erste Voraussetzung. Hier sind die Schulträger gefordert; es steht zu befürchten, dass nicht wenige damit zurzeit noch überfordert sind. Die aktuellen Bestrebungen, in Deutschland den Internet-Zugang insgesamt auszubauen und mit dem Digitalpakt Schule des Bundesministeriums für Bildung und Forschung (BMBF) gerade auf Bildung zu fokussieren, sollten dazu genutzt werden, in jeder Schule einen leistungsfähigen Internetzugang und schnelles WLAN in allen Räumen zu installieren. Wenn dies nicht gewährleistet ist, wäre die Anschaffung digitaler Endgeräte obsolet.

Die zweite Säule, die Ressourcen benötigt, sind die digitalen Endgeräte. Laptops oder Tabletts in der Hand aller Lernenden und Lehrenden (Eins-zu-eins-Ausstattung) sind unabdingbar für das Gelingen der Digitalisierung in der Schule. Den besuchten Schulen ist die Finanzierung der Geräte für die Schülerhand im Wesentlichen über die Eltern gelungen. Es gab auch Ressourcen für Schülerinnen und Schüler aus minderbemittelten Elternhäusern. Die Anschaffung von Geräten anstelle von Schulbüchern und aus dem dafür zur Verfügung stehenden Etat konnte an den besuchten Schulen nicht festgestellt werde. Schulbücher sind nach Einschätzung der Schulen bisher nicht überflüssig. Ob in Zukunft die Nutzung digitaler Medien Schulbücher ersetzen wird, ist schwer einzuschätzen. Zurzeit erscheint es nicht sinnvoll, die Ausgaben für Schulbücher auf digitale Endgeräte umzulenken. Zur Finanzierung der Geräte auf den Digitalpakt Schule zu setzen, ist ebenfalls nicht zielführend. Das BMBF führt dazu aus:

Wenn es nach dem speziellen pädagogischen Konzept einer Schule erforderlich ist und sämtliche Infrastrukturkomponenten bereits vorhanden sind, sind in begrenztem Umfang auch Klassensätze mobiler Endgeräte förderfähig. Für die genaue Ausgestaltung der Regelung sind die Länder zuständig. Der Anteil an Fördermitteln, der für mobile Endgeräte aufgewendet wird, darf jedoch 20 Prozent aller Fördermittel pro Schulträger nicht überschreiten. Damit versteht sich der Digitalpakt weiterhin eindeutig als Infrastrukturprogramm und nicht als Förderprogramm für Endgeräte. Mobile Endgeräte zur Nutzung durch Schülerinnen, Schüler und Lehrkräfte außerhalb des Unterrichts sind generell nicht förderfähig.

Als Lösung bleibt nur die Finanzierung über Eltern und – wohl nur in Ausnahmefällen – über Sponsoren. Durch intensive Überzeugungsarbeit und Beteiligung der Eltern ist es den besuchten Schulen gelungen, die notwendigen Ressourcen für die Geräte bei den Eltern zu mobilisieren. Das wird nicht allen Schulen gelingen, insbesondere Schulen in schwierigen sozialen Umfeldern werden damit Probleme haben. Patentlösungen sind nicht in Sicht. Es wäre zu prüfen, ob die Schulträger oder die sozialen Unterstützungssysteme in diesen Fällen helfen können. Eine Vollfinanzierung ist dabei nicht anzustreben; wie in Kapitel 10.1 ausgeführt sollte die Verantwortung der Schülerinnen und Schüler für die Geräte dadurch gestärkt werden, dass sie zur Finanzierung beigetragen haben und die Geräte in ihrem Besitz sind.

Die dritte Säule, die bei der Einführung von DgL mehr Ressourcen fordert, ist der technische Support. Die besuchten Schulen haben jeweils eine zusätzliche Fachkraft, die technisch versiert ist und Unterstützung leisten kann. Sie wird von den Schulträgern finanziert und steht der Schule zur Verfügung. Gemessen an der Zahl der Geräte, für deren Wartung eine solche Fachkraft sorgen soll, ist diese Versorgung sehr knapp bemessen. In Unternehmen oder Behörden steht für solche Wartungs- und Supportleistungen weitaus mehr Personal zur Verfügung. Daher übernehmen in beiden Schulen auch Lehrpersonen, die sich meist selbst in die Materie eingearbeitet haben, solche Aufgaben. Und auch Schülerinnen und Schüler sind involviert. Die Arbeitsgruppe »ComputecS« in Gütersloh, die »first level support« anbietet, ist hierfür ein gelungenes Beispiel.

Die Schulträger sind grundsätzlich zuständig für die Bereitstellung von nichtpädagogischem Personal. Zumindest sollte eine für die digitale Technik zuständige Fachkraft mittelfristig für jede Schule bereitgestellt werden. Zwar ist das eine gewaltige Aufgabe. Jedoch sind in vergleichbaren Ländern (siehe dazu Eickelmann u. a. 2019) die Schulen in der Regel schon jetzt mit mehr nichtlehrendem Personal ausgestattet – nicht nur, aber auch für die Digitalisierung. In Deutschland hingegen beschränkt sich der vom Schulträger bereitgestellte Support in etlichen Schulen jedoch auf den Hausmeister, der Schwamm und Kreide für die Wandtafel bereithält und mit dem Reinigungsdienst für die Sauberkeit des Schulgebäudes sorgt.

Fazit:
Zum Mehrwert digital gestützten Lernens

Unserer Studien haben gezeigt, dass die Einführung und Entwicklung Digital gestützten Lernens in beiden von uns besuchten Schulen gelungen ist, und die Transformation bei aller Offenheit, Unübersichtlichkeit und Beschleunigung der Prozesse dennoch moderat gestaltet werden konnte.

Die durchgehende Linie der von uns besuchten Schulen – wie etlicher anderer Schulen auch – besteht in der Orientierung am Personalisierten Lernen. Personalisiertes Lernen, wie wir und unsere Fallstudien-Schulen es verstehen, bezeichnet mehr als individuelle Förderung: Jede Schülerin und jeder Schüler bekommt regelmäßig (meist zu Beginn einer neuer Lernsequenz) eine Diagnose der Lernausgangslage und erhält dazu von den Lehrkräften zu den Zielen passende Aufgaben, die zum Teil von den Schülerinnen und Schülern mitbestimmt sind (z. B. durch Auswahl) und dazu individuelle Lernangebote sowie Unterstützung, die die Zielerreichung bzw. Aufgabenerledigung erleichtern, und schließlich prozessbegleitende Evaluation, die ein Stück Selbststeuerung des Lernprozesses ermöglicht. Zudem kann die individuelle Lernbiografie lückenlos und ohne großen Aufwand dokumentiert werden.

Das Streben nach Personalisierung des Lernens hat in beiden Schulen nicht zur Vernachlässigung des interaktiven sozialen Lernens geführt, also von Lernen von Angesicht zu Angesicht, zu zweit, im Team oder im Klassenverband. DgL entwickelt und benutzt Apps, die Kooperatives Lernen nicht nur ermöglichen, sondern geradezu auch initiieren, wie wir am Beispiel einer Unterrichtssequenz in Geschichte beobachtet haben. Auch auf Lehrpersonenseite ist Kooperation angesagt, allein um Apps auszuprobieren und auf Brauchbarkeit zu prüfen und um für Digitalisierung geeignete Lern- und Lehrmaterialien zu entwickeln in Kooperationsnetzen, die weit über die eigene Schule hinausreichen können.

Schließlich erlauben die digitalen Medien den Aufbau einer Art »Instant-Feedbacks«, bei dem ein Feedback in der Klasse wie auch im ganzen Kollegium innerhalb weniger Minuten eingeholt und als Ergebnis präsentiert und diskutiert werden kann.

Zusammenfassend sind mindestens fünf Dinge zu nennen, die ohne Digitalisierung vermutlich nicht oder nur sehr aufwendig zu bewältigen wären:

(1) Auf Lernen fokussierte Unterrichtskultur
(2) Personalisierung als Persönlichkeitsbildung
(3) Kooperation auf fast allen Ebenen
(4) Systematische Feedbackkultur und
(5) Translokation.

Diese fünf Dinge stellen so etwas wie den Mehrwert von Digital gestütztem Lernen dar – und allein deshalb lohnt es, Digital gestütztes Lernen voranzutreiben, zumindest zu erproben.

Heute weiß niemand mehr so genau, was ein Kind lernen muss, damit es im Jahr 2050 gut zurechtkommt. Aber sicherlich werden künstliche Intelligenz und neue Technologien so viel verändern und übernehmen, dass es wichtig ist, das genuin Menschliche zu fördern. Respekt, Empathie, Selbstbewusstsein. Ein reifes Urteilsvermögen, das die eigenen blinden Flecken mitdenkt und sich auf Werte stützt. Und Fantasie.

Vanessa Friederike Hasen

Literatur

Aufenanger, St. (2017): Zum Stand der Forschung zum Tableteinsatz in Schule und Unterricht. In: Bastian, J./Aufenanger, St. (Hrsg.): Tablets in Schule und Unterricht. Wiesbaden.

Bastian, J./ Aufenanger, St. (2017): Tablets in Schule und Unterricht: Forschungsmethoden und -perspektiven zum Einsatz digitaler Medien. Wiesbaden.

Bauer, M. (2016): iPad für Lehrer: Schulalltag vereinfachen, Unterricht verbessern. Rastatt.

Bertelsmann-Stiftung (2015): Individuell fördern mit digitalen Medien: Chancen, Risiken, Erfolgsfaktoren. Gütersloh.

Beyer, Jürgen (2006): Pfadabhängigkeit: Über institutionelle Kontinuität, anfällige Stabilität und fundamentalen Wandel. Frankfurt am Main.

Bolam, R. (2008): Professional learning communities and teacher's professional development. In: Johnson, D./Maclean, R. (Eds.): Teaching: Professionalization, development and leadership. Heidelberg.

Bonsen, M./Rolff, H.-G. (2008): Professionelle Lerngemeinschaften von Lehrerinnen und Lehrern. In: Zeitschrift für Pädagogik. Bd. 52. H. 2.

Buhren, C. G. (Hrsg.) (2015): Handbuch Feedback in der Schule. Weinheim/Basel.

Burow, O. A. (2019): Schule digital – wie geht das? Weinheim/Basel.

Busch, M. (2018): 55 Webtools für den Unterricht: einfach, konkret, step-by-step. (5. bis 13. Klasse) (55 Methoden). Augsburg.

Darling-Hammond, L. (1997): Restructuring Schools for Student Success. In: Halsey, A. H. et al. (Eds.): Education, Culture, Economy, and Society. Oxford.

Dewey, J. (2004): Erfahrung, Erkenntnis und Wert. Berlin.

Döbeli Honnegger, B. (2017): Mehr als 0 und 1: Schule in einer digitalisierten Welt. Bern.

Doppler, K./Lauterburg, Ch. (2014): Change Management. Frankfurt am Main. 13. Auflage (zuerst 1994).

Dufour, R./Eaker R. (1998): Professional Learning Communities at Work. Best Practices for Enhancing Student Achievement. Bloomington: National Education Service.

Eickelmann, B./Fugmann, M./Neubauer, D. (2019): Digital Learning Leadership. In: Huber, St. (Hrsg.): Jahrbuch Schulleitung 2019. Köln.

Eickelmann, B. u. a. (2019): ICILS 2018 Deutschland: Computer- und informationsbezogene Kompetenzen von Schülerinnen und Schülern im zweiten internationalen Vergleich. Münster.

Fadel, C./Bialik, M./Trilling, B. (2017): Die vier Dimensionen der Bildung: Was Schülerinnen und Schüler im 21. Jahrhundert lernen müssen. Hamburg.

Fugmann, M. (2019): Digitalisierung an der Schule. Ein Praxisbericht des ESG in Gütersloh. In: Schulleitung und Schulentwicklung. H. 92. Stuttgart.

Gerick, J./Ramm, G./Eickelmann, B. (Hrsg.) (2019): Praxis des digitalen Lehrens und Lernens. München.

Hasel, V. F. (2019): Der tanzende Direktor. Zürich.

Holmes, W./Anastopoulou, S./Schaumburg, H./Mavrikis, M. (2018): Personalisiertes Lernen mit digitalen Medien. Stuttgart.

Hoffmann, A./Franz, E./Schneider-Pungs, C. (2017): Tablets im Unterricht – Ein praktischer Leitfaden. Hamburg.

Hord, S. M. (2004) (Ed.): Learning together, leading together. Changing schools through professional learning communities. New York.

Hord, S. M. (2008): Leading professional learning communities. Thousand Oaks, Ca.

Jahnke, I.: Tablets im Schulunterricht (2017). In: Bastian, J./Aufenanger, St. (Hrsg.): Tablets in Schule und Unterricht. Wiesbaden.

Kahl, R. (1999): Lob des Fehlers. Weinheim/Basel.

Kegan, R./Laskow, L. (2009): Immunity to Change: How to Overcome It and Unlock the Potential in Yourself and Your Organization. Boston.

Kontopodis, M./Varvantakis, Ch./Wulf, C. (Eds.) (2017): Global Youth in Digital Trajectories. London.

Krohn, W. (2008): Learning from Case Studies. In: Hirsch Hadorn, G. et al.: Handbook of Transdisciplinary Research. Heidelberg.

Lomos, C./Hofman, R. H./Bosker, R. J. (2011): Professional communities and student achievement – A meta-analysis. In: School Effectivness and School Improvement. Vol. 22, No. 2.

Merton, R. K. (1968): Social Theory and Social Structure. New York.

Meyer, H./Junghans, C. (2019): Zwölf Prüfsteine für die Arbeit mit digitalen Unterrichtsmedien. In: Huber, St. (Hrsg.): Jahrbuch Schulleitung 2019. Köln.

Mutius, B. von (2017): Disruptive Thinking. Offenbach.

Muuß-Merholz, J. (2019): Digitale Schule: Was heute schon im Unterricht geht. Hamburg.

Parsons, T.: Die Schulklasse als soziales System. In: Bauer, U./Bittingmeyer, U. H./ Scherr, A. (Hrsg.): Handbuch Bildungs- und Erziehungssoziologie. Wiesbaden 2012.

Pölert, H. (2018): Schulen und der Sprung ins digitale Zeitalter. In: Schulverwaltung Niedersachsen. H. 3.

Polanyi, K. (1973): The Great Transformation: Politische und ökonomische Ursprünge von Gesellschaften und Wirtschaftssystemen. Frankfurt am Main.

Rolff, H.-G. (1970): Bildungsplanung als Rollende Reform. Frankfurt am Main.

Rolff, H.-G./Tillmann, K. J. (1980): Schulentwicklungsforschung: Theoretischer Rahmen und Forschungsperspektive. In: Rolff u. a. (Hrsg.): Jahrbuch der Schulentwicklung. Bd. 1.Weinheim.

Rolff, H.-G. (2002): Professionelle Lerngemeinschaften. Eine wirkungsvolle Synthese von Unterrichts- und Personalentwicklung. In: Buchen et al. (Hrsg.): Schulleitung und Schulentwicklung. Berlin.

Rolff, H.-G. (Hrsg.) (2011): Qualität mit System. Eine Praxisanleitung zum Unterrichtsbezogenem Qualitätsmanagement. Köln.

Rolff, H.-G. (Hrsg.) (2015): Handbuch Unterrichtsentwicklung. Weinheim/Basel.

Rolff, H.-G. (2017): Schulentwicklung konkret. Weinheim/Basel. 3. Auflage.

Rolff, H.-G. (2019): Schulentwicklung auf den Punkt gebracht. Frankfurt am Main.

Rosenholtz, S. J. (1991): Teacher's Workplace: The Social Organization of Schools. New York.

Rüegg-Stürm, J./Grand, S. (2017): Das St. Galler Management-Modell. Bern.

Scharmer, C. O. (2019): Essentials der Theorie U. Heidelberg.

Schaumburg, H./Prasse, D. (2018): Medien und Schule. Stuttgart.

Schaumburg, H. (2015): Chancen und Risiken digitaler Medien in der Schule. In: Bertelsmann Stiftung (2015): Individuell fördern mit digitalen Medien: Chancen, Risiken, Erfolgsfaktoren. Gütersloh.

Schleicher, A. (2019): Weltklasse: Schule für das 21. Jahrhundert gestalten. Paris.

Schön, D. (1987): The Reflective Practitioner. San Francisco.

Schratz, M./Westfall-Greiter, T. (2010): Das Dilemma der Individualisierungsdidaktik. Plädoyer für Personalisiertes Lernen. In: Journal für Schulentwicklung H. 1.

Senge, P. (2017): Die Fünfte Disziplin. Stuttgart. 11. Auflage.

Sennett, R. (2002): Respekt im Zeitalter der Ungleichheit. Berlin.

Sheninger, E. C. (2019): Digital Leadership: Changing Paradigms for Changing Times. London (Second Edition).

Sergiovannie, T. (1994): Building community in schools. San Francisco.

Tillmann, A./Antony, I. (2018): Tablet-Klassen: Begleituntersuchung, Unterrichtskonzepte und Erfahrungen aus dem Pilotprojekt MOLE. Münster.

Vereinigung der Bayrischen Wirtschaft (Hrsg.) (2018): Digitale Souveränität und Bildung. Münster.

Verscio, V./Ross, D./Adams, A. (2008): A review of research on the impact of professional learning communities on teaching practise and student learning. In: Teacher and Teacher Education. Vol. 24. No. 1.

Welling, St./Breiter, Andreas/Schulz, A. H. (2015): Mediatisierte Organisationswelten in der Schule. Wie der Medienwandel die Kommunikation in den Schulen verändert. Wiesbaden.

Welling, St. (2017): Methods matter. Methodisch-methodologische Perspektiven für die Forschung zum Lernen und Lehren mit Tablets. In: Bastian, J./Aufenanger, St. (Hrsg.): Tablets in Schule und Unterricht: Forschungsmethoden und -perspektiven zum Einsatz digitaler Medien. Wiesbaden.

Welpe, I./Brosi, P./Schwarzmüller, T. (2018): Digital Work Design: Die Big Five für Arbeit, Führung und Organisation im digitalen Zeitalter. Frankfurt am Main.

Zierer, K. (2018): Lernen 4.0. Pädagogik vor Technik: Möglichkeiten und Grenzen einer Digitalisierung im Bildungsbereich. Hohengehren (2. Auflage).

Zylka, J. (Hrsg.) (2017): Schule auf dem Weg zur personalisierten Lernumgebung: Modelle neuen Lehrens und Lernens. Weinheim/Basel.

Zylka, J. (2018): Digitale Schulentwicklung. Weinheim/Basel.

PS: Für mich ist es eine große Freude, dass ein Thema, das ich schon vor über 30 Jahren ohne jede Resonanz behandelt habe, endlich zu einem großen bildungspolitischen Thema geworden ist:

- Rolff, H.-G./Zimmermann, P. (1985) (Hrsg.): Neue Medien und Lernen – Herausforderungen, Chancen und Gefahren. Weinheim/Basel.
- Rolff, H.-G. (1988): Bildung im Zeitalter der neuen Technologien. Essen.
- Lüde, R. von/Rolff, H.-G. (1989): Mit dem Computer leben – Ein Arbeitsbuch zur informations- und kommunikationstechnologischen Grundbildung. Frankfurt/Aarau.

Hans-Günter Rolff

Anhang

(1) Hans-Günter Rolff: Pertinente Schulentwicklungsforschung als Methode – Schulentwicklung als Schulforschung und Schulforschung als Schulentwicklung

(2) Rating Assessment

(3) Hans-Günter Rolff/Ulrich Thünken: Zehn-Komponenten-Modell

(4) Martin Fugmann: Auf das Lernmanagementsystem kommt es an – Ein Plädoyer für Systemoffenheit und cloudbasierte Lernräume

(5) Yvonne Bansmann/Hendrik Haverkamp: »Dafür gibt es doch eine App!« – Nur welche und was leistet sie? Kriteriengeleitete App-Auswahl für den Unterricht

(6) Ulrike Koller: Digital gestütztes Lernen – ein herausforderndes Schulentwicklungsprojekt

(7) Hauke Pölert: Command and Control? Steuerungs- und Kontrollsoftware in der Schul- und Unterrichtsentwicklung

(8) Geschäftsordnung der Steuergruppe des ESG

Anhang 1

Pertinente Schulentwicklungsforschung als Methode

Schulentwicklung als Schulforschung und Schulforschung als Schulentwicklung

Hans-Günter Rolff

Das vorliegende Buch beruht auf zwei Fallstudien, die zwischen Januar und September 2019 durchgeführt wurden. Die Schulwahl haben wir in den Vorbemerkungen beschrieben und begründet. Zu den beiden Fallschulen, die wir intensiv besucht und analysiert haben, kommt noch eine dritte Schule hinzu, die wir an zwei Tagen besucht haben, um unsere Fallstudien-Schulen an einer radikaleren sozusagen zu spiegeln, wobei sich die Radikalität nicht auf die Art und das Ausmaß der Digitalisierung bezieht, sondern auf das pädagogische Konzept und das Raumkonzept. Wir besuchten diese Schule mit Vertretern aus den beiden Fallstudien-Schulen. Bei der »Spiegelschule« handelt es sich um die Gemeinschaftsschule Wutöschingen. Diese Schule verfügt über eine Sekundarstufe I, eine im Aufbau befindlichen S II (wobei es die Jahrgangsstufe 11 seit dem Schuljahr 2019/20 gibt) und eine eigene zugeordnete Grundschule.

Wir haben uns bei unseren beiden Fallstudien an der Methodik orientiert, wie sie vor allem in einem Aufsatz von Krohn (2008) dargelegt wird, der mit dem Ansatz der Interdisziplinarität und auch der Fragestellung, wie man aus Fallstudien lernen kann, schon über die üblichen Konzepte von Fallstudien hinausgeht. Wir sind noch weiter gegangen, indem wir den in den Fallschulen agierenden Personen auf Augenhöhe begegneten und Instrumente der Schulentwicklung als Forschungsinstrumente einsetzten. Dadurch entstand ein anderes, wahrscheinlich auch neues Verständnis von Schulforschung, das wir der Unterscheidbarkeit wegen auch anders benennen, nämlich mit dem Begriff »pertinente Schulentwicklungsforschung«. Dieser Begriff ist uns zum ersten Mal in der frankofonen luxemburgischen Amtssprache begegnet. Er lässt sich mit sachdienlich, relevant, anwendungsbezogen, ergebnisorientiert, treffend und zur Sache gehörend übersetzen.

Einige Beispiele unserer Vorgehensweise mögen verdeutlichen, was pertinente Schulforschung bedeutet. Wir haben die Items für die Kollegiumsumfrage (2.1.6 und 2.2.6) vorgeschlagen, gemeinsam »einsatzbereit« gemacht und auch gemeinsam ausgewertet. Wir haben den von uns entwickelten »Zehn-Komponenten-Check« (siehe Anhang 3) als Instrument der Selbstevaluation der Schule benutzt, ihn von Leitungspersonen und Personalratsmitgliedern ausfüllen lassen, die Ergebnisse mit ihnen gemeinsam interpretiert und dabei die im Instrument enthaltene Indikation kommunikativ validiert und zum Teil auch verändert bzw. ergänzt.

Wir haben das Feedback der Schülerinnen und Schüler zum Digital gestützten Lernen mitgestaltet, indem wir neue Items hinzugefügt und die Interpretation, die die diesbezügliche Lehrperson in derselben Unterrichtsstunde, in der die Daten erhoben wurden, schon mit den Schülerinnen und Schülern besprochen hatte, später mit ihr gemeinsam ausgewertet. Ähnlich sind wir mit dem Instrument des Rating-Assessments (siehe Anhang 2) umgegangen: Einerseits haben wir es als Instrument einer Selbstevaluation durch Vertreter der Schule eingesetzt und andererseits als Instrument der Gemeinsamen Diagnose als Startpunkt eines Change-Management-Prozesses genutzt.

Wir haben vor dem Hintergrund des Schülerfeedbacks eine Kollegiumsumfrage zur Akzeptanz und Nutzung der neuen digitalen Medien für den eigenen Unterricht angeregt und danach der Schule Tipps gegeben zur Frage, wie man zu einer höheren, fast hundertprozentigen Rücklaufquote kommt (nämlich indem kein spätes Rückgabedatum gewählt wird, sondern das computerbasierte Feedback als Instant-Feedback gestaltet wird, z. B. in einer Kollegiumskonferenz, in der alle anwesend sind, jeder die Antworten zur gleichen Zeit in das eigene Gerät eingibt und die moderierende Lehrperson im Plenum sagt, jeder möge alle Fragen beantworten, die Antworten bleiben anonym und wenn jemand Probleme mit den Fragen habe, sie zur Rücksprache mit der veranstaltenden Person im Raum bleiben möge und man eine Frage, wenn es keine zufriedenstellende Auskunft gebe, auch mal auslassen könne, man die übrigen Fragen aber beantwortet und der insofern unvollständige Fragebogen in jedem Fall zurückgegeben werden solle). Ansonsten werden die üblichen Standards von Schulforschung beachtet wie Rater-Übereinstimmung, Leitfaden-Interviews zu zweit, Dokumentenanalyse u. a. Und wir sind Anhänger des Mixed-Methods-Ansatzes.

Dies möge zur Erläuterung des Konzepts der pertinenten Schulforschung genügen. Es ist eine Form der Forschung auf Augenhöhe, die mit Instrumenten der Schulentwicklung auch Schulforschung und mit Instrumenten der Schulforschung auch Schulentwicklung betreibt. So können Schulen, die sich häufig von der Schulforschung »überforscht« fühlen und für die eigene Schulentwicklung keinen Sinn darin sehen, die Forscher manchmal auch als impertinent wahrnehmen, sich mit pertinenter Schulforschung gut anfreunden, wie eine Mail der Göttinger Schule zeigt:

Lieber Herr Rolff,

das Verabschieden ging dann so rasch von sich, dass ich mich zumindest auf diesem Wege noch einmal ganz herzlich bedanken möchte bei Ihnen, und natürlich auch bei Herrn Thünken (dem Sie das doch bitte weitersagen…)! Es waren zwei sehr intensive Tage (bei Ihrem dritten Besuch), die uns bei der Schulentwicklung sehr helfen werden. Davon profitieren wir – Herr Pölert, Martin Koch und Mathias Behn, mit denen ich Nachlese halten konnte, sehen das ganz genauso und sind sehr froh über die Ergebnisse! Wir werden berichten und bleiben ja ohnehin im Kontakt!

Für heute herzliche Grüße – Ulrike Koller

Anhang 2

Rating Assessment

1. Kurzbeschreibung

Beim Rating Assessment werden im Kollegium, in Lehrergruppen oder in Klassen Gemeinsamkeiten in der Analyse und Bewertung von Vorgängen oder Ergebnissen für die eigene Praxis entwickelt.

2. Ziele

- Unterrichtssituationen oder Störungen werden evaluiert und gemeinsam ausgewertet.
- Die Kriterien derjenigen, die die Praxis beurteilen, werden analysiert.
- Die Kompetenz der Lehrkräfte, komplexe Praxissituationen zu verstehen und zu beurteilen, wird verbessert.

3. Materialien

- Falldarstellung auf Flipchart, Folie oder Packpapierrolle
- Karteikarten DIN-A5 (in zwei Farben)
- Wandzeitungspapier

4. Voraussetzungen

In der Praxis treten immer wieder Fälle auf, für die eine gemeinsame Sichtweise und daraus resultierende Handlungskompetenzen für alle Lehrer/innen der Schule entwickelt werden sollen z. B.:
- Umgang mit schwierigen Schüler/innen
- Bewertung einzelner Lernschritte in Projekten
- Umsetzung neuer Lehrpläne

5. Ablauf

Das Rating Assessment kann in Gruppen von fünf bis 50 Teilnehmer/innen angewendet werden. Es kann sowohl für die Unterrichtsarbeit in den Klassen als auch bei Klassen- oder Lehrerkonferenzen eingesetzt werden.

5.1 Vorbereitung

Ein Fall wird mündlich kurz vorgestellt und dann auf fortlaufenden Karten notiert und dann chronologisch auf einer Wandzeitung sortiert.

5.2 Durchführung

Die Teilnehmer/innen können Verständnis- und Rückfragen zum Ablauf und zu den Beteiligten des Falles stellen. Erläuterungen und Anmerkungen ergänzen die Chronologie auf der Wandzeitung.

Jede/r Teilnehmer/in wählt dann drei Handlungsschritte in dem vorgestellten Fall aus, die sie/er als besonders gelungen ansieht, und notiert auf einer Karteikarte (erste Farbe), was besonders positiv ist.

Die gleiche Vorgehensweise gilt für drei nicht positiv eingeschätzte Handlungsschritte, die auf der zweiten Karteikarte (zweite Farbe) notiert werden.

Die Karteikarten werden neben die entsprechenden Handlungsschritte auf die Wandzeitung geklebt.

5.3 Plenum

Im dann folgenden Plenum diskutieren die Teilnehmer/innen folgende Fragen:
- Welche Einschätzungen tragen zur Erklärung und Lösung des Falls bei?
- Welche Überschneidungen bzw. Unterschiede in den Bewertungen sind festzustellen?
- Welche praktischen Erfahrungen haben die Teilnehmer/innen?

Die Ergebnisse werden entweder auf der Wandzeitung oder auf Flipcharts festgehalten. Falls nötig, können auch Karteikarten umgehängt und neu zugeordnet werden.

Die Lehrkraft, die den Fall vorgestellt hat, gibt am Ende der Analyse/Diskussionsrunde eine Rückmeldung zu für sie besonders wichtigen und hilfreichen Hinweisen und Wertungen.

5.4 Hinweise zur Auswertung

Am Ende des Verfahrens werden die Ergebnisse schriftlich zusammengefasst:
- Wie verhält sich die Gruppe bei der Einschätzung und Analyse?
- Was sind Stärken und Schwächen unseres Handelns?
- Was waren unsere Kriterien?
- Gibt es Handlungsalternativen zu den dargestellten Fällen?
- Welche Konsequenzen ziehen wir daraus für die Unterrichtsgestaltung bzw. für unser Lehrerhandeln?

5.5 Tipps zur Ergebnissicherung

Zur Dokumentation kann die vorliegende Wandzeitungsstruktur verwendet werden. Die Ergebnissicherung sollte mithilfe eines Protokollbogens erfolgen, auf dem die zu klärenden Fragen notiert sind (eventuell schon bei der Vorbereitung).

5.6 Kommentar

Komplexe Praxissituationen sind gemeinsam besser nachvollziehbar, verständlich und beurteilbar. Unterschiedliche Sichtweisen und Einschätzungen helfen dabei, die eigenen Kompetenzen beim Lösen solcher Fälle zu erweitern und zu verbessern.

Angelehnt an »Rating Assessment«: Burkard, C./Eikenbusch, G. (2000): Praxishandbuch Evaluation in der Schule. Berlin: Cornelsen Verlag Scriptor.

Anhang 3

Zehn-Komponenten-Modell

Hans-Günter Rolff/Ulrich Thünken

Wir wissen aus Erfahrung und Forschung, dass Maßnahmen nur dann wirksam werden im Sinne der Verbesserung der Schulqualität, wenn sie in einem Gesamtzusammenhang stehen, miteinander verbunden sind, es sich also um ganzheitliche Qualitätsentwicklung handelt, auch holistische Qualitätsentwicklung genannt. Gesamtzusammenhänge zu diagnostizieren ist eine der schwierigsten Aufgaben der Schulentwicklung. Deshalb hat Hans-Günter Rolff ein Instrument zur Diagnose ganzheitlicher Qualitätsentwicklung erarbeitet, das Komplexität abbildet, aber dennoch handhabbar ist (siehe Rolff 2011). Dieses Instrument haben Rolff und Ulrich Thünken weiterentwickelt zu einem Instrument zur Analyse des Entwicklungsstandes »Digital gestützten Lernens« (DgL), das im Folgenden wiedergegeben wird.

Wir empfehlen, mit einer Gruppe zentraler Akteure einen *Check des aktuellen Entwicklungsstandes Ihrer Schule* mit diesem Instrument durchzuführen, und zwar erst einzeln und dann gemeinsam.

Füllen Sie bitte die folgenden Seiten aus. Wenn Platz fehlt, nutzen Sie einfach die Rückseite. Wo es passt, füllen Sie bitte das folgende Instrument zum *Assessment des Entwicklungsstandes* (AdES) aus. Es bezeichnet die Durchdringungstiefe (DT).

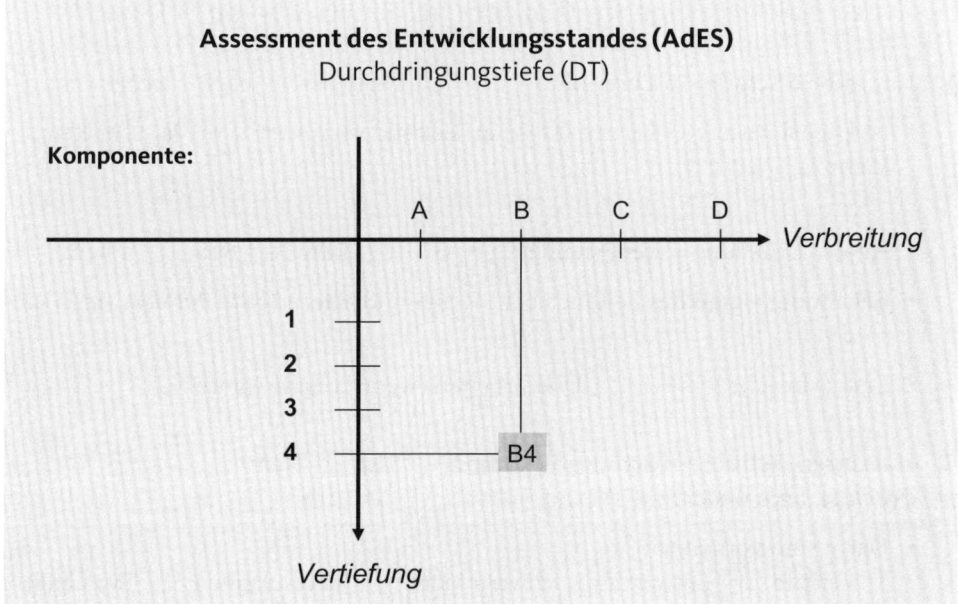

Abbildung 18: Assessment des Entwicklungsstandes (AdES)

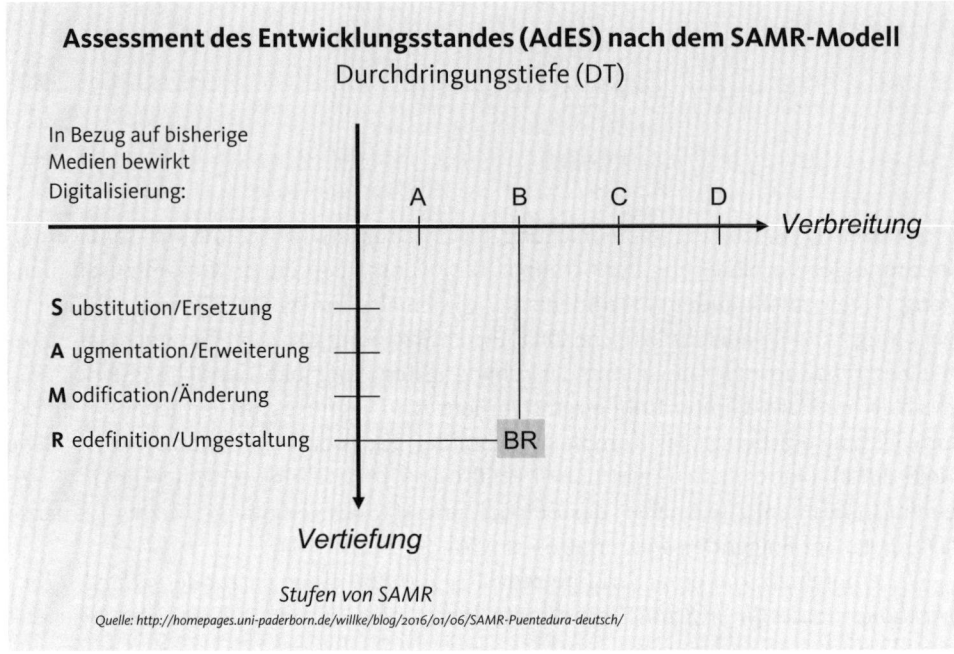

Abbildung 19: Assessment des Entwicklungsstandes (AdES) nach dem SAMR-Modell

Hat unsere Schule die folgenden Komponenten entwickelt – und wieweit?

1. **Hat unsere Schule ein Leitbild?**   ☐ Ja   ☐ Nein   *(wenn Ja, bitte weiter mit …)*

   - Ist Digital gestütztes Lernen (DgL) im Leitbild verankert?   ☐ Ja   ☐ Nein
     Wenn ja, wie?

   - An der Erstellung waren beteiligt: ☐ SL   ☐ LPn   ☐ SuS   ☐ Eltern

   - Bekanntheitsgrad des Leitbilds bei LP, SuS und Eltern *(bitte mit dem AdES einschätzen)*

   - Erstellt im Jahr _____   Überarbeitet? (wenn ja, dann wann?) _____

2. **Hat unsere Schule ein Schulprogramm?**   ☐ Ja   ☐ Nein
   (wenn Ja, bitte weiter mit …)

   - Darin sind vorhanden:
     ☐ Leitbild   ☐ Entwicklungsschwerpunkte   ☐ Jahresplanung   ☐ Evaluation

   - Verabschiedet wann und durch?

3. Qualitätstreiber

3.1 Zielorientiertheit:
Welche Ziele gibt es? Bitte auflisten (evtl. Zusatzblatt oder Rückseite):

- Schulziele: _____
- ESP-Ziele: _____
- Jahresziele: _____
- Ziele von Fachschaften usw.: _____

3.2 Feedback-Kultur (bitte mit dem AdES-Blatt einschätzen)

- Schüler*innen-Feedback zum Unterricht: _____
- Lehrer*innen-Feedback (Hospitation): _____
- Lehrer*innen-Schulleiter*in-Feedback (Führungsfeedback): _____
- Gibt es Feedback zu DgL? Wenn ja, welches? _____

3.3 Unterrichtsbezogene Kooperation

- Welche innovativen UE-Konzepte sind in Realisierung?

_____

_____

- Welche sind geplant?

_____

_____

_____

- Welche Kooperationsformen gibt es? *(bitte AdES)*
  bei Lehrpersonen: _____
  bei SuS: _____

4. Welches sind die wichtigsten Entwicklungsschwerpunkte mit Bezug auf DgL?

4.1 ESP 1 (Bezeichnung): _____

- Welche Ziele? _____
- Welche Maßnahmen? _____

- Welche Ideen zur Evaluation? _____

- Welche Zeitachse? _____

- Wer ist einbezogen? _____

4.2 ESP 2 (Bezeichnung): _____

- Welche Ziele? _____

- Welche Maßnahmen? _____

- Welche Ideen zur Evaluation? _____

- Welche Zeitachse? _____

- Wer ist einbezogen? _____

5. Schulmanagement:
Befördert es das DgL?   ☐ sehr   ☐ etwas   ☐ wenig   ☐ gar nicht

5.1 Schulkonferenz/Gesamtkonferenz

- Welche Rolle hat sie/es beim DgL? _____

- Aktuelle Beschlusslage: _____

5.2 Schulleitung

- Identifiziert sich die Erweiterte SL (ESL) mit DgL?   ☐ Ja   ☐ Nein

- Unterstützt die ESL das DgL – und wenn ja, dann wie? _____

5.3 Steuergruppe

- Steuert sie das DgL?   ☐ Ja   ☐ Nein

- Ist die SL darin vertreten?   ☐ Ja   ☐ Nein

- Welche Qualifikationen sind darin vertreten? _____

5.4 Laptop-Beirat/Fokusgruppe/Digitalisierungsgruppe

- Steuert er/sie das DgL?   ☐ Ja   ☐ Nein

- Ist die SL darin vertreten?   ☐ Ja   ☐ Nein

- Welche Qualifikationen sind darin vertreten? _____

5.5 Kollegium

- Kennt das Kollegium das Medienkonzept?
  ☐ Fast niemand   ☐ wenige   ☐ viele   ☐ alle

- Akzeptiert das Kollegium das DgL?
  - ☐ Fast niemand   ☐ wenige   ☐ viele   ☐ alle

5.6 Welche Rolle spielen mittlere Führungskräfte?

- FachkonferenzleiterInnen
- AbteilungsleiterInnen
- StufenleiterInnen
- Didaktische LeiterInnen/StudienleiterInnen
- Weitere KoordinatorInnen

6. Interne Evaluation

- Welche Formen der internen Evaluation werden praktiziert?

- Was geschieht mit den Ergebnissen?

7. Externe Evaluation mit Bezug auf DgL

- Hat bereits eine externe Evaluation stattgefunden?   ☐ Ja   ☐ Nein
  (wenn ja, welcher Art?)

- Was geschieht mit den Ergebnissen?

8. Einsatz digitaler Medien (Welche werden eingesetzt? Und wie viele?)

8.1 Schüler

- Laptops, welche?
- Tablets, welche?
- andere?

8.2 Lehrer

- Laptops, welche?
- Tablets, welche?
- Wanddisplays?

- Interaktive Whiteboards? _____
- Beamer? _____
- andere? _____

9. Unterstützung

Wird das DgL unterstützt? Und wenn ja, dann durch wen?

- Schulaufsicht? _____
- Prozessbegleiter? _____
- schuleigene Fortbildungen? _____
- überschulische Fortbildung? _____
- Mitglied von Netzwerken: Wenn ja, welche? _____
- Schulträger? _____
- Andere? _____

10. Raumnutzung und Raumanforderungen

- Unsere Gebäude und Räume entsprechen den Anforderungen von DgL
  ☐ kaum   ☐ einigermaßen   ☐ fast vollständig
- Was ist an unseren Raumgegebenheiten unzulänglich?

  _____
- Was planen wir diesbezüglich?

  _____

Was ich sonst noch anmerken möchte:

_____

_____

Literatur

Hans-Günter Rolff (Hrsg.) (2011): Qualität mit System. Köln: Link.

Auf das Lernmanagementsystem kommt es an

Ein Plädoyer für Systemoffenheit und cloudbasierte Lernräume

Martin Fugmann

Digitalisierung stellt eine große Herausforderung für alle Akteure im Bildungssystem dar. Das Alltagsleben ist umfassend von der Digitalisierung geprägt und im Zeitalter der digitalen Transformation sind ganzheitlich pädagogische Konzepte zur Einbeziehung digitaler Medien besonders angesichts der technischen Infrastrukturhilfen in der Schule überfällig (siehe Eickelmann u. a. 2018). Sie sind der Schlüssel, um schulisches Lernen mit digitalen und durch digitale Medien in seiner Wirksamkeit zu unterstützen.

Die Wirksamkeit unserer Bildungsbemühungen wird sich an der Frage messen lassen müssen, ob es uns gelingt, in der Schule Lernbedingungen zu schaffen, die geeignet sind, einer kulturell, sprachlichen und sozialen immer vielfältigeren Schülerschaft Bildungschancen zu ermöglichen (Holmes/Anastopoulou/Schaumburg/Mavrikis 2018). Individuelle Förderung und damit verbunden Konzepte der inneren Differenzierung sind zwar seit vielen Jahren wichtige Pfeiler der Unterrichtsentwicklung in unserem Schulsystem, betrachtet man die Ergebnisse von PISA, ICLIS und anderen internationalen Schulleistungsstudien, sind Etappenziele erreicht worden, die aber augenscheinlich noch nicht die erhoffte Wirkung haben entfalten können (Bos u. a. 2013).

Digitalisierung trifft in dem oben beschriebenen Biotop allzu oft auf Skepsis und Widerstand nicht nur bei Pädagog*innen, sondern auch bei den Führungskräften. Auch drei Jahre nach Verabschiedung der KMK Strategie trotz erheblicher finanzieller Investitionen in Hardware und Infrastruktur werden die Chancen digital gestützten Lernens immer noch infrage gestellt. Das mag vor allem daran liegen, dass die Diskussion primär um die Einführung von Technologie kreist und man sich weniger die Frage stellt, welche digitalen Lernräume und technikunabhängige Plattformen am ehesten geeignet sind, personalisiertes Lernen zu fördern und damit der mit Heterogenität verbundenen Herausforderungen zu begegnen (Fugmann 2018). Es ergibt sich daher doppelten Entwicklungsbedarf – zum einen fehlen Konzepte für personalisierte Förderung in der inklusiven Schule zum anderen stehen die Schulen in der Einbeziehung digitaler Lernräume und Plattformen in den Unterricht noch am Anfang (Holmes et al. 2019, S. 50).

Digitalisierung birgt ungeahnte Potenziale für personalisiertes Lernen, wenn es gelingt, ganzheitliche Konzepte zu entwickeln, die sich an unseren pädagogischen Überzeugungen orientieren und gleichzeitig das Potenzial, das digitale Medien in diesen Kontexten haben, ausschöpft. Für den Unterricht gilt es, fächerübergreifende, stabile Lernumgebungen zu schaffen, die digitalisierte Inhalte, individualisierte Zugänge, kompetenz- und feedbackorientierte Lernwege und kollegiale Kooperation in Professionellen Lerngemeinschaften begünstigen und intensivieren (Fugmann 2019b).

Der Schlüssel hierzu liegt in der Bereitstellung systemoffener Ausstattungsvarianten, die den Zugang zu Browser-basierten Lernmanagementsystem ermöglichen, mit deren Hilfe sowohl das Lernen der Schüler als die professionelle Kooperation von Lehrkräften und damit verbunden die Teamentwicklung in Schulen systematisch und ganzheitlich entwickelt werden kann (Fugmann 2017).

Plattformen in deutschen Schulen: Ein kurzer Überblick

Seit den 90er Jahren stehen Schulen in Deutschland sogenannte Content Managementsysteme (CMS) kostenfrei zur Verfügung: z. B. Moodle, LONET (www.lo-net. de) BID-OWL (www.bid-owl) u. a. Deren freie Verfügbarkeit hat bislang nicht dazu geführt, dass Lernen in der Schule digital gefördert wird, denn offensichtlich sehen Kolleg*innen und Kollegen reine Content Managementsysteme nicht als attraktive Unterstützungssysteme an, wenn es um die Gestaltung pädagogisch didaktischer Unterrichtsprozesse geht.

Derzeit versuchen viele Bundesländer, eigene Plattformen zu entwickeln, von denen sie sich einen Schub in der Unterrichtsentwicklung und der kollegialen Kooperation versprechen: Logineo (NRW), Ella (BW), Lernraum Berlin (www.lernraum-berlin.de/start/) und das Digital Learning Lab aus Hamburg (https://digitallearninglab.de) legen den Fokus auf Distribution von digitalen Lerninhalten, die die Entwicklung schuleigener Curricula auf der Basis der Kernlehrpläne voranbringen und gleichzeitig schulische Kommunikation zwischen den Lehrkräften untereinander und mit Schülerinnen und Schülern verbessern sollen. In den ersten Entwicklungsphasen ist nicht vorgesehen, dass auch Schüler*innen die Plattformen außer zur Informationsentnahme nutzen können. In manchen Projektbeschreibungen ist zu lesen, dass Länderplattformen Schnittstellen zu Moodle als Lernmanagementsystem anbieten. Das Land Hessen arbeitet an Lösungen, die Moodle und das E-Portfolio-System Mahara miteinander verbinden. Die HPI Schulcloud plant eine bundesweite Cloud mit dem Schwerpunkt auf MINT Fächer und entwickelt u. a. Lösungen z. B. für das Land Niedersachsen. Viele Schulen setzen flächendeckend Office 365 ein, einige wenige trauen sich sogar trotz datenschutzrechtlicher Bedenken, mit dem Goolge Classroom zu arbeiten, der in USA und anderen europäischen Ländern Standard ist. Einige Bildungsregionen, Bundesländer, Einzelschulen und Deutsche Auslandsschulen setzen das System IQES Online aus der Schweiz (www.iqesonline.net) ein, das vor allem für sein sehr elaboriertes digitales Evaluationscenter geschätzt wird. An IQES online angedockt gibt es den IQES-Lernkompass, zunächst noch ein Lehrertool, das es erlaubt, Unterricht auf der Basis vordefinierter Kompetenzprofile so zu planen und zu organisieren, dass selbst gesteuertes Lernen gefördert wird, indem kompetenzorientierte Aufgabensettings entwickelt werden (siehe https://kebu-freiburg.de/helps/). Schülerzugänge sind in Aussicht gestellt.

Die Alemannenschule im Wutöschingen, die 2019 für ein stark personalisiertes Unterrichtskonzept und Schulkonzept mit einem Schulpreis ausgezeichnet wurde, benutzt im Netzwerk mit anderen Schulen die Lernplattform »Diler« (www.digitale-lernumgebung.de), eine Open-Source-Anwendung, die die individualisierte Lernumgebung organisieren und u. a. den Kompetenzerwerb der Schüler*innen zu dokumentieren hilft.

Das Land Bremen setzt das System Itslearning (https://itslearning.com/de/) ein, das ursprünglich von einem Start-up entwickelt wurde und stellt damit allen Schulen ein LMS zur Verfügung, das durch die Möglichkeit besticht, ein dynamisches Curriculum zu erstellen, auf dessen Basis personalisierte Lernwege digital gesteuert werden können. Microsoft, Google, Itslearning und der IQES-Lernkompass sind proprietäre Systeme, die von den Schulen über kostenpflichtige Lizenzmodelle erworben werden können. In den meisten Bundesländern sind sie nicht als Lehr- und Lernmittel anerkannt, die Schulen müssen also eigene Budgets bilden, denn auch die Mittel aus dem Digitalpakt decken Kosten für Software nicht ab. Bei Moodle und der HPI Schulcloud handelt es sich um sogenannte Open-Source-Systeme, wobei die Projektförderung der HPI Cloud 2021 ausläuft und das Geschäftsmodell daher ungewiss ist.

Man kann demnach zusammenfassend feststellen, dass zwar in technische Infrastruktur erheblich investiert wird, es den Bildungsverantwortlichen in der Bundesrepublik bislang jedoch nicht gelungen ist, Systeme selbst zu entwickeln oder den Schulen flächendeckend zur Verfügung zu stellen, die personalisiertes Lernen mit digitalen Medien systematisch ermöglichen.

Die hierarchische Architektur mancher Länderplattformen steht geradezu im Widerspruch zur Philosophie von Digitalisierung, in der Kollaboration im Sinne von Ko-Kreation, nicht hierarchischem Content Management und die Gestaltung personalisierter Lernwelten in den Fokus gerückt wird.

Lernmanagementsysteme (LMS): eine Definition

»Ein LMS ist eine serverseitig installierte Software, die beliebige Lerninhalte über das Internet zu vermitteln hilft und die Organisation der dabei notwendigen Lernprozesse unterstützt« und die folgenden Anforderungen erfüllen sollte:
- Ein LMS ist webbasiert, das heißt über einen Browser aus dem Internet zu starten.
- Ein LMS ermöglicht die Administration/Verwaltung von Benutzern, von Inhalten und von Kursen und die Zuweisung von Rollen und Rechten.
- Das LMS ermöglicht elektronische Kommunikation sowohl innerhalb der Rollen (Lernende, Lehrende) und zwischen den Rollen (Lernende, Lehrende).
- Das System sollte käuflich erwerbbar, open source, public domain oder eine Mietlösung sein.

Im Bereich Kommunikation gewichten Baumgartner synchrone und asynchrone Kommunikation und die Möglichkeit der Gruppenbildung als sehr bedeutsam. Didaktisch sollte das LMS verschiedene Lehr- und Lernmodelle zulassen darüber hinaus die Modularisierung von Lerninhalten, Feedback zum Lernfortschritt und flexible Lernpfade ermöglichen.

Technisch sollten Anpassbarkeit, Erweiterbarkeit, Skalierbarkeit, einfache Verbreitung, Support, Sicherheit bei der Datenweiterreichung und die Unterstützung von Standardobjekttypen und -formaten zu den Standards gehören (Baumgartner u. a. 2002).

Damit unterscheiden sich die Funktionsweisen von LMS im Sinne der Definition Baumgartners zum einen von reinen Content Management Plattformen, aber auch von den Länderplattformen und der HPI Schulcloud, dem IQES Lernkompass und anderen in wesentlichen Aspekten. Itslearning und der Google Classroom greifen die meisten Features auf, Office 365 ist wohl derzeit das am meisten ausgefeilte Kommunikations- und Kollaborationstool, stellt aber kein am Kompetenzerwerb orientiertes personalisier Unterrichtsinstrumentarium zur Verfügung.

Ein Blick in die USA

Rein adaptive Learning-Analytics-Systeme, wie wir sie insbesondere in den Lab Schools in den USA wiederfinden, werden ebenfalls als LMS klassifiziert: In Schulen, in denen Systeme wie »School of One – New Classrooms«, die Plattform der Alt School und anderen eingesetzt werden, verbringen Schüler*innen einen hohen Zeitanteil am Tablet bzw. Notebook. Die Software erstellt auf der Basis von digitalen Übungen und ggf. Spielen zunächst individuelle Schülerprofile, die dann mit den curricularen Vorgaben abgeglichen werden. Hieraus resultieren individuelle Lernpläne, die zur Verfügung gestellt werden. Digitale Medien liefern Inhalte, Übungs- und Anschauungsmaterial, analysieren und geben Rückmeldungen über Schülerleistungen. Alles ist jederzeit für Eltern einsehbar und sogar per App abzurufen. SchülerInnen werden zu gläsernen Lernern und können deshalb ständig überwacht werden. Die hochwertige, interaktive Software sammelt Daten über Lern- und Leistungsverhalten, damit künftige Lernangebote individuell zugeschnitten werden können. Die traditionelle Lehrer*innenrolle ändert sich drastisch: Pädagogen werden zu Dirigenten digitaler Lernumgebungen und motivieren die Kinder allenfalls noch zum Arbeiten am digitalen Endgerät, die Förderpläne werden vom Algorithmus entwickelt. Wo Firmen wie Facebook die Curricula auf diese Weise transformieren und in digitale Förderpläne münden lassen, verlieren Lehrerinnen und Lehrer die Rolle von Designieren fachlicher und fächerübergreifender Lernumgebungen. »Disruption« macht somit auch vor der Schule nicht halt. Die soziale Dimension des Lernens wird abgekoppelt vom pädagogisch didaktischen Konzept und die sozioemotionalen Umgebungsvariablen werden stark multimedial geprägt. Aus diesem Grund darf man annehmen, dass sich die adaptiven, algorithmischen Systeme nicht nur aufgrund unserer Haltung zum Schultz personenbezogener Daten in deutschen Schulen nicht durchsetzen werden.

Grundüberzeugungen in Schulen mit deutscher Bildungstradition

Wie sollen sich Schulen angesichts der oben beschriebenen globalen pädagogischen Entwicklungen pädagogisch didaktisch im Zeitalter der Digitalisierung positionieren? Wie verbindet man unsere Vorstellung von humanistischer Bildung und Pädagogik mit der Vision, personalisiertes Lernen so zu unterstützen, dass Bildung im Sinne von Maria Montessori nicht in den Dienst der Schule, sondern der Vorbereitung der Kinder auf das Leben gestellt wird?

Will man Akzeptanz und Offenheit für die Nutzung digitaler Medien in Deutschlands Schulen erreichen, muss man sich an folgenden Grundüberzeugungen orientieren.

(1) Es gibt im Unterricht des 21. Jahrhunderts keine scharfe Trennung zwischen Wissen/Kompetenz, Methoden und Medien. Alle drei Bereiche verschmelzen im kompetenzorientierten Unterricht miteinander.

(2) Digital aufbereitete Unterrichtszenarien dürfen *nicht* das Ziel des Online bzw. Distance Learning verfolgen, in dem die Steuerung und Begleitung durch Lehrkräfte durch Interaktionen mit Software ersetzt wird. Blended Learning hat sich als besonders förderlich für den Lernprozess erwiesen (Holmes et al. 2018).

(3) Das pädagogische Ethos von Lehrkräften und das Lernklima im Klassenzimmer werden als entscheidend für den Lernerfolg angesehen und wertgeschätzt.

(4) Die Nutzung von Tablets und Notebooks soll den Lernprozess phasenweise unterstützen, ihn aber nicht dominieren.

(5) Der Einsatz digitaler Medien lohnt sich, wenn Methodenlernen, Differenzierung, kooperatives Lernen, Feedbackkultur, Peer to Peer Learning und Learning Outcomes eine Rolle spielen (Hattie 2014).

(6) Intensivierung und Optimierung der Kommunikation aller am Schulleben beteiligten Gruppen (Lehrer/innen, Schüler/innen, Schulverwaltung, Eltern).

Hilbert Meyer (2019) betont das hohe didaktische Potenzial von digitalen Medien:

- Lernaufgaben können präzis an den von der Software erfassten Lernstand angedockt werden. Der Lernerfolg kann ebenso präzis gemessen werden.
- Umfang und Niveau der Selbststeuerung der Lernprozesse können in Eigenregie der Schüler oder nach Vorgabe der Lehrperson über die Software gesteuert werden.
- Die Lehrperson wird zur Moderatorin der individualisierten Lernprozesse. Die Direkte Instruktion verschwindet nicht vollständig, verliert aber deutlich an Gewicht.
- Eine vorbereitete Lernumgebung, in der die Spielregeln digitalisierten Lernens verbindlich festgelegt werden, hilft den Schülern, die neuen Medien angemessen zu nutzen die Risiken des Missbrauchs zu verringern.

Sowohl die oben genannten Grundüberzeugungen als auch die Potenziale sind bei der Digitalisierung ganzheitlich zu betrachten, ein Flickenteppich von Apps, verschiedensten Anwendungen und proprietären Tablet Systemen, die sich auf die Welt eines einzigen Systemhauses wie Apple oder Microsoft gründen, sind nicht per se geeignet, personalisiertes Lernen in deutschen Schulen zu fördern, im Gegenteil: Es bedarf stabiler Lernumgebungen und Plattformen, wie sie bereits im KMK-Strategiepapier (2016) gefordert werden:

> Bei der Gestaltung von Lehr- und Lernprozessen werden digitale Lernumgebungen entsprechend curricularer Vorgaben dem Primat des Pädagogischen folgend systematisch eingesetzt. Durch eine an die neu zur Verfügung stehenden Möglichkeiten angepasste Unterrichtsgestaltung werden die Individualisierungsmöglichkeit und die Übernahme von Eigenverantwortung bei den Lernprozessen gestärkt.

Systemoffene Ausstattungsvarianten

Bei allen Grundüberlegungen und Ausstattungsentscheidungen sollten Benutzerfreundlichkeit, möglichst effiziente Administrierung und Systemoffenheit im Vordergrund stehen. Zentrales Anliegen der Schule muss es sein, an den Erfahrungen und medialen Kompetenzen der Lehrerinnen und Lehrer im Umgang mit Medien anzuknüpfen und nicht durch revolutionäre, verstörende Visionen oder technologisch überfrachtete Systeme Hürden zu errichten und Widerstände aufzubauen.

Es geht längst nicht mehr um das »richtige« Endgerät, sondern um die Bereitstellung ganzheitlicher Lehr- und Lernmanagementsysteme, mit deren Hilfe web – basierte Anwendungen innerhalb eines ganzheitlichen pädagogischen Konzeptes zur Anwendung gebracht werden (siehe oben). Die Systeme müssen Lehrerinnen und Lehrer in der Entwicklung und im Design individualisierter Unterrichtskultur unterstützen und Schülerinnen und Schüler auf Ihrem Lernweg und Kompetenzerwerb über Fächergrenzen und Schuljahresgrenzen hinweg begleiten.

Das Kernstück der Ausstattung muss ein schnelles leistungsfähiges WIFI auf dem gesamten Schulgelände sein. Alle Systeme bewegen sich in der Cloud und werden dort gehostet. Benutzerdaten können lokal geschützt werden.

Angesichts der rasanten Entwicklung plädiere ich für Systemoffenheit – die Hardware, für die man sich heute entscheidet, mag morgen bereits veraltet sein. Die Auswahlentscheidung für Windows gegen Apple, für Tablet, Laptop, etc. wird dann relativ, wenn man web-, plattformbasiert und vor allem in der Cloud vernetzt arbeitet und LMS nutzt.

LMS: Was bewirken sie?

Für die Einführung eines Lernmanagementsystems lassen sich drei Funktionen identifizieren:

(1) Ein LMS ist geeignet, ein einheitliches Tableau für Unterrichtsentwicklung zur Verfügung zu stellen; damit hat es Auswirkungen auf die Schulkultur insgesamt und ist Voraussetzung für die Kooperation in professionellen Lerngemeinschaften und Teams, da es die Vernetzung im Kollegium digital unterstützt.

(2) Ein geeignetes LMS unterstützt Kolleginnen und Kollegen bei der täglichen Unterrichtsvor- und -nachbereitung und ermöglicht die Schaffung effizienterer Arbeitsstrukturen. Damit leistet ein LMS wichtige Beiträge für die Arbeitszufriedenheit in einer guten Schule.

(3) Aus der Perspektive des Kollegiums sollte das Lernmanagementsystem den Umgang mit Heterogenität und die damit verbundene Individualisierung des Lernens nicht nur ermöglichen, sondern es unterstützen und effizienter gestalten. Beim Design der Plattform sind wir davon ausgegangen, dass Lehrer*innen die Lernumgebung gemeinsam mit Schüler*innen digital gestalten und das Design der Lernarrangements interaktiv entwickelt wird. Gleichzeitig sollte das System selbst bestimmtes und selbst reguliertes Lernen der Schülerinnen und Schüler ermöglichen und fördern. Dazu sind Schülerzugänge unerlässlich (Fugmann 2019).

Lernmanagement mit NERDL/eSchool21

In Kenntnis der Definition Baumgartners, gegründet auf den oben skizzierten Überzeugungen von Pädagog*innen, die von der deutschen Bildungstradition geprägt sind, und angeregt durch die vielfältigen Impulse und Kontakte aus dem Umfeld der German International School of Silicon Valley entwarf eine Gruppe von Lehrkräften der Schule im Herbst 2013 das Unterrichtskonzept NERDL/eSchool21 zunächst für die Klassen 9 bis 12, das seit 2016 am Evangelisch Stiftischen Gymnasium und andern Pilotschulen weiterentwickelt wird und demnächst in der Version 3.0 zur Verfügung steht. In der Zwischenzeit wird NERDL an beiden Schulen flächendeckend von Klasse 5 bis 12 eingesetzt.

Parallel zur Evaluation vorhandener Learning Management Systeme wurden im Schuljahr 2013/14 in Gesprächen mit ortsansässigen Firmen (z. B. Google, Cisco und Adobe) Möglichkeiten für die Umsetzung eines digital gestützten Unterrichtskonzeptes, das personalisiertes Lernen ins Zentrum rückt, diskutiert. Die Entscheidung fiel schließlich auf eine Eigenentwicklung unter Einbindung von bewährten kommerziellen Komponenten über Programmschnittstellen.

NERDL/eSchool21 orientiert sich an den pädagogisch didaktischen Konzepten des Curriculums in Deutschland: Lehrerinnen und Lehrer laden ihre Unterrichtsmaterialien in die Bibliothek, deren Systematik sich an den fachlichen Kompetenzen der schuleigenen Curricula orientiert, denen die Kernlehrpläne zugrunde liegen. NERDL ermöglicht somit die Erstellung eines flexiblen Curriculums mit eigenen inhaltlichen Kontextuierungen.

Lehrer*innen planen Ihre Unterrichtsstunden mit einem Stundeneditor, der es ihnen erlaubt, Schülern auf Knopfdruck Aufgaben individuell zuzuweisen (personalisiertes Arbeiten), Gruppen- und Expertenpuzzle anzulegen, Hausaufgaben zu stellen, Dateien hochzuladen, etc.

Ein Ratingwerkzeug fordert Schülerinnen dazu auf, Beiträge ihrer Mitschüler zu bewerten und zu kommentieren (Feedbackkultur). Schülerinnen kommunizieren untereinander und mit Lehrkräften u. a. auf einem Forum. Die Lernwelt gibt ihnen darüber Aufschluss, wo sie in ihrem Kompetenzerwerb stehen. NERDL/eSchool21 führt damit konsequent das Konzept der Schule fort, indem Selbstbestimmung, Selbstorganisation, Kooperation und Peer to Peer Learning als Treiber priorisiert werden, von denen wir wissen, dass sie eine hohe Korrelation zum Lernerfolg aufweisen (Hattie 2015).

Unsere Lehrkräfte sind Autoren und Designer der Lernumgebungen. Lehrkräfte nutzen die Plattform zur Erstellung für die gemeinsame Planung von Unterrichtsreihen und Projekten. Das Kopieren und anschließende Bearbeiten von Unterrichtsstunden und -reihen inkl. Materialien stellt einen wichtigen Beitrag zur kollegialen Zusammenarbeit und zur arbeitsökonomischen Unterrichtsvorbereitung dar. Wir beobachten, dass die Plattform auf diese Weise Teambildung und gemeinsame Unterrichtsplanung in professionellen Lerngemeinschaften erheblich beflügelt hat.

Ein weiteres Programmmodul »Spaces« bietet ein nicht hierarchisches Content Management System, das mit der Bibliothek verlinkt ist und synchrones Arbeiten an einem Dokument durch mehrere Benutzer unterstützt.

Ein Testeditor ermöglicht das Erstellen von Tests in verschiedensten Formaten (Zuordnung, Multiple Choice, Numerisch, Lückentexte, etc.). Den »Quizzes« liegen umfangreiche Fragebibliotheken zugrunde, die importiert werden können oder von den Fachgruppen auch selbst sehr einfach erstellt werden können. Quizzes sind Elemente der Bibliothek, das heißt, sie können jederzeit wiederholt werden und die Schülerinnen erhalten unmittelbare Rückmeldungen über den Lernfortschritt, damit wird das »learning outcome« sichtbar gemacht.

Das System unterscheidet sich von den meisten gängigen LMS dadurch, dass es alle Inhalte über die Kompetenzen des Curriculums miteinander verknüpft und für Schüler*innen und Lehrer*innen auf der Plattform transparent macht. Dadurch wird der Widerspruch zwischen kurs- und inhaltsbasierter Systematik aufgehoben und es werden jahrgangsübergreifende Zugriffe auf alle Materialien ermöglicht. Die Oberfläche des Programms ist für Schüler*innen und Lehrer*innen identisch gestaltet, die Rollenunterscheidung erfolgt über Zuweisung von Nutzungsrechten. Die Organisation des Curriculums in der Bibliothek berücksichtigt drei Ebenen:

(1) die Kompetenzerwartungen des Kernlehrplans,
(2) die Übersetzung der Vorgaben in sogenannte schuleigene »Standards« und Kompetenzbereiche und
(3) die konkreten Kompetenzerwartungen in Form von »Kann-Listen«, die an verschiedensten Stellen des Programms funktional eingesetzt werden, vor allem als Items der Selbsteinschätzung.

Das Modul »Lernpfade« stellt den Schüler*innen individuelle, niveaudifferenzierte Lernangebote zur Verfügung, die im eigenen Tempo unter Einbeziehung strukturierter Lernhilfen selbstständig auch ortsunabhängig bearbeitet werden können.

An einigen Pilotschulen hat sich durch den Einsatz des LMS NERDL die Lern- und Unterrichtskultur verändert. Digitale Medien wurden zum Katalysator für Unterrichtsentwicklung:

(1) Unterricht ist ein ganzheitliches Wirkungsgefüge von Methoden, Inhalts- und Medienentscheidungen
(2) Unterricht vermittelt Medienkompetenz und Kenntnisse im Umgang mit Computer/Software
(3) Laptops/Tablets ersetzen und ergänzen Arbeitshefte
(4) Die Potenziale digitaler Instrumente zur Erarbeitung bestimmter Inhalte werden genutzt und eröffnen neue Perspektiven (z. B. Modellierung, Simulation, etc.)
(5) Lernen geschieht zunehmend personalisiert und selbstreguliert
(6) Unterrichtsentwicklung geschieht vermehrt im Team.

Einführung eines LMS: Was ist zu beachten?

Unsere Erfahrungen zeigen, dass Lehrerkollegien hinsichtlich ihrer digitalen Kompetenzen mindestens ebenso heterogen sind wie die Schülerschaft. Bei der Implementierung eines LMS ist der Grad der digitalen Kompetenz im Kollegium unbedingt zu berücksichtigen. Die Maßnahmenplanung und der Einsatz eines digitalen Lernmanagementsystems sollten daher Raum zur Differenzierung bieten und von Beginn an Unterstützung und Begleitung auf verschiedensten Ebenen gewährleisten. Unsere Erfahrung zeigt, dass die Entwicklungen sich in unterschiedlichen Geschwindigkeiten und je nach Zusammensetzung der Fachteams mehr oder weniger tiefgreifend vollziehen – entscheidend ist, dass sich das Kollegium hinter eine gemeinsam erarbeitete und vereinbarte Strategie der Unterrichtsentwicklung stellt – diese wird vom LMS nicht diktiert, aber unterstützt.

Die digitale Plattform in der Schule hat das Potenzial, Struktur und Organisation, Verantwortung, Verbindlichkeit, Kultur, Normen, Werte und Ziele der Schule zu bündeln. Damit kann Unterrichtsentwicklung vor allem unter dem Aspekt des personalisierten Lernens beflügelt werden.

Fazit: Nur mit LMS ist das Motto »Pädagogik vor Technik« einzulösen!

Die Lernplattform NERDL/ESCHOOL21 wurde von Sebastian Geus und dem Autor des Beitrages im Rahmen der Arbeit an der German International School in Silicon Valley entwickelt und wird derzeit in deutschen Schulen, u. a. dem ESG in Gütersloh, in Pilotprojekten eingesetzt und erprobt.

Literatur

Baumgartner, P./Häfele, H./Maier-Häfele, K. (2002): Evaluierung von Lernmanagement-Systemen: Theorie – Durchführung – Ergebnisse. In: Hohenstein, A/Wilbers, K. (Hrsg.): Handbuch E-Learning. Köln.

Bos, W./Eickelmann, B./Gerick, J./Goldhammer, F./Schaumburg, H./Schwippert, K./Senkbeil, M./Schulz-Zander, R./Wendt, H. (Hrsg.) (2014): ICILS 2013 – Computer- und informationsbezogene Kompetenzen für Schülerinnen und Schüler in der 8. Jahrgangsstufe im internationalen Vergleich. Münster.

Eickelmann, B./Bos, W./Gerick, J./Goldhammer, F./Schaumburg, H./Schwippert, K./Senkbeil, M./Schulz-Zander, R./Wendt, H. (Hrsg.) (2019): ICILS 2018 – Computer- und informationsbezogene Kompetenzen für Schülerinnen und Schüler in der 8. Jahrgangsstufe im internationalen Vergleich Computational Thinking. Münster.

Hattie, J. (2015): Hattie sichtbar machen für Lehrpersonen. Baltmannsweiler.

Holmes, W./Anastopoulou, S./Schaumburg, H./Mavrikis, M. (2018): Personalisiertes Lernen mit digitalen Medien. Ein roter Faden. Stuttgart: Robert Bosch Stiftung.

Fugmann, M. (2017): Die Bedeutung von Lernmanagementsystemen für die Unterrichtsentwicklung. In: Digitale Medien in Schule und Unterricht. In: Journal für Schulentwicklung Heft 3/2017. Innsbruck, Wien, Bozen: Studien Verlag.

Fugmann, M. (2017): Schule auf dem Weg in die Digitalisierung – ein Praxisbericht der deutschen Schule im Silicon Valley. In: O.-A. Burow/C. Gallenkamp (Hrsg.): Bildung 2030. Sieben Trends, die die Schule revolutionieren. Weinheim: Beltz.

Fugmann, M. (2018): Chancen und Nutzen digitaler Medien für die Unterrichtsentwicklung – Erfahrungen aus dem Silicon Valley. In: J. Teichert/B. Ratajczak/R. Ofianka (Hrsg.): Erfolgreich leiten. Neues Handwerkszeug für die Schulleitung. Weinheim und Basel: Beltz, S. 33-46.

Fugmann, M. (2019a): Sieben Schulen und sieben Einsichten. In: O.A. Burow (Hrsg.): Schule digital, wie geht das? Weinheim und Basel: Beltz: S. 111-128.

Fugmann, M. (2019b): Digitalisierung an der Schule, Ein Praxisbericht des Ev. Stiftischen Gymnasiums (ESG) in Gütersloh. In: Schulorganisation und Schulverwaltung – Schulleitung, Raabe: Stuttgart, Beitrag F92.

Meyer, H. (2019) Zwölf Prüfsteine des Arbeitens mit digitalen Medien. Unveröffentlichtes Vortragsmanuskript.

Rolff, H.-G. (2016): Schulentwicklung kompakt. Modelle, Instrumente, Perspektiven. 3. Auflage. Weinheim und Basel: Beltz.

Anhang 5

»Dafür gibt es doch eine App!« – Nur welche und was leistet sie?

Kriteriengeleitete App-Auswahl für den Unterricht

Yvonne Bansmann/Hendrik Haverkamp

Der Einsatz digitaler Endgeräte im Unterricht sowie die Nutzung von Apps verändern langsam den Alltag in deutschen Klassenzimmern, auch wenn Tablets und Laptops noch längst nicht für alle Schülerinnen und Schüler in der Schule nutzbar sind. Dennoch führen immer mehr Schulen Tabletklassen ein, setzen auf iPads und damit einhergehend auf die Einführung eines Gerätemanagement-Systems, auch Mobile Device Management (MDM) genannt. Dies ermöglicht neben weiteren schul- und unterrichtsrelevanten Funktionen, das Downloaden bzw. den Erwerb von Apps sowie deren Verteilung und Verwaltung. Das ESG, das auf eine zwanzigjährige Erfahrung im Einsatz mit digitalen Endgeräten zurückblicken kann, setzt auf den flächendeckenden Einsatz von schülerfinanzierten Laptops, die ab Klasse 7 sukzessive in allen Fächern je nach pädagogischer Sinnhaftigkeit verwendet werden. Darüber hinaus werden ab dem Schuljahr 2019/20 in den 5. und 6. Klassen iPads eingesetzt, die jedoch von der Schule angeschafft wurden und nicht über den Unterricht hinaus ausgeliehen werden dürfen.

Apps im Unterricht

Es ist jedoch eine Illusion zu glauben, dass die Einführung einer gut funktionierenden digitalen Infrastruktur und der Einsatz von Apps automatisch Unterricht verbessert und die Schülerinnen und Schüler zu einem nachhaltigen Lernen aktiviert (Meyer 2018). Es ist daher unsere Aufgabe, Apps so zu verwenden, dass sie den Unterricht ausbalancieren, um selbstreguliertes, personalisiertes Lernen zu fördern sowie die kritische Medienkompetenz der Schülerinnen und Schüler zu stärken. Aus diesem Grund ist es nicht zielführend, analoge Lernsettings lediglich durch digitale zu ersetzen oder überkommene didaktische Prinzipien mittels moderner Apps in ein neues Gewand zu bringen, wofür Axel Krommer den Begriff der »Palliativen Didaktik« (Krommer 2017) geprägt hat. Birgit Eickelmann spricht in diesem Zusammenhang von der Notwendigkeit, die Lernarrangements zu verändern, damit digitaler Unterricht funktionieren kann.[*]

---

[*]   www.tagesspiegel.de/wissen/digitalpakt-fuer-schulen-eigentlich-muesste-man-bei-den-lernar-rangements-anfangen/24104740.html

Wie schaffen wir es also, dass der Einsatz von Apps dazu beiträgt, eine ganzheitliche Unterrichtsentwicklung zu unterstützen und den Anforderungen an das Lernen des 21. Jahrhunderts genügt, ohne dass Lernprozesse in bunter spielerischer Form fragmentiert werden? Um diese Frage beantworten zu können, sollen im Folgenden zunächst die Probleme bei der Auswahl und dann die Kriterien für den Einsatz von Apps im Unterricht beleuchtet werden.

Probleme bei der App-Auswahl

Wie lässt sich bei der schier unendlichen Auswahl an Apps die Übersicht bewahren, welche Apps nur Spielerei sind und welche den Unterricht bereichern, modernisieren und im besten Fall positiv verändern? Mit wenigen Klicks erhält man zahllose Übersichten über den Einsatz von Apps in Schule und Unterricht, App-Stores laden zum Stöbern in bereits vorgegebenen Kategorien ein, soziale Medien widmen sich Bewertungen und Empfehlungen. Teilweise findet man hilfreiche Anregungen,[*] teilweise verbergen sich jedoch hinter vielversprechenden Handreichungen lediglich Publikationen großer digitaler Unternehmen. Mehrere Millionen verfügbare Apps finden sich in den großen Stores im Netz. Die Zahl neu hinzukommender Apps pro Monat ist gigantisch: Laut mobiler Marketing Plattform *adjust* hat sich die Zahl der Apps in Apples App Store zwischen 2014 und 2016 auf über zwei Millionen verdoppelt.[**] Im Google Play Store gibt es sogar eine noch größere Auswahl. Eine einzelne Lehrerin bzw. ein einzelner Lehrer kann diese unmöglich sichten und auf ihre pädagogische Relevanz abklopfen.

Wo kann man sich also über lohnenswerte Apps informieren? Diverse Buchpublikationen beschäftigen sich mit Empfehlung von Bildungs-Apps. Stellvertretend genannt werden soll die Zusammenstellung von Michael Busch in dem Buch *55 Webtools für den Unterricht* (Busch 2018). Die Beispiele für die Anwendungssoftware sind acht Kapitel zugeteilt und sollen der Umsetzung von konkreten Unterrichtsszenarien dienen. Kriterien für die getroffene Auswahl sind nach Aussage des Autors der Nutzen für den Unterricht, die Bedienungsfreundlichkeit sowie die kostenfreie Verwendung.

Des Weiteren bieten frei im Netz kursierende Übersichtsgraphiken eine grobe Zusammenschau über verschiedene Bildungs-Apps. In diesem Zusammenhang bietet das Padagogy Wheel 4.1[***] eine anschauliche Möglichkeit, die jedoch auch nicht

---

[*]   www.learnline.schulministerium.nrw.de/apps

[**]   The Zombie Uprising. A look at the undead App Store in 2016. Verfügbar unter: http://learn. adjust.com/rs/108-GAZ-487/images/The_Zombie_uprising_2016.pdf?mkt_tok=eyJpIjoiTWp-JMU5tSTFNamszTTJVdyIsInQiOiJwcmlmd0dQZHE3T0hoenBzXC9XUkpEdGlGQVBwe-W1HXC81WEtxY1dpV2FlVHJQTm9YU2xDZlYxSkZLNXlYd29rQWNhGRUdVwvS3pod-2RvcnIwZDh2OVp5cG92NjjYbU9FZ0t3ZTVUQzZHcVZTUT0ifQ%3D%3D

[***]   Deutsche Version: http://tinyurl.com/padwheelGER

Schritt halten kann mit der schnellen Entwicklung neuer Apps, da Padagogy Wheel V 4.1 in deutscher Sprache nur Apps berücksichtigt, die bis 2016 entwickelt wurden. Die neuste Version V 5.1 ist nur in Englisch verfügbar. Vorteil des pädagogischen Rades ist es jedoch, dass es sowohl auf dem SAMR-Modell (SAMR steht für **S**ubstitution, **A**ugmentation, **M**odification, **R**edefinition) als auch auf den sechs Taxonomiestufen nach Bloom (Erinnern, Verstehen, Anwenden, Analysieren, Bewerten, Gestalten) basiert, die farblich kenntlich gemacht sind. Damit lassen sich gezielt Apps nach geplanten Lernsettings finden und eine Orientierung für Lehrkräfte geben, um die Relevanz des Technologieeinsatzes in einem Lernarrangement kritisch zu beleuchten und zu hinterfragen.

Digital kompetente Kolleginnen und Kollegen könnten behaupten, die Zuständigkeit bei der Empfehlung von Apps liege nicht bei analog oder digital verfassten Ratgebern, sondern bei der Schwarmintelligenz sozialer Netzwerke – bei Facebook, Twitter, YouTube und Co. Dort tummelt sich eine große Gemeinde digitaler Bildungsexperten. Diese Experten nutzen auch diese Medien seit Jahren virtuos, um ihre Erfahrungen im #twitterlehrerzimmer und auf anderen Kanälen zu kommunizieren. Sie lassen uns teilhaben, indem sie Videotutorials erstellen, OER Materialien veröffentlichen, zu Barcamps einladen und eben über den App-Einsatz im Unterricht berichten.

Klassische Fortbildungs- und Informationsformate werden nicht aussterben, ihre Bedeutung wird vermutlich abnehmen und sich wandeln. Dass alle Kolleginnen und Kollegen sich zukünftig nur noch über sozialen Netzwerken informieren, ist weder erstrebenswert noch wahrscheinlich: Schwierig ist oftmals die Übertragbarkeit dieser im Netz kursierenden Beispiele auf die eigene Unterrichtsrealität und einen vollumfassenden Zugriff hat man auf diese Informationen nur, wenn man einen eigenen Account bei diesen Netzwerken anlegt. Die große rechtliche Unsicherheit hinsichtlich der Nutzung und des Umgangs mit sozialen Medien für Beamte verhindert jedoch oftmals, dass Lehrerinnen und Lehrer soziale Netzwerke nutzen.

Als Inspirationsquelle können alle diese Kanäle, ob analog oder digital, zweifelsohne dienen. Man sollte sich jedoch bewusst sein, dass all diese Empfehlungen einzelner, konkreter Apps für den Unterricht zwangsläufig lückenhaft und beim Erscheinen oft bereits veraltet sind. Hinzu kommen weitere Problembereiche: Datenschutz, Kostenübernahme durch den Schulträger und Akzeptanz in der Lehrerschaft etc., welche die Erstellung von allgemeingültigen App-Auswahllisten im pädagogischen Rahmen vollends zu einer unerquicklichen Angelegenheit werden lassen, weil sie oft nur schulspezifisch beantwortet werden können.

Kriterien für die App- Auswahl

Wir glauben, dass der beste Ratgeber für die Auswahl relevanter Apps nicht das gedruckte Buch, der emsige Fachleiter oder ein rührseliger Vertreter eines Schulbuchverlages sind. Der beste Ratgeber ist eine kritisch prüfende Fachkonferenz, eine Professionelle Lerngemeinschaft, welche die Schule, die Schülerschaft und die schulinternen Curricula im Blick hat. Es kann nicht die Aufgabe eines einzelnen Informatiklehrers sein, Apps für den Unterricht aller Fächer auszuwählen.

Allgemein bei der Suche nach geeigneten Apps müssen wir uns fragen, welche Wirkung wir mit dieser App intendieren und welche Potenziale wir damit bei den Schülerinnen und Schülern fördern möchten. Entscheiden wir uns für eine App im Unterricht, weil sie einfach in der Anwendung, spielerisch und brandaktuell ist, werden wir keine nachhaltige Wirkung erreichen. Soll der Einsatz von Apps dazu beitragen, neue methodisch-didaktische Szenarien zu entwickeln, die die 4Ks (Kommunikation, Kreativität, kritisches Denken und Kollaboration) in einem kompetenzorientierten Unterricht fördern, werden andere Kriterien benötigt, um geeignete Apps für den Unterricht auszuwählen.

Wir haben am ESG versucht, Kriterien für einen wirkungsvollen und unterrichtsverbessernden Einsatz von Apps zu entwickeln. Die unbestreitbaren Vorteile digitaler Tools liegen für uns vor allem bei den Potenzialen, personalisiertes Lernen zu ermöglichen, die Selbststeuerung und Eigenverantwortung der Schülerinnen und Schüler zu erhöhen, Kooperation und Kollaboration anzubahnen, Lernerfolge sichtbar zu machen und individuelles Feedback zu geben. Ohne Zweifel besitzen digitale Tools weitere Vorzüge. Zugunsten einer besseren Übersichtlichkeit haben wir Schwerpunkte gesetzt und die für uns wichtigsten Potenziale ausgewählt (siehe Tabelle auf Seite 147).

Des Weiteren haben wir das 4K- mit dem SAMR-Modell kombiniert, um einen Prüfstein für den Innovationsgrad für unseres digital gestützten Unterrichts zu erhalten. Einerseits dient es als Diskussionsgrundlage für Unterrichtsreihen, die bei uns im Team geplant werden, andererseits können wir Unterrichtsmaterialien aus dem Internet auf ihre Wirkung überprüfen. In welchen Bereichen des 4K-Modells lässt sich eine App verorten? Ermöglicht sie Kommunikation, Kreativität und Kollaboration? Regt sie zu kritischem Denken an? Anders gefragt: Wie müssen wir eine App nutzen, vielleicht auch anders nutzen, als von den Autoren der App vorgesehen?

Potenziale digitaler Tools	4 K's				SAMR
	Kommu-nikation	Krea-tivität	Kolla-boration	Kritisches Denken	
Personalisiertes Lernen passgenaue Lernangebote individuelles Lerntempo unterschiedliche Lerntypen etc.					Sustitution
					Augmentation
					Modification
					Redefinition
Selbststeuerung und Eigenverantwortung Selbstbestimmung im Lernprozess					Sustitution
					Augmentation
					Modification
					Redefinition
Sichtbarmachung von Lernerfolgen Dokumentation von Lern-fortschritten (Portfolio, Lernpfade etc.)					Sustitution
					Augmentation
					Modification
					Redefinition
Individuelles Feedback					Sustitution
					Augmentation
					Modification
					Redefinition

Tabelle: Kriterien zur Auswahl von Apps am ESG

Verdeutlicht werden soll dieses Vorgehen am Beispiel von »Kahoot«. Das Quiztool »Kahoot« bietet zwar die Möglichkeit, ein individuelles Feedback über die richtigen und falschen Antworten zu bekommen, in vielen anderen Bereichen bleiben die Potenziale des digital gestützten Lernens allerdings ungenutzt: So können die Lernenden eben nicht in ihrem eignen Tempo arbeiten (die Zeit zur Beantwortung der Fragen ist für alle gleich), es findet allenfalls eine hierarchische Kommunikation statt (der Lehrer erstellt die Fragen, die Schüler antworten), die Fragen sind für alle gleich und komplexe Fragen lassen sich nicht durch das Klicken auf farbige Symbole beantworten, der Zeitdruck verhindert eine kritische Betrachtung der Fragen, Antworten und der Methode.

»Kahoot« besitzt dennoch eine Daseinsberechtigung, wenn die Erstellung der Quizze in Schülerhand gelegt wird, sodass sie gezwungen sind, die Fragen, Antworten und die Methoden zu überdenken. Indem Fragen formuliert, Antworten antizipiert und untereinander abgestimmt werden, Medieninhalte kreativ in die Quizze integriert werden müssen, lassen sich vielfältige Wirkungen beim digital gestützten Lernen erzielen. Zusätzlich erfolgt ein Rollenwechsel der Lehrkraft zum Lernbegleiter (Wampfler 2017, S. 15-17).

Fazit

Vor der Suche nach einer geeigneten App für ein bestimmtes Unterrichtssetting, sollte immer erst die Frage nach der Wirkung gestellt werden, die wir erzielen wollen. Wie schaffen wir es, dass Schülerinnen und Schüler nachhaltig und effektiv lernen und nicht wie müssen wir unseren Unterricht gestalten, damit eine bestimmte, neue App angewendet werden kann oder damit der Unterricht vermeintlich modern durch Apps durchgeführt wird. Um darüber hinaus nicht in die Falle der Fragmentisierung von Unterricht zu tappen, ist es notwendig, dass die Apps nicht vereinzelt im Unterricht eingesetzt werden, sondern dass sie in ein Learning Management System (LMS) integriert werden. LMS bieten den Lehrerinnen und Lehrern die Möglichkeit, ganze Unterrichtsszenarien digital vorzubereiten. Damit können viele Funktionen klassischer Apps von den LMS bereits abgedeckt bzw. in eine Lernplattform eingebettet werden. Sollte auch dies nicht möglich sein, hilft eine Verlinkung zu einzelnen Apps.

Die Erfahrung lehrt, dass eine überbordende Anzahl von Apps nicht nur den Schuletat belastet, sondern auch zu einer Überforderung der Kolleginnen und Kollegen führt, die sich mit der wachsenden Anzahl an installierten Apps nicht beschäftigen wollen und können. Wir warnen in diesem Zusammenhang vor einer »Ver-appisierung« des Unterrichtes.

Literatur

Busch, Michael (2018): 55 Webtools für den Unterricht. Augsburg: Auer.

Eickelmann, Birgit (2017): Kompetenzen in der digitalen Welt. Konzepte und Perspektiven. Berlin: Friedrich-Ebert-Stiftung. Verfügbar unter: http://library.fes.de/pdf-files/studienfoerderung/13644.pdf.

Eickelmann, B./Gerick, J. (2017): Lehren und Lernen mit digitalen Medien. Zielsetzungen, Rahmenbedingungen und Implikationen für die Schulentwicklung. Schulmanagement Handbuch 4. München: Oldenbourg, S. 54-81.

Fugmann, Martin (2017): Die Bedeutung von Lernmanagementsystemen für die Unterrichtsentwicklung. In: Journal für Schulentwicklung Heft 3/2017. Innsbruck/Wien/Bozen: Studien Verlag.

Holmes, W./Anastopoulou, St./Schaumburg, H./Mavrikis, M. (2018): Personalisiertes Lernen mit digitalen Medien. Ein roter Faden. Stuttgart: Robert Bosch Stiftung.

Meyer, Hilbert (2018): Prüfsteine für die Arbeit mit digitalen Unterrichtsmedien. Verfügbar unter: https://bak-lehrerbildung.de/wp-content/uploads/2016/02/Hilbert-Meyer-Digitale-Medien-2018.pdf.

Krommer, Axel (2017): Notwendige Neologismen: »Palliative Didaktik«. Verfügbar unter: https://axelkrommer.com/2017/10/01/notwendige-neologismen-palliative-didaktik/ (zuletzt geprüft: 15.05.2019).

Wampfler, Philippe: Der Kahoot-Sog und die Gefahr der Quizifizierung der digitalen Bildung, FNMA Magazin 02/2017. S. 15-17.

Anhang 6

Digital gestütztes Lernen – ein herausforderndes Schulentwicklungsprojekt

Ulrike Koller

Multimediales Lernen in einer iPad-Klasse – das erproben wir an unserer Schule seit Beginn des Schuljahres 2017/2018 in den Jahrgängen 9 bis 11. Unser Projekt basiert auf dem niedersächsischen Medienkonzept »Ziellinie 2020«, das einen intensiveren und besser koordinierten Einsatz neuer Medien in Bildungseinrichtungen voranbringen will. Um einen fundierten Beitrag zur Schlüsselfrage nach der sinnvollen und zielführenden fachlichen Integration neuer Medien in den Unterricht leisten zu können, haben wir frühzeitig mit der Erprobung begonnen. Wir wollen keine Digitalisierung um jeden Preis, sondern prüfen, ob sich mit dem Einsatz neuer digitaler Medien ein Mehrwert für Unterricht erreichen lässt, der Devise folgend: Bewährtes beibehalten, neue Möglichkeiten nutzen.

Nach gut zwei Jahren praktischer Erfahrung ergeben die Evaluationen bei den beteiligten SchülerInnen und LehrerInnen sowie bei den Eltern positive Ergebnisse, und es zeichnet sich ab, dass zukünftig der Einsatz des iPad als Unterrichtsmedium in der Oberstufe des THGs digital gestütztes Lernen für alle ermöglichen wird – sofern die Unterrichtenden es für sinnvoll und machbar erachten.

Dieser mediale Wandel ist Ergebnis eines Schulentwicklungsprozesses unserer Schule, die aufgrund des qualifizierten schulischen Bildungsangebots am Standort in produktiver Konkurrenz zu den unmittelbar benachbarten vier Gymnasien und drei Gesamtschulen steht, von denen einzelne andere Konzepte zum Einsatz digitaler Medien erproben. Als Europaschule hat das THG seit der Gründung 1957 einen (neu)sprachlichen Schwerpunkt. Seit einigen Jahren ist unser Gymnasium darüber hinaus mathematisch-naturwissenschaftlich profiliert und MINT-EC-Schule. In der Sekundarstufe I wählen Schülerinnen und Schüler zwischen vier unterschiedlichen Schwerpunktklassen. Europa-Profil, Bilingual-neusprachliches Profil und mathematisch-naturwissenschaftliches Profil sind seit knapp zwanzig Jahren fest etabliert. Sie wurden kontinuierlich weiterentwickelt und 2018 um ein viertes Angebot mit dem Titel »Leben in einer digitalisierten Welt« ergänzt. In diesem Profil vermitteln fächerübergreifende Module aus dem sprachlichen, gesellschaftswissenschaftlichen und naturwissenschaftlichen Aufgabenfeld den Schülerinnen und Schülern vielfältige Kompetenzen, um sie auf das Leben in einer zunehmend digitalisierten Welt vorzubereiten. Es fördert die kritische Auseinandersetzung mit den gesellschaftlichen Folgen der Digitalisierung und behandelt Zukunftsvisionen in Literatur und Film als auch angewandte Digitalisierung, z. B. bei der Programmierung von Apps.

Das Interesse an digitalen Medien ist nicht grundsätzlich neu an unserer Schule. Seit Anfang der neunziger Jahre waren Kollegen unterschiedlicher Fachrichtungen bestrebt, sinnvolle Möglichkeiten für den Computereinsatz im Unterricht zu entwickeln. Einige von ihnen hatten an dem niedersächsischen Modellprojekt »Neue Technologien und Schule« teilgenommen. Sie veranlassten die Anschaffung von Rechnern und die Einrichtung des ersten Computerraums. Bis in diese Zeit reichen die Anfänge von Informatikunterricht und der vereinzelte Einsatz neuer Medien im Unterricht zurück; vor allem entstand damals eine Aufgeschlossenheit gegenüber einem erweiterten Medienbegriff – zumindest bei einzelnen Kollegiumsmitgliedern.

Die Rolle der Schulleitung

Laut Paragraf 43 des niedersächsischen Schulgesetzes gehören die Gesamtverantwortung für die Schule, Qualitätssicherung und Qualitätsentwicklung zu den Aufgaben der Schulleitung. Mit dem 2016 getroffenen Schulvorstandsbeschluss, ein Konzept »Multimediales Lernen« zu erproben, begann ein tiefgreifender Veränderungsprozess am THG. Die Rolle der Schulleitung in dieser Umgestaltungsphase und ihr Bestreben, möglichst viele Mitglieder der Schulgemeinschaft an der Entwicklung zu beteiligen und auf dem neuen Weg mitzunehmen, sollen kurz vorgestellt werden, wohl wissend, dass die Erfahrungen nur begrenzt übertragbar sind.

Die niedersächsische Schulverfassung gibt vor: Schulentwicklung als kontinuierlicher Prozess und Verpflichtung zur Qualitätssicherung ist vorrangige Aufgabe der SchulleiterInnen. Sie haben für die Erarbeitung der wesentlichen Bausteine der Schulentwicklung – Leitbild und Schulprogramm, Konzepte als Grundlagen der schulischen Arbeit – Sorge zu tragen, ebenso für die Überprüfung des Erreichten durch regelmäßige interne wie externe Evaluationen. Doch Schulentwicklung verkäme zu einer Sisyphosaufgabe für Einzelne, nähme man die schulgesetzlichen Regelungen als Anweisung für Schulentwicklungshandeln nach dem Top-down-Prinzip.

Idealerweise beginnt ein neues Kapitel Schulentwicklung dann, wenn Innovatives erprobt wird und sich gleichgesinnte »Vorreiter« zusammenfinden. SchulleiterInnen sollten dafür aufgeschlossen sein, sich informieren und vielleicht gar begeistern lassen und entscheiden, ob aus den Ideen realistisch umsetzbare Vorhaben entwickelt werden können, die für die Qualität von Unterricht Verbesserungen versprechen. Mit der Übernahme der Gesamtverantwortung sorgen sie für Rahmenbedingungen, unter denen Schulentwicklung gelingen kann. Sie ermöglichen potenziellen »Mitreitern« Partizipation und sorgen dafür, alle anderen Mitglieder der Schulgemeinschaft über den Fortgang der Projektentwicklung auf dem Laufenden zu halten, vor allem aber auch die zögerlichen »Nachreiter« zu gewinnen und die Gegner des Vorhabens, ihre Bedenken und Ablehnung ernst zu nehmen.

Ein solcher Kommunikationsprozess im Kollegium wie in der Schulgemeinschaft insgesamt ist eine wesentliche Gelingensbedingung schulischer Veränderungsprozesse überhaupt. Für ihn boten die vorhandenen innerschulischen Strukturen des THGs gute Voraussetzungen. In unserer Schule haben wir als Ergänzung zu den vom Schulgesetz vorgesehenen Gremien und Funktionsträgern weitere Beteiligungsmöglichkeiten in Gremien sowie für interessierte und fachkompetente KollegInnen geschaffen. Wir bemühen uns, dadurch eine mittlere Führungsebene neben der (erweiterten) Schulleitung aufzubauen.

Eine informelle Leitungsfunktion übernimmt im Rahmen des Schulentwicklungsprojekts »Digital gestütztes Lernen« die THG-FOKUS-Gruppe. Entstanden auf Initiative einzelner, hat sie auf Vorschlag der Schulleiterin den offiziellen Arbeitsauftrag des Schulvorstands erhalten, das ML-Projekt zu entwickeln. Sie soll bis zu dessen Abschluss bestehen bleiben.

Schulentwicklung vollzieht sich bei uns durch vor allem durch schulische Gremien:

Gremien laut Schulverfassung

Schulvorstand und Gesamtkonferenz sowie Fachkonferenzen als Teilkonferenzen sind in Niedersachen offizielle, im Schulgesetz festgeschriebene Institutionen.

Schulvorstand und Gesamtkonferenz

Sie sind Beschlussgremien, keine Arbeitsgremien und werden durch die Schulleitung einberufen. Im Schulvorstand wirken »der Schulleiter oder die Schulleiterin mit Vertreterinnen oder Vertretern der Lehrkräfte, der Erziehungsberechtigten sowie der Schülerinnen und Schüler zusammen, um die Arbeit der Schule mit dem Ziel der Qualitätsentwicklung zu gestalten« (NSchG § 38a 1). Er formuliert Impulse und Anregungen, prüft Ergebnisse, kann Projektgruppen einsetzen und Arbeitsaufträge erteilen. Entsprechend etablierte der Schulvorstand am THG auf Vorschlag der Schulleiterin die FOKUS-Gruppe mit dem Auftrag, das Konzept der ML-Klasse zu erarbeiten und die Umsetzung in einer Probephase vorzubereiten. Abschließend wird der Schulvorstand über die Implementierung und die Weiterentwicklung entscheiden. Da die Schulöffentlichkeit (Kollegium, Eltern- und Schülerschaft) in diesem Gremium nur repräsentativ vertreten wird, ist unbedingt zusätzlich die Gesamtkonferenz zu beteiligen. Deren Bedeutung für einen Schulentwicklungsprozess ist nicht zu unterschätzen, weil sie ein einzigartiges Informationsforum für die Schulgemeinschaft insgesamt darstellt: Alle an einer Schule Unterrichtenden, Vertreter der MitarbeiterInnen sowie eine deutlich größere Gruppe von Eltern und SchülerInnen als im Schulvorstand gehören ihr an (in Niedersachsen).

Fachkonferenzen

Sie sind die oft noch »schlafenden Riesen der Schulentwicklung« (Rolff 2006), eine Ressource, die für die Beteiligung an der Entwicklung des digital gestützten Lernens unbedingt gewonnen werden muss. Zuständig für die Unterrichtsentwicklung ihrer Fächer, müssen sie sich mit der Frage der Nutzung digitaler Medien kritisch auseinandersetzen: Kann ihr Einsatz Unterricht verbessern oder dazu beitragen, weitere, wichtige Bildungsinhalte und Kompetenzen zu vermitteln? (Wie) wollen wir als Schule künftig mit digitalen Medien umgehen? Welche Intentionen ließen sich damit verbinden?

Damit ein fächerübergreifender Austausch gesichert ist, findet bei uns zusätzlich einmal pro Halbjahr unter der Leitung der Schulleiterin eine »Fachkonferenzleiter-Dienstbesprechung« statt; außerdem haben wir eine »Fachkonferenz Medienkompetenz« etabliert, in die jede Fachgruppe ein Mitglied entsendet.

Informelle Gremien

Die erweiterte Schulleitung

Zur »erweiterten Schulleitung« eines Gymnasiums gehören in Niedersachsen neben der Schulleiterin der stellvertretende Schulleiter sowie – je nach Größe der Schule – mehrere schulfachliche KoordinatorInnen, am THG sind es vier. Sie sind jeweils für einen eigenen Geschäftsbereich verantwortlich, z. B. Schulorganisation, Finanzverwaltung und pädagogische Aufgaben. Wir haben keine spezielle Zuständigkeit für das »ML-Projekt« definiert. Stattdessen beteiligen sich alle KoordinatorInnen und der stellvertretende Schulleiter je nach Fachkompetenz und Zuständigkeitsbereich an der Projektentwicklung im Rahmen ihrer Fachgruppen oder als Mitglied der FOKUS-Gruppe. Ein regelmäßiger, mindestens wöchentlicher Austausch in der »erweiterten Schulleitung« garantiert den gleichmäßigen Informationsstand für alle.

Die FOKUS-Gruppe

Die zentrale Entwicklungsarbeit des ML-Konzepts am THG wird in der vom Schulvorstand eingesetzten Projektgruppe geleistet. Ihr gehören vor allem Vorreiter und Hauptprotagonisten des ML-Projekts an. Es sind KollegInnen unterschiedlicher Fachrichtungen sowie VertreterInnen der Eltern- und Schülerschaft. Sie erarbeiten die inhaltlichen Grundsätze, übernehmen die Vorstellung des Projekts in den schulischen Gremien, informieren Eltern- und Schülerschaft, um Klassen für die Teilnahme zu gewinnen, klären die Voraussetzungen für die konkrete Umsetzung wie Auswahl der Apps, machen einen Vorschlag für die Auswahlentscheidung der Geräte etc.. Die Mitglieder dieser Planungsgruppe enthalten Entlastungsstunden. Auf Entscheidung der Schulleitung wurde dem Leiter der FOKUS-Gruppe eine Funktionsstelle (A 14) übertragen.

Die Steuergruppe

Sie ist am THG zuständig für die regelmäßige Überarbeitung des Schulprogramms und die Betreuung der allgemeinen (externen) Schulevaluation. Am ML-Projekt ist sie nicht direkt beteiligt.

Elternversammlungen

Das ML-Konzept sieht die Eins-zu-eins-Ausstattung mit iPads, finanziert durch die Eltern nach dem Prinzip BYOD, vor. Es bedarf der Zustimmung der Eltern. Die Anschaffungsmodalitäten sowie Mietkauf und – in besonderen Fällen – finanzielle Unterstützung einzelner Schülerinnen und Schüler müssen gesichert sein und den Eltern bekannt gemacht werden.

Außer den Gremien-Elternvertretern müssen die Eltern der Projektklassen für das Vorhaben gewonnen werden. Am THG hat die FOKUS-Gruppe mit Unterstützung der Schulleitung diesen Part übernommen.

Die mittlere Führungsebene

Damit Schulentwicklung breite Akzeptanz findet und ihre Umsetzung auf möglichst viele Schultern verteilt werden kann, haben wir am THG etliche besondere Zuständigkeiten an Kolleginnen und Kollegen delegiert, um so eine breite mittlere Führungsebene neben dem eigentlichen Führungspersonal der (erweiterten) Schulleitung zu etablieren. Als Gegenleistung erhalten die KollegInnen Anteile aus dem Entlastungsstundentopf und ggf. mittelfristig auch Anrechte auf eine A 14-Stelle.

Beratung und Unterstützung

Ein ehrgeiziges Schulentwicklungsprojekt wie die Einführung des digital gestützten Lernens bedarf der intensiven Begleitung, Beratung und Unterstützung durch die Schulleitung. Sie sollte vor allem darauf hinwirken, dass Schulentwicklung sich nicht am gesellschaftlichen Mainstream orientiert, sondern spezifisch schulischen wie unterrichtlichen und pädagogischen Erfordernissen folgt, und auf das Tempo achten, mit dem das Schulentwicklungsprojekt voranschreitet. Die »Vorreiter«, im Schulalltag bereits begeisterte Nutznießer digitaler Medien und überzeugt von deren Mehrwert für den Unterricht, werden sehr dynamisch Veränderungen umsetzen wollen. Das Gelingen des Vorhabens hängt freilich davon ab, dass auch die »Mitreiter«, erst recht aber die »Nachreiter« mithalten können und die Gegner im Kollegium ernst genommen und angehört werden. Deshalb haben Schulleitung und FOKUS-Gruppe am THG Zeit und Gelegenheit eingeräumt, die gesellschaftlichen Konsequenzen der Digitalisierung, ihre Chancen und Risiken ebenso wie die künftige Rolle der neuen Medien im Unterricht im Rahmen eines Forum für das Kollegium, vor allem aber auch für Eltern- und Schülerschaft kontrovers zu diskutieren. Im Anschluss an Vorträge von Wissenschaftlern und Experten – besonders erwähnt sei Yvonne Hofstätter, deren kritische Sachbücher eine große Verbreitung erzielen – wurden intensive Auseinandersetzungen über das Für und Wider des digital gestützten Lernens geführt. Die Veranstaltungen fanden große Resonanz und haben erheblich dazu beigetragen, dass die Diskussion über die Einführung des ML-Projekts letztlich immer argumentativ und sachlich geführt werden konnte.

Für die praktische Erprobung des Projekts im Unterricht muss die Schulleitung als Unterstützung des Kollegiums die Teilnahme an Fort- und Weiterbildungen ermöglichen und die nötigen finanziellen Mittel dafür bereitstellen. Die kostenneutralen, schulintern von kreativen KollegInnen entwickelten Fortbildungsformate, in der Mittagspause Interessierten konkrete Anwendungsbeispiele für die Arbeit im Unterricht vorzustellen, unterstützt die Schulleitung als wichtige Bottom-up-Initiative, indem sie dafür erforderliche zeitliche Freiräume schafft und das zusätzliche Engagement wertschätzend begleitet und stützt. Nicht nur fachlich, sondern auch für das kollegiale Miteinander sind die mittäglichen Treffen von Bedeutung: Die kollaborative Arbeit unterstützt als Nebeneffekt die Entstehung von bis dahin nicht vorhandenen Teamstrukturen im Kollegium.

Evaluation und Feedback als Bestandteil von Schulentwicklung

Ein erfolgreicher Schulentwicklungsprozess bedarf der begleitenden internen Evaluation. Es ist wichtig, dass diese Evaluations- und Feedback-Kultur von der Schulleitung mitgetragen und ggf. initiiert wird. Am THG haben wir zusätzlich externe Unterstützung gewonnen und Schulentwicklungsberater eingeladen sowie die FOKUS-Evaluation des NLQ (Niedersächsisches Landesinstitut für schulische Qualitätsentwicklung) mit dem Schwerpunkt Digitalisierung angefordert, die unseren Entwicklungsprozess eine Zeitlang begleiten und konstruktive Rückmeldungen für die Weiterarbeit vermitteln konnte.

Es gab auch eine interne Evaluation bzw. ein internes Führungsfeedback. Die erweiterte Schulleitung hat ihr Schulleitungshandeln durch das Kollegium einschätzen lassen und sieben unterschiedliche Fragebögen erarbeitet, um aus dem Kollegium Rückmeldungen zur Arbeit des Teams insgesamt und zu uns als Einzelpersonen zu erhalten. Die Beteiligung des Kollegiums lag bei ca. 50 Prozent.

Einerseits ergab die Evaluation sehr positive Ergebnisse: Ein sehr hohes Maß an Anerkennung erhielt die Erweiterte Schulleitung als Team für die erfolgreiche »zielgerichtete Weiterentwicklung der Schule«, (87 Prozent), für klare Organisation und administrative Abläufe, für die Verlässlichkeit und Wahrnehmung ihrer Leitungsfunktionen. Andererseits fühlten sich nur ca. 19 Prozent der KollegInnen an Entscheidungsfindungen beteiligt, mehr als 60 Prozent der Befragten wünschten eine deutlichere Würdigung von Einsatz und Engagement und ca. 35 Prozent mehr Maßnahmen zur Arbeitsentlastung.

Wir betrachten diese Rückmeldungen als wesentlichen Impuls für unsere weitere Arbeit als erweiterte Schulleitung, aber auch als Signal an das Kollegium: Wenn man das Feedback ernst nimmt, so wird man sowohl die Schulleitung als auch das Kollegium in die Pflicht nehmen müssen. Während es Aufgabe der Schulleitung bleibt, die Beteiligung des Kollegiums zu ermöglichen und diese wert zu schätzen, ist es auch die Verantwortung des Kollegiums, Mitwirkung zu üben und sich Schulentwicklung zur Aufgabe zu machen.

Sicherung der technischen Ausstattung

Der Erfolg der Einführung des digital gestützten Lernens – vor allem die Akzeptanz im Kollegium – hängt allerdings wesentlich davon ab, ob die technischen Voraussetzungen für die Umsetzung in ausreichendem Maße bestehen, sodass eine störungsfreie Unterrichtsarbeit in den Klassenräumen gewährleistet ist. Diese beim Schulträger einzufordern, ist die Aufgabe der Schulleitung. Das betrifft vor allem:
- die gesicherte Netzanbindung der Schule,
- die WLAN-Abdeckung in allen Bereichen des Gebäudes,
- ein stabiles funktionierendes schulinternes Netz, das zeitgleiches Arbeiten mit digitalen Endgeräten in mehreren Lerngruppen zulässt,
- die Ausstattung der Räume mit Beamern, Dokumentenkameras etc.,
- zumindest einige iPad-Klassensatzausstattungen für die Jahrgänge, in denen die Klassen (noch) nicht mit dem eigenen iPad arbeiten,
- moderne fest installierte Rechner aktuellen Standards in den Medienräumen,
- die Finanzierung von technischem Support durch Fachkräfte.

Fazit

Die Umsetzung des Schulentwicklungsprojekts »Digital gestütztes Lernen« bedeutet für die Schulleitung, einen Balanceakt zu bewältigen. Einerseits muss sie, um die Qualität ihrer Schule weiterzuentwickeln oder auch nur zu sichern, das Kollegium aktivieren und motivieren. Ist der Prozess in Gang gekommen, gilt es eher zu moderieren: Das Tempo der »Vorreiter« muss sich dem der »Mitreiter« anpassen, und die »Nachreiter« müssen Gelegenheit haben, den Anschluss zu finden. Es gilt, sie von Vorzügen innovativer digital gestützter Unterrichtsverfahren für sie selbst und ihren Unterricht zu überzeugen und ihnen Unterstützung in den Bereichen zu ermöglichen, in denen sie sich unsicher fühlen. Diese Gruppe muss und kann überzeugt werden. Durch Anordnungen allerdings ist sie nicht zu erreichen.

Die entscheidende Frage für schulische Entwicklung ist nicht: »Wie sieht der Unterricht der Zukunft aus?« sondern: »Welche Gesellschaft wünschen wir und was für Menschen, die diese Gesellschaft eigenverantwortlich prägen sollen?« Wir wollen unsere Schülerinnen und Schüler gleichermaßen zu Autonomie wie zu sozialer Verantwortung erziehen (vgl. NSchG § 2). Erst danach entscheiden wir Lehrerinnen und Lehrer über die Formen unseres Unterrichts, der zu diesem Ziel führt.

Literatur

Rolff, H.-G. (2006): Konfluente Leitung – Führung aufteilen und Co-Management praktizieren. In: Schulleitung und Schulentwicklung. Berlin. Juni 2006.

Anhang 7

Command and Control?

Steuerungs- und Kontrollsoftware in der Schul- und Unterrichtsentwicklung

Hauke Pölert

Gerade im Rahmen von Schulentwicklung im digitalen Wandel treffen Grundhaltungen aufeinander, die auf den ersten Blick häufig wenig vereinbar scheinen. Deutlich wird dies an der Frage der Kontrolle und Steuerung von Schüler-Tablets im Unterricht. Mit Apple Classroom und ZuluDesk verwaltete Lernumgebungen werden teils auch als »Command & Control«-Umgebungen bezeichnet. Doch welche Rolle spielt Steuerungssoftware für Unterrichtsentwicklung in Kollegien, die gerade erst mit der Entwicklung tabletgestützten Unterrichts beginnen?

Viele Lehrkräfte, an deren Schulen Tablets wie das iPad als Arbeitsmedium eingeführt werden – sei es per Ausleihe oder im Eins-zu-eins-Ansatz – stehen vor großen Unsicherheiten. Neben der technischen Komponente wird neues Ablenkungspotenzial durch Internetzugang, AirDrop-Kontakt und Messaging, um nur einige Beispiele zu nennen, beobachtet oder befürchtet. Im Kern: ein Kontrollverlust.

Apple Classroom und ZuluDesk vs. offenes iPad-Konzept

Auch meine eigenen Erfahrungen im Unterricht und bei Unterrichtsbesuchen an diversen Schulen führten zu der Einsicht, dass insbesondere zu Beginn des systematischen Einsatzes von Tablets eine grundlegende Kontrolle und Steuerung der Schülergeräte durch Apps wie Apple Classroom oder MDM-Systeme wie ZuluDesk sinnvoll und zielführend erscheint.

Interessant ist, dass gerade Besuche an Schulen, die besonders viel Wert auf Vertrauen, Selbstlerneffekte und »digitale Mündigkeit« im völlig offenen Arbeiten mit Tablets legen, diese auch von zahlreichen Schülerinnen und Schülern angesprochene Einschätzung verstärkten: In vielen der beobachteten Stunden lief im Hintergrund von Facebook, WhatsApp, Instagram, Snapchat über Online-Games bis hin zu YouTube-Videos die ganze Bandbreite möglicher Ablenkungen – zulasten wirklich konzentrierten und fokussierten Arbeitens. Mindestens eine dieser Schulen hat nun reagiert und ebenfalls die bei uns verwendete MDM-Lösung von ZuluDesk eingeführt.

Auf Nachfragen zu diesen Anlaufschwierigkeiten nun anzumerken, Unterricht müsse eben nur gut geplant, interessant, relevant und so motivierend wie abwechslungsreich für die Schülerinnen und Schüler sein – wie beispielsweise in der Twitter-Community unter dem Hashtag #twitterlehrerzimmer artikuliert –, würde den betroffenen Lehrkräften fälschlicherweise das Gegenteil unterstellen.

Allein: Das aktive Ablenkungspotenzial gerade von Online-Inhalten, zusätzlich gefördert durch das fast schon gewohnheitsmäßige Multitasking, generiert völlig andere Ablenkungsanreize als manches früher geschriebene Briefchen oder Schiffe-versenken-Spiel. Dies ist auch vielen Schülerinnen und Schülern bewusst und wurde in zahlreichen Feedback-Runden an unserer Schule immer wieder auch von Schülerseite betont.

Bedeutung für Schul- und Unterrichtsentwicklung

Auf dieses Schlüsselproblem sollte schrittweise Schul- und Unterrichtsentwicklung eingehen, möchte man die motivierten und interessierten Lehrkräfte in ihrem Veränderungswillen unterstützen und bestärken. Klar ist: Es gab natürlich schon immer Ablenkungen, und es wird sie immer geben. Aber mit dem Verweis auf guten Unterricht als Lösungsstrategie allein macht es sich mancher Digitaleuphoriker zu einfach – oder wischt die Sorgen zahlreicher weniger erfahrener Lehrkräfte auf wenig umsichtige und rücksichtsvolle Weise beiseite. Das zeigen auch die oben angeführten Tweets.

Für nachhaltige Schul- und Unterrichtsentwicklung unter den Bedingungen der Digitalität ist aber eine grundlegende Variable von essentieller Bedeutung: Gerade die wenig erfahrenen, aber durchaus interessierten und Veränderungen gegenüber offenen Lehrkräfte machen in praktisch allen Kollegien derzeit einen großen Teil aus. Damit sind sie die maßgebliche Zielgruppe und zugleich entscheidende Träger von Change-Management im Rahmen von Schulentwicklung.

Abbildung 20: Innovationstypen und Reaktionsmuster auf schnellen Wandel nach E. M. Rogers (eigene Darstellung, CC BY-SA 4.0)

Dieser bedeutenden Gruppe in den Kollegien sollte die Möglichkeit gegeben werden, nicht nur den Unterricht, sondern auch die eigene Lehrerrolle behutsam weiterzuentwickeln und den neuen Bedingungen anzupassen. Für Schulen ergeben sich in diesem Kontext Entwicklungsfelder, die je nach Ausgangslage und Zielsetzung (differenziert) zu bedenken sind:

Entwicklungsfeld 1: Mischung von (digital unterstützten) instruktionsbasierten und offenen Unterrichtsphasen

Entgegen mancher Forderungen im Zuge zunehmender Digitalisierung sollte in einem nachhaltig angelegten Entwicklungskonzept klar sein: Auch in digital unterstütztem Unterricht kann und sollte es bei einer Mischung aus sowohl lehrerzentrierten als auch offeneren, dezentralen und schüler- bzw. selbstgesteuerten Phasen bleiben. Nicht erst seit Hattie ist bekannt, dass die Mischung aus instruktionsbasiertem sowie kooperativem und/oder selbstgesteuertem Unterricht positive Effekte auf den Lernprozess hat. Doch in diesem Punkt bedarf es in aller Kürze eines etwas weiteren Bogens.

Denn entgegen dieser Position stellen manche Digitalenthusiasten in einem Atemzug mit bisherigen Unterrichtsformen, Lernzielen und Prüfungsformaten das gesamte Schul- und Bildungssystem infrage. Im 21. Jahrhundert lebten wir stärker als zuvor in einer sogenannten VUCA-Welt, die durch die vier Faktoren Unbeständigkeit (Volatility), Unsicherheit (Uncertainty), Komplexität (Complexity) und Mehrdeutigkeit (Ambiguity) gekennzeichnet sei. In diesem Kontext müsse sich das Bildungssystem an den rasanten gesellschaftlich-technologischen Wandel anpassen. Als Konsequenz sei anstelle einer wissensbasierten eine kompetenz- und werteorientierte »neue Schule« zu entwickeln (vgl. hierzu Jan Vedder: www.vedducation.de/2019/04/07/schule-im-wandel-eine-geschichte-in-15-bildern/ – Abrufdatum: 08.11.2019).

Unter Bezugnahme auf einfache Konzepte wie das 4K-Modell wird in der Folge der Fokus von der Inhalts- auf die Prozessebene verschoben. Anstatt zurecht an Bedeutung gewinnende Fähigkeiten wie Kollaboration, Kommunikation, Kreativität, Kritisches Denken (https://de.m.wikipedia.org/wiki/4K-Modell_des_Lernens) integrativ, und völlig selbstverständlich unter stärkerer Beachtung der Prozessebene als bisher, zu bewerten, gelten sie manchen nun als Kernkompetenzen von Bildung im digitalen Zeitalter. Nur logisch ist dann die Forderung nach einer weiteren inhaltlichen Reduktion der jeweiligen Curricula – vorgetragen unter dem Euphemismus »inhaltliche Entschlackung«.

In diesem Kanon erscheint Digitalisierung dann häufig nur als ein Vehikel für altbekannte bildungspolitische Forderungen in neuem Gewand:

- mehr zieldifferentes bzw. gänzlich individuelles Lernen,
- weniger Inhalte und kanonisches Wissen,
- die Lehrkräfte nur noch als Begleiter offener Lernprozesse,
- Aufheben von Klassen und Jahrgängen im Sinne gänzlich offenen Lernens.

Um den Bogen bezüglich der Schlüsselfrage erfolgreicher Unterrichtsentwicklung zu schließen: Basierend auf oben skizzierter Grundposition lehnen einige Vertreter völlig offenen Lernens auch jede Kontrolle und Steuerung digital unterstützter Lern- und Arbeitsprozesse der Kinder und Jugendlichen im schulischen Umfeld ab. Im Gegensatz zu Hattie allerdings ohne empirische Basis.

Diese Position ist angesichts der Herausforderungen, die digitales Lernen und Arbeiten im 21. Jahrhundert mit sich bringen werden, zumindest in ihrer Genese nachvollziehbar. Für eine stufenweise Progression im aktuellen Handlungsrahmen von Schule erscheinen diese Fundamentalforderungen, die (bisher) keinem empirischen Rechtfertigungsdruck unterliegen, aber gerade mit Blick auf nachhaltige Personal- und Unterrichtsentwicklung wenig zielführend.

Entwicklungsfeld 2: Kognitive Nutzen und Kosten von Tablets und die Funktion von Kontroll- und Steuerungssoftware

Grundlage der bisher skizzierten Einschätzungen sind neben eigenen Erfahrungen vor allem die aus einer Vortragsreihe entstandenen Erkenntnisse. Im Rahmen dieses am Theodor-Heuss-Gymnasium Göttingen organisierten Fortbildungsformates sprachen u. a. Prof. Dr. Korte aus Sicht der Neurowissenschaften und Prof. Dr. Christoph Klimmt aus der Perspektive der Kommunikationspsychologie über das Lernen und Arbeiten mit Tablets. Unter Zusammenführung der gesammelten theoretischen und praktischen Erkenntnisse zeichnet sich ein anderes, vielschichtigeres Bild des Lernens und Arbeitens in digitalen Arbeitsumgebungen.

Nutzen	Kosten
Interaktive Stützung von Aneignungsprozessen entlastet den Denkapparat von inhaltsfernen Aufgaben (z. B. Blättern/Suchen)	Pädagogischer Aufwand für den Aufbau von Bedienkompetenz für Hard- und Software mindert inhaltliche Lernzeit
Multimediale Darbietungen verbessern Verständlichkeit und Anschaulichkeit komplexer Inhalte (z. B. Flussdiagramme)	Bedienung interaktiver Tools verbraucht Denkleistung, die für »Inhalte« nicht mehr zur Verfügung steht
Interaktive Darbietungen eröffnen Chancen der handlungsorientierten Erarbeitung (z. B. Simulationen)	Digitale Umgebungen stellen häufig ein Übermaß an Informationen bereit – Navigieren und Orientieren erfordern immense Leseleistungen
Interaktivität erleichtert Konzentration auf Inhalte (Handeln ist weniger ablenkungsanfällig als Beobachten)	Digitale Umgebungen stellen häufig ein Übermaß an Videomaterial bereit – Überlastung der Gedächtniskapazitäten und Aufmerksamkeitsspannen
Datengestützte Personalisierung der Darbietung optimiert Informationsverarbeitung für jeden Lernenden (z. B. Stoffmenge, Timing)	Usability-Probleme überlasten gerade Anfänger-Lernende sofort

Kognition: Tablets und die Denkleistung von Lernenden

Aus diesem von Prof. Dr. Korte und Prof. Dr. Klimmt deutlich herausgearbeiteten Zusammenspiel von erheblichem Potenzial und möglichen Risiken für den Unterricht lassen sich, unterstützt durch eigene Unterrichtserfahrungen, folgende Schlüsse aus medienpsychologischer Sicht ziehen:

(1) Tabletgestütztes Lernen ist kein instruktionspsychologischer Selbstläufer, sondern bedarf einer intelligenten, ausgewogenen pädagogischen Strategie, um Vorteile bezüglich der Denkleistung der Lernenden zu nutzen und zusätzliche, neu entstehende kognitive Lasten zu vermeiden.

(2) Das Motivationspotenzial von Tablets ist groß, kann aber ins Gegenteil umschlagen oder zum lernfernen spielerischen Umgang verleiten. Neben fordernden schülerorientierten Aufgabenformaten mit Handlungsorientierung (Unterrichtsebene) ist daher eine fokussierte Strategie (Schulebene), die mit relativ wenigen, wiederkehrenden Einsatzweisen beginnt und die Funktionsvielfalt stufenweise und parallel zur Lerner-/Lehrkräfte-Entwicklung ausweitet, zielführend.

(3) In diesem Kontext können – gerade in jüngeren Jahrgängen oder in Lerngruppen, in denen fokussiertes multimediales Lernen aus verschiedenen pädagogischen Gründen oder wegen fehlender Sicherheit im Umgang mit Tablets seitens der Lehrkraft oder der Schülerinnen und Schüler erschwert ist – Steuerungs- und Kontrollsysteme wie ZuluDesk oder Apple Classroom für alle Seiten eine konstruktive Lösung darstellen. Eventuell sogar eine essenzielle Bedingung für nachhaltige digitale Schulentwicklung, wie die eingangs aufgeführte Problemstellung aus dem #twitterlehrerzimmer exemplarisch zeigt.

(4) Dass in diesem Modell die parallel zur Progression aller Beteiligten verlaufende zunehmende Öffnung digital unterstützten Unterrichts auf Basis von Vertrauen und Erfahrung als (individuelles) Entwicklungsziel mitgedacht wird, sollte dabei als selbstverständlich vorausgesetzt werden.

Vor diesem Hintergrund wird die für nachhaltige Schulentwicklung in all ihren Facetten so selbstverständliche wie eigentlich nebensächliche Frage nach Steuerungs- und Kontrollmöglichkeiten im tabletbasierten Unterricht zugleich zum so kritisch diskutierten wie essenziellen Erfolgsfaktor. Ungeachtet der Kritik einzelner Beteiligter im Rahmen der gerade erst beginnenden Diskussion, sollten Schulleitungen und Projektverantwortliche diesen Aspekt im Stufenmodell digitaler Schulentwicklung berücksichtigen.

Problemfeld

Interessant ist, dass in diesem Kontext Digitalisierungskonzepte, die den oben skizzierten Erkenntnissen folgend eher vorsichtig unter dem Leitsatz »zunehmende Öffnung nach zunehmender Erfahrung« umgesetzt werden, der Kritik einzelner Innovatoren ausgesetzt sind.

Deren Vorwurf einer »bewahrpädagogischen Haltung« lässt dabei das enorme Spannungsfeld außer Acht, dem Schulleitungen und Projektverantwortliche, aber auch Kollegien in ihrer Gesamtheit als Akteure im gesellschaftlich-politischen Referenz- und Handlungsrahmen ausgesetzt sind.

Die eingangs verwendete Grafik vermag nur andeutungsweise die Heterogenität und die damit einhergehenden Kontroversen im Kontext der zunehmenden Digitalen Transformation aufzuzeigen.

Fazit

Den für Change Management und damit Schul-, Unterrichts- und Personalentwicklung in der digitalen Transformation entscheidenden Teilen der Kollegien sollte eine stufenweise, aber auf kontinuierliche Progression abzielende Herangehensweise an die anstehenden, grundlegenden Veränderungen schulischen Arbeitens ermöglicht werden. Ein integriertes Fortbildungskonzept ist dafür von essentieller Bedeutung. Dies beinhaltet insbesondere die Möglichkeit, nicht nur den eigenen Unterricht, sondern auch die eigene Lehrerrolle behutsam weiterzuentwickeln.

In diesem Kontext zeigt die Frage nach Kontrolle und Steuerung von Schülergeräten im Unterricht exemplarisch, wie sehr jede einzelne Entscheidung auf der Prozessebene digitaler Schulentwicklung auch gesellschaftliche Kontroversen berührt, deren Verhandlung gerade erst begonnen hat.

Hier vorschnell vollendete Tatsachen für Kollegien zu schaffen, die in der Breite noch am Anfang eines kontinuierlichen Entwicklungsprozesses stehen, würde bedeuten, wichtige Stufen zu überspringen und damit im Zweifel den Erfolg nachhaltiger digitaler Schulentwicklung zu gefährden. Gleiches gilt für das Eingehen auf Bedenken und Kritik seitens Verantwortlicher und Beteiligter aller Bereiche.

Die Erprobung gänzlich neuer, im kleinen Kreis engagierter Digitalisierungsenthusiasten entstandener und diskutierter Bildungskonzepte – deren Validierung oder Falsifizierung auf Basis empirischer Evidenz – kann dann von Innovatoren – seien es einzelne Personen im Kollegium, vor allem aber Modellschulen – übernommen werden.

Der Abbau übermäßigen Entwicklungsdrucks und überzogener Erwartungshaltungen – kurz: eine realistische Entwicklungsperspektive – gewährleistet nachhaltige Schulentwicklung im digitalen Wandel.

Anhang 8

Geschäftsordnung der Steuergruppe des ESG

§1 Geltungsbereich
(1) Diese Geschäftsordnung regelt die Legitimation und Arbeit der Steuergruppe.
(2) Änderungen an der Geschäftsordnung werden durch die Steuergruppe veranlasst und durch die Lehrerkonferenz mit einfacher Mehrheit bestätigt.

§2 Öffentlichkeit
(1) Steuergruppensitzungen sind nicht öffentlich.
(2) Fachkolleg*innen, Expert*innen, Elternvertretung und Schüler*innenvertretung können auf Einladung hinzugezogen werden.

§3 Einberufung
Die Steuergruppe tagt in der Regel vierzehntägig im Rahmen einer Schulstunde. Diese wird in den jeweiligen Stundenplänen explizit ausgewiesen. Bei Bedarf treffen sich die Mitglieder der Steuergruppe an weiteren vereinbarten Terminen.

§4 Beschlussfähigkeit
Die Beschlussfähigkeit (z. B. bei Empfehlungen) ist gewährleistet, wenn mindestens die Hälfte der gewählten Steuergruppenmitglieder anwesend ist. Stimmen von abwesenden Mitgliedern können auch übertragen werden.

§5 Sitzungsleitung
(1) Die Sitzungsleitung erfolgt rotierend und ist an die vorherige Protokollierung und Formulierung der Tagesordnung gebunden.
(2) Die Sitzungsleitung formuliert die Tagesordnung und stellt diese den Mitgliedern im Voraus zur Verfügung.
(3) Ist die Sitzungsleitung verhindert, wird die Mitgliederversammlung von einem beauftragten Mitglied geleitet.
(4) Die Sitzungsleitung achtet auf die Einhaltung des zeitlichen Rahmens der Tagesordnung.

§6 Anträge zur Tagesordnung
Anträge zur Tagesordnung sind vor und während einer Sitzung jederzeit durch die Mitglieder zulässig.

§7 Wahlen
(1) Die Wahl der Kollegiumsmitglieder erfolgt nach den demokratischen Wahlgrundsätzen.

(2) Alle Lehrkräfte des ESGs, haben das aktive Wahlrecht. Das passive Wahlrecht besitzen alle ausgebildeten Lehrkräfte des ESGs, außer dem Schulleiter und dessen Vertreter.

(3) Jedes Mitglied der Lehrerkonferenz hat bei der Wahl zu Steuergruppe vier Stimmen. Es kann mindestens eine und darf höchstens vier Stimmen abgeben.

(4) Der mindestens einwöchige Zeitraum vor der Wahl der Steuergruppe, in dem Bewerbungen beim Vorsitzenden der Lehrerkonferenz abgegeben werden können, wird so terminiert, dass der Vorsitzende die Kandidaten mindestens eine Woche vor der Konferenz veröffentlicht.

(5) Nach der Wahl der Mitglieder der Steuergruppe wird in einem neuen Wahlgang eine Vertreterin bzw. ein Vertreter gewählt. Jedes Mitglied der Lehrerkonferenz hat eine Stimme. Die Vertreterin bzw. der Vertreter ersetzt ein Mitglied für den Zeitraum einer längeren Verhinderung (z. B. Krankheit, Elternzeit, …).

(6) Wiederwahl ist möglich.

(7) Scheidet ein gewähltes Mitglied aus der Steuergruppe aus, so erfolgt eine Neuwahl, nach dem Prinzip für die Wahl des Vertreters für die verbleibende Amtszeit der Steuergruppe.

(8) Die Mitglieder erhalten für ihre Tätigkeit eine Entlastung von einer Wochenstunde.

(9) Eine Legislaturperiode umfasst drei Jahre.

§ 8 Protokolle

(1) Zu jeder Steuergruppensitzung ist ein Protokoll entsprechend der Vorlage anzufertigen. Dieses muss den Teilnehmenden bis zur nächsten Steuergruppensitzung zugänglich gemacht werden.

(2) Nach Genehmigung durch die Steuergruppe wird es dem Kollegium per Email und Aushang im Lehrerzimmer zugänglich gemacht. Zusätzlich erfolgt die Speicherung auf dem Lapserver.

(3) Alle anfallenden Aufgaben im Rahmen der Steuergruppenarbeit werden über das Protokoll dokumentiert. Es wird jeweils ein*e Verantwortliche*r und ein verbindlicher Zeitrahmen angegeben.

§ 9 Aufgabenbereich der Steuergruppe

(1) Das Aufgabenfeld der Steuergruppe umfasst alle Fragen im Bereich der langfristigen Schulentwicklung. Folglich ist sie durch die Verantwortlichen für diesbezügliche Projekte in Kenntnis zu setzen.

(2) Die Steuergruppe sieht sich als Vordenker für die Schulentwicklung und sucht sich innerhalb ihres Aufgabenfelds eigenständig ihre Projekte.

(3) Das Kollegium und die Schulleitung können die Steuergruppe mit Projekten beauftragen. Somit stellt die Steuergruppe ein Bindeglied zwischen der Schulleitung und dem Kollegium in Schulentwicklungsfragen dar.

(4)   Die Steuergruppe kann Aufträge aus dem Kollegium und von der Schulleitung ablehnen.

(5)   Die Projekte der Steuergruppe sind mit anderen Gremien zu koordinieren bzw. von Projekten der anderen Gremien, die sich ggf. mit Projekten der Steuergruppe überschneiden, abzugrenzen, um Dopplungen zu vermeiden und Synergien zu nutzen.

§ 10 Zusammensetzung der Steuergruppe

1)   Ein geborenes Mitglied der Steuergruppe ist der Schulleiter oder dessen Stellvertreter.

(2)   Neben dem geboren Mitglied sind vier Kolleg*innen aus dem Kollegium zu wählen.

§ 11 Räumlichkeiten

Die Steuergruppe hat für ihre Legislaturperiode einen festen Raum«.

(Stand 06/2017)

Hans-Günter Rolff (Hrsg.)

Handbuch
Unterrichts-
entwicklung

PÄDAGOGIK

BELTZ

Das »Handbuch Unterrichtsentwicklung« gibt den aktuellen Stand der
Forschung wieder und versammelt
alle wichtigen schulpädagogischen
Konzepte zu diesem Thema. Die
jüngere Geschichte des Forschungs-
zweigs wird nachgezeichnet, renommierte AutorInnen erläutern die
dominierenden und bewährten
Konzepte der fachlichen wie überfachlichen Unterrichtsentwicklung
(u. a. Kompetenzraster, Bildungs-
standards, Feedbackkultur, Kooperatives Lernen, Methodenlernen,
Selbstorganisiertes Lernen, Individualisiertes Lernen, Inklusion). Ein Kapitel
zur Umsetzung von Innovationen in
der Schule beschließt das Buch.

Hans-Günter Rolff (Hrsg.)
Handbuch Unterrichtsentwicklung
2015, 648 Seiten, gebunden.
ISBN 978-3-407-83184-2

Renommierte Autoren wie Rolf
Arnold, Andreas Helmke, Johannes
Bastian, Ewald Terhard, Hilbert Meyer,
Heinz Klippert, Annemarie von der
Groeben, Olaf-Axel Burow, Michael
Schratz, Andreas Müller oder Hans-
Günter Rolff machen dieses Hand-
buch zu einem unverzichtbaren
Nachschlagewerk.

Beltz Verlag · Weinheim und Basel · Weitere Infos und Ladenpreis: www.beltz.de

Schulentwicklung als Motor für Bildungsreformen

Hans-Günter Rolff
Wandel durch Schulentwicklung
Essays zu Bildungsreform und
Schulpraxis
2019. 238 Seiten. Broschiert.
ISBN 978-3-407-25811-3

Dieser Sammelband gibt den aktuellen Stand der Bildungsreform in Theorie, Praxis- und Erfahrungsberichten wieder und kommt zu dem Schluss, dass Bildungsreformen am ehesten in Form von professioneller Schulentwicklung gelingen.

Nach einem Rückblick auf 50 Jahre Bildungsreform analysiert Hans-Günter Rolff den Begriff der Schulreform und geht kritisch auf den Stand der Chancengleichheit ein. Dazu erläutert er unterschiedliche Lernkonzepte einschließlich der Duplexstruktur pädagogischen Handelns, präsentiert Treiber des Qualitätsmanagements und Konzepte der Unterrichtsentwicklung.

In weiteren Beiträgen untersucht der Autor die Wirkungen von Schulleitungshandeln, Change Management, Regionalen Bildungslandschaften, Peer Reviews und digitalen Lernumgebungen. Neben einem Essay über Bildung in der Wissensgesellschaft liefert er eine kritische Analyse der gängigen Schlagwörter in der Bildungsreformdebatte. Das Buch endet mit 15 Leitideen für Schulentwicklung.

Beltz Verlag · Weinheim und Basel · Weitere Infos und Ladenpreis: www.beltz.de